Brenda Davies: Das Herz-Chakra

Brenda Davies

DAS HERZ-CHAKRA

Beziehungen durch die Kraft der Liebe heilen

Aquamarin Verlag

Titel der amerikanischen Originalausgabe: *Unlocking the Heart Chakra*
Ulysses Press, Berkeley, CA 94703, USA

Deutsche Ausgabe:
1. Auflage 2011

Voglherd 1 • D-85567 Grafing
www.aquamarin-verlag.de

Übersetzung aus dem Englischen: Dr. Hella Kleuker
Umschlaggestaltung: Annette Wagner unter Verwendung von:
Mandalas for Meditation to Facilitate Grow © sweet_caramel #29465131
Fotolia.com

Druck: Bercker • Kevelaer

ISBN 978-3-89427-588-4

Inhalt

Einführung

Bedenke, wo dein Herz ist, da ist auch dein Schatz.

Ein Kurs in Wundern

Dies ist ein Buch über Liebe, jene grundlegende Schwingung, die uns dazu bewegt, Gedichte zu schreiben und Lieder zu singen, und die jeden von uns, die wir Teile eines weiten Universums sind, dazu bringt, uns um Sinn im Leben zu bemühen, uns zu begegnen und uns schließlich zu verbinden. Die Liebe treibt uns dazu, uns auszudehnen und mehr zu werden, als wir jemals für möglich gehalten haben. Liebe ist eine Bindungskraft, die uns zueinander zieht und uns so vereinigt, dass wir uns vollständig und erfüllt fühlen. Es ist die einzige Kraft, die uns auf so tiefer und grundlegender Ebene verbindet, dass wir uns vollständig verändern können, und mit uns indirekt alle, mit denen wir in Kontakt kommen, ungeachtet dessen, ob wir das bewusst anstreben oder nicht. In welcher Form sie sich auch zeigt – die sexuelle Passion Liebender, die instinktive Bindung von Eltern an ihre Kinder, die Treue, die soziale Gruppen verbindet und Männer dazu bringt, für ihr Land zu sterben, oder die göttliche Liebe, die alle menschliche Liebe übersteigt und uns als Teil des Universums erhält – Liebe ist der unwiderstehliche universelle Impuls, der uns alle leitet.

Einige Jahre lang habe ich mich bemüht, die vollkommene Terminologie und Ausdrucksweise zu finden, die sich für mich in dem Versuch, meine Gedanken und Gefühle über das Göttliche auszudrücken, richtig anfühlt. In dem sicheren Gespür, dass ich die Einschränkungen der einzelnen Religionen überschreiten musste, benutzte ich die Bezeichnung »das Universum«. Diese Synthese menschlichen Lebens, der Planeten einschließlich der Erde, aller Lebensformen und von allem, was den Raum zwischen uns füllt, ebenso wie die kraftvolle kosmische Verbindung sowie die Liebe, die durch dies alles fließt, sehe ich als eine Ausdrucksform des Göttlichen. Meine eigene Entwicklung hat mich dazu geführt, die göttliche Präsenz als die große Seele aller Seelen zu sehen, ein großer Geisteskörper, von dem wir alle abstammen. Die Bezeichnung »Gott« erscheint mir jetzt wieder angemessener, und diese Bezeichnung habe ich hier vorwiegend verwendet. Vielleicht bevorzugst du, in Begriffen von einer höheren Macht, einem unendlichen Geist zu denken oder deine eigene Bezeichnung für diese höchste Kraft zu verwenden. Was immer dein Verständnis oder deine Terminologie ist, die Macht, das Göttliche, bleibt dieselbe.

Auch wenn wir uns von Zeit zu Zeit – und manchmal für längere Zeitabschnitte – verloren fühlen mögen und unser Leben nicht in die Richtung geht, die wir erhofft hatten, so folgen wir doch in Wirklichkeit einem Vorsatz, einem innewohnenden Plan, der uns unausweichlich in die Richtung unserer Wiedervereinigung mit Gott führt.

Wer dem Leben Bedeutung geben möchte, indem er fehlerfrei und präzise versucht, die Dinge seinen Vorstellungen entsprechend zu gestalten, verliert den Fluss, die Kreativität und das Geheimnisvolle des Lebens. Bei dem Versuch, das Mysterium festzulegen und logisch zu verstehen, verliert man die Magie; denn sicherlich ist das Leben in gewisser Weise magisch. So wie wir nicht nur eine Ansammlung von chemischen Gleichungen, sondern auch eine Seele sind, ebenso ist das Leben selbst nicht nur eine Abfolge von Ereignissen, sondern eine magische Reise voller Geheimnisse, eine Schatzsuche mit Synchronizitäten und Symbolismus, Signalen und Zeichen, die uns für unsere Entwicklung in die richtige Richtung führen. Wir können mit unserem Herzen sehen und unseren Weg mit Integrität erfühlen. Wir können uns aber auch wünschen, dass das Leben einem von uns gewollten Muster folgt. Dabei riskieren wir, alle jene bezaubernden Umwege zu verpassen, die uns unerwartete Entdeckungen und unvorhergesehene Freude bescheren. Wir können mit Liebe und Intuition aus unseren Herzen leben, während der Weg uns Ausblicke von atemberaubender Schönheit eröffnet, wo wir verweilen können und mit unserer ganzen Seele genährt werden. Ein pedantischer, ausgemessener Blickwinkel vertreibt dagegen die lyrische und mystische Qualität, die es Menschen mit kindlicher Einfachheit, Weisheit und Vision ermöglicht, die Authentizität und Poesie des Lebens wahrzunehmen. Öffne dein Herz, breite deine Liebe im Universum aus, erwarte immer das Beste, und du wirst die Gaben empfangen, die das Universum dir anbietet.

Tatsächlich habe ich schon vor zwanzig oder mehr Jahren begonnen, dieses Buch zu schreiben, als eine einfache Begegnung mit jemandem, den ich niemals vorher getroffen hatte, mein Leben veränderte. Während meiner Ausbildung als Psychiaterin, im Nordosten Englands, hatte ich einmal Nachtdienst, als ein alter Mann als Notfall eingeliefert wurde. Er hatte unter einer der Brücken über den Fluss Tyne gelebt und war verängstigt und verwirrt. Ich werde in Kapitel 7 mehr über ihn erzählen. Hier genügt es zu sagen, dass er mich viel lehrte, zum Beispiel die wahre Bedeutung des wunderbaren Grußes »Namaste«: »Das Göttliche in mir erkennt das Göttliche in dir.«

Diese Begegnung verstärkte meine schon damals sehr tiefe Überzeugung, dass Liebe in allen ihren Manifestationen die Wunden der Welt heilen kann. Wir sollten das Beste, das moderne Technologie zu bieten hat, mit Scharfsinn nutzen – denn auch das ist eine Gabe Gottes. Nur wenige von uns sind heute dazu bestimmt, ein kontemplatives Leben in einem Kloster oder auf einem Berg zu führen. Ich glaube, dass wir aufgerufen sind, alle unsere Fähigkeiten zum Heilen zu nutzen – wobei Liebe das wichtigste Werkzeug ist. Der Ruf dieses neuen Jahrtausends ist es, auf jede uns mögliche Art die Liebe sichtbar zu machen und uns auszudehnen, um miteinander Freude und Frieden zu teilen, den eine solche Lebensweise hervorbringen kann. Wir können eine Einstellung entwickeln, die Gewalt vermeidet, und wir können schließlich zu einem Zustand des Friedens kommen.

Dieses Buch handelt von einer Reise, einer Expedition durch das Leben, bei der wir wieder lernen, Frieden zur Realität werden zu lassen. Es handelt von Beziehungen und von Bezogenheit, und wie Liebe in all ihren verschiedenen Formen – oder der Mangel an Liebe – alles berührt. Alles hat Auswirkungen auf alles. Wenn ich mich selbst und meine Beziehungen in den unterschiedlichen Aspekten meiner selbst und zum übrigen Universum nicht verstehe, dann fühle ich mich verloren, verwirrt, außer Kontrolle und manchmal voller Angst. Zu lernen, warum ich da bin, wo ich bin, gibt mir plötzlich einen Mittelpunkt und ein Gefühl inneren Friedens, auch wenn sich äußerlich wenig verändert zu haben scheint. Dieses Buch wird dir verstehen und anerkennen helfen, wo du bist und warum du dort bist. Es wird dich unterstützen, deinen Weg weiterzugehen.

Ich habe in »Chakras – Tore zur Seele« über das Annehmen gesprochen. Ich sagte dort:

»Zustimmung zum Gegebenen ist eine Notwendigkeit, bevor wir eine wohlüberlegte und aus tiefem Verständnis gewachsene Bewegung machen können, die gut für uns ist und uns zum nächsten vor uns liegenden Schritt auf unserer Reise durch das Leben führt.«

Wenn es dein Ziel ist, deine gegenwärtigen und zukünftigen Beziehungen besser zu verstehen, dann kann das »Herz-Chakra« dir helfen. Dich selbst zu lieben und zu verstehen, ist ein großes Geschenk, das du in jede Beziehung einbringen kannst. Wir müssen lernen, dass wir erst wahrhaftig zu uns selbst finden, wenn wir uns erlauben, uns in der Liebe zueinander zu verlieren. Auch die schwierigen Aspekte einer Beziehung können als spirituelle Erfahrungen begrüßt werden, die das Ganze befriedigender und erfüllender machen. Spaß und freudige Erregung können Schmerz und Drama ersetzen. Ein wenig Drama ist wie ein Hauch von Gewürz im Essen. Es gibt eine süße, fast mystische Note, aber zu viel verdirbt den Geschmack. Bei deiner Integrität zu bleiben, hilft dir, Lebenspartner zu wählen, die dir erlauben, der oder die zu sein, der oder die du wirklich bist, und in einem Zustand inneren Friedens zu sein. Leben ohne Liebe ist trocken und fade, aber mit Verständnis und einer offenen spirituellen Einstellung wird das Leben ein niemals endendes frohes Fest. Mein Wunsch für dich und dein Beginnen ist, dass du die Liebe und das Leben in all seiner Pracht erfahren kannst.

Alles, was wir tun müssen, ist, uns vorzustellen, wie die Kraft unserer Liebe sich immer weiter ausdehnt, bis sie das ganze Universum umfasst.

Kapitel 1

Über den Gebrauch dieses Buches

Ziel des Buches ist es, auf die Liebe in deinem Leben zu schauen – wie sie war, wie sie ist und wie sie werden kann – und dich selbst und die Beziehungen, die dein tägliches Leben ausmachen, zu heilen.

Von Geburt an und in unserer Beziehung zu unseren Eltern bewegen wir uns durch die großen Verbindungen in unserem Leben hin zur göttlichen Liebe, die natürlicherweise alles andere durchdringt. Die Betonung liegt auf der Heilung mit Liebe als unserem größten Werkzeug, so dass wir mit größerer Liebe und größerem Mitgefühl für uns selbst und für andere in eine frohere und gesündere Zukunft weitergehen können.

Vielleicht magst du zuerst das Buch einfach durchlesen und dann zu den Themen zurückkehren, an denen du wirklich arbeiten möchtest, oder du kannst das Buch Stück für Stück durcharbeiten. Es wäre gut, ein Notizbuch oder Tagebuch zu haben, um deine Gedanken und Einsichten festzuhalten, Affirmationen aufzuschreiben, Veränderungen zu notieren und vielleicht das eine oder andere Zitat festzuhalten – nicht unbedingt nur aus diesem Buch, sondern auch von allem anderen, das du liest oder hörst. In schwierigen Zeiten hilft es manchmal, in diesem Tagebuch zu lesen und etwas zu finden, das dich angeregt hat, das jetzt deine Stimmung heben kann und dir Hoffnung gibt.

Versuche, jeden Tag etwas zu schreiben. Lasse deinen Stift einfach über die Seite laufen, deinen Geist sich selbst entleeren, ohne dass du anhältst, um das Geschriebene zu analysieren oder zu korrigieren. Wenn du möchtest, kannst du das später tun. Du wirst bemerken, dass du manchmal in einen etwas veränderten Zustand hineinrutschst, in dem deine Augen verschwommen sehen, dein Geist nicht beteiligt ist, aber dennoch Einfälle auf dem Papier ankommen. Lasse es geschehen, ohne dass dein Verstand eingreift. Lasse es einfach fließen. Deine Seele spricht! Sie wird dir Wahrheiten erzählen, die du weder denken noch formulieren konntest. Dein Leben kann sich vollständig verändern, wenn du auf die Botschaften, die du in diesem veränderten Zustand erhältst, hörst und dann danach handelst.

Sei behutsam und voller Mitgefühl mit dir selbst und mit den anderen Menschen in deinem Leben, während ihr euch an deine Veränderungen gewöhnt.

AFFIRMATIONEN UND MEDITATIONEN

Die Affirmationen, die ich ausgewählt habe, sind nur eine Anleitung. Bitte passe sie an deine eigene Sprache an. Ich erinnere mich sehr gut, dass ich als Kind in der Sonntagsschule Gebete hersagte und dachte, dass ich lieber einfach reden wollte, als Worte auszusprechen, die sich nicht richtig anfühlten. Mit Affirmationen ist es ähnlich. Nach einer Weile werden einfach neue in deinem Bewusstsein auftauchen. Folge ihnen und benutze sie regelmäßig, passe sie Wort für Wort an, bis sie sich für dich richtig anfühlen.

Dein Unbewusstes nimmt die Dinge sehr wörtlich. Deswegen solltest du deine Affirmationen im Präsens formulieren, damit dein Unbewusstes die Dinge für dich jetzt erschafft, anstatt sie ständig in der Zukunft zu halten. Halte deine Affirmationen einfach und kurz. Sprich zu deinem Unbewussten so, wie du zu einem Kind sprechen würdest, gib einfache Anweisungen.

Meditationen können dich leiten. Es kann vorkommen, dass du in eine Meditation abschweifst, die aus deinem Geist kommt. Solange sie der Liebe entspringt, folge ihr. Sie wird viel besser für dich sein als alles, was ich hier für dich geschrieben habe. Wenn du den Meditationen in diesem Buch genau folgen möchtest, so ist das auch in Ordnung. Vielleicht kannst du sie vorher auf Band aufnehmen, oder du hast einen Freund/eine Freundin, der/die sie für dich liest, während du dich entspannst.

Du kannst im Gehen meditieren, aber bitte meditiere nicht im Auto. Deine Affirmationen kannst du im Auto sagen. Du wirst mehr davon haben, wenn du dir einen besonderen Meditationsplatz einrichtest. Er muss nicht übertrieben oder völlig abgeschirmt sein, ein bestimmter Stuhl reicht aus. Aber es wäre wunderbar, wenn du einen Platz finden kannst, an dem du nicht gestört wirst, an dem du einen kleinen Tisch mit einer Blume, einer Kerze und einem Kristall haben kannst. Schalte das Telefon ab und gib dir selbst Zeit. Vielleicht möchtest du auch ein bisschen sanfte Musik hören. Am Ende dieses Kapitels gibt es einige Vorschläge. Wenn du eine geführte Meditation vorziehst, magst du vielleicht meine CD »Just Be« ausprobieren.

Lasse dir nach der Meditation immer genügend Zeit, um dich wieder zu erden und deine Chakras zu schließen, bevor du deinen Alltag wieder aufnimmst. Trinke etwas und iss vielleicht eine Kleinigkeit. Strecke dich ein bisschen oder bewege dich sanft.

Was immer du tust, tue es sanft. Wenn du einen schwierigen Punkt berührst, atme langsam und tief, fülle dein Herz mit Liebe und nimm dir Zeit. Die kurze Meditation auf Seite 72 kann dir helfen, dich zu zentrieren, zu erden und zurückzukommen ins Hier und Jetzt.

VERÄNDERUNGEN VORNEHMEN

Dein Leben ist dein Leben; deine Beziehungen sind deine Beziehungen; deine Wahl ist deine Wahl. Du und nur du kannst Veränderungen in deinem Leben bewirken. Du kannst auch niemand anderen verändern. Wenn du unglücklich bist, ist die einzige Person, die etwas dagegen tun kann, du selbst.

Ich höre oft Leute klagen »Aber ich habe schon alles verändert!« Ja, manchmal fühlt es sich so an, aber wenn du immer noch nicht glücklich mit deiner Situation bist, dann scheint es, als ob noch weitere Veränderungen notwendig sind. Jede Bewegung in dir selbst bewirkt Veränderung in deinen Beziehungen, ob das nun deine Absicht war oder nicht. Manchmal verändern wir etwas, und das Ergebnis ist überhaupt nicht so, wie wir es wollten, aber das bedeutet nur, dass wir die Dinge noch einmal ändern müssen. Meistens sollten die Schritte klein sein, um dir und den Menschen in deinem Leben Zeit zu geben, sich daran zu gewöhnen, so dass du zunächst das Ergebnis sehen kannst, bevor du eine neue Veränderung angehst.

Manchmal weißt du allerdings genau, dass du die Dinge radikal ändern musst. Wenn es zum Beispiel zwischen dir und deinem/r Partner/in zu Gewalt kommt und womöglich auch die Kinder einbezogen sind, dann muss umgehend etwas Entscheidendes geschehen. Wenn es Alkohol- oder Drogenprobleme gibt, die deine Selbstachtung, dein Selbstvertrauen und deinen inneren Frieden zerstören, dann muss jetzt sofort etwas geschehen. Wenn du chronisch unglücklich bist, dann ist es wichtig, die Gründe anzuschauen. Wenn du dich deprimiert fühlst, brauchst du vielleicht professionelle Hilfe. Du findest im Anhang 3 eine Liste, die dir bei der Entscheidung hilft, was du nutzen könntest.

Es wird dir bei der Entscheidung darüber, was du benötigst, helfen, wenn du lernst, auf dein ganzes Selbst zu hören – Körper, Geist, Seele. Zu meditieren und Stressfaktoren auftauchen zu lassen, kann dir ebenfalls bei der Heilung helfen. Es ist ein großes Geschenk, wenn du während deiner Veränderung jemanden hast, dem du dich anvertrauen kannst, zu dem du sprechen, bei dem du weinen oder wütend sein kannst und von dem du weißt, dass er oder sie nicht wegläuft. Ein/e gute/r Therapeut/in sollte in der Lage sein, dir das alles anzubieten und dir mit Güte zu spiegeln, was vorgeht. Er/sie wird dir nicht sagen, was du tun sollst, sondern dir helfen, selbst zu entscheiden, was dein nächster Schritt ist. Manchmal sagen Klienten zu mir »Bitte hilf mir« und nehmen nicht wahr, dass ich das bereits tue, indem ich ihnen mit Empathie, Mitgefühl und einem offenen Herzen zuhöre und ihnen so Raum gebe, sich selbst zu helfen. Aber wenn deine Fähigkeiten so erschöpft sind, dass du dich ganz unfähig fühlst, selbst eine Entscheidung zu treffen, dann ist es vielleicht richtig, jetzt keine Entscheidung zu treffen. Das ist in Ordnung: Du wirst Kraft sammeln, um weiterzugehen, wenn es an der Zeit ist. Aber versuche, nicht allzu lange dabei zu bleiben. Ich versichere dir, wenn du dich schließlich bewegst, wirst du auf jedem Zentimeter deines Weges Unterstützung finden – durch Freunde, deine Familie, deinen Partner oder Gott. Versuche zu vertrauen.

Ich hoffe, deine Veränderungen werden voller Freude sein, aber natürlich kann es auf dem Weg auch schmerzhafte und schwierige Zeiten geben. Manchmal kannst du keine äußere Veränderung in Gang setzen, beispielsweise kannst du nicht weggehen, weil du keine finanzielle Unterstützung hast und nicht weißt, wohin du gehen könntest. Selbst dann kann eine innere Veränderung dir Kraft geben und wird automatisch die Menschen um dich herum daran hindern, dich wie in Geiselhaft zu halten. Dein Geist und deine Seele können niemals eingesperrt werden. Aber sorge dafür, dass du die Macht, die du für deine eigene Stärkung benutzt, niemals negativ gegen andere verwendest. Das Wissen, das du auf deiner Reise gewinnst, ist deines, und vielleicht möchtest du es gern anderen mitteilen, aber sei nicht zu missionarisch, denn das kann Menschen abstoßen. Wenn du dich veränderst, wirst du erstaunt sein, wie alle anderen sich ebenfalls verändern. Aber lasse sie ihre eigene Zeit finden.

Versuche, immer auf den Moment konzentriert zu sein. Wenn wir jeden Augenblick auskosten, auch den schmerzvollsten, so können wir schneller lernen und vorankommen.

Versuche auch, deinen Sinn für Humor zu behalten! Das ist schwierig, wenn du Schmerz fühlst. Aber manchmal kann Lachen mehr als alles andere Veränderungen herbeiführen. Halte die Dinge leicht und einfach, und du wirst erstaunt sein, was passieren kann.

Ein Wort der Warnung und der Ermutigung

Wir sind menschliche Wesen, und für die meisten von uns, gleichgültig wie weit wir auf dem Weg der Erleuchtung sind, gibt es von Zeit zu Zeit Herausforderungen im Leben, die uns durcheinander bringen. Das können Beziehungen sein, die wir gewählt haben, um mehr über uns selbst herauszufinden, oder die traurige Lage von Menschen in Teilen der Welt, wo es entsetzliche Armut gibt, Naturkatastrophen oder die Korruption, die ein unumstößlicher Bestandteil des politischen Gefüges zu sein scheint. Sei nicht verzweifelt, wenn du herausfindest, dass du trotz aller spirituellen Übung und obwohl du dein Bestes versuchst, um in Liebe und Harmonie zu leben, immer noch manchmal wütend oder geschwätzig bist oder in Missbrauchssituationen verbleibst, von denen du längst weißt, dass du sie verlassen solltest.

Sei freundlich zu dir selbst und benutze das, was du als Scheitern ansiehst, nicht als Entschuldigung, um dich aufzugeben. Achte darauf, was du aus der Situation lernst, und gehe die notwendigen Veränderungen sanft an. Manchmal können dies riesige und einschneidende Veränderungen sein, aber meistens müssen wir kleine Schritte in Richtung auf unser wahres spirituelles Selbst und auf Frieden machen. Schließlich werden wir einen Ort des Gleichgewichts und der Harmonie erreichen, von dem aus wir die Dinge mit Mitgefühl beobachten können, ohne die Agonie zu fühlen. Im Nicht-Verhaftet-Sein können wir Freiheit finden.

LOSLÖSUNG VOM ERGEBNIS

Bitte arbeite das ganze Buch möglichst ohne vorgefasste Ideen durch. Auch wenn du zum Beispiel keine Geschwister hast, wird das Kapitel über Brüder und Schwestern dir helfen, diejenigen in deiner Umgebung besser zu verstehen, die Geschwister haben, und die Verbindung zu ihnen vertiefen.

Wenn du in der Vergangenheit entschieden hast, dass deine einzige Möglichkeit war, dich ganz von jemandem loszulösen, sei es ein Elternteil, ein Bruder oder eine Schwester, ein Freund oder Partner, dann gibt es noch einiges für euch beide zu lernen. Auch wenn du dich auf dieser irdischen Ebene losgelöst hast, wird immer eine Verbindung zwischen euch bestehen. Sende ihnen Licht und lasse sie ihren Weg gehen.

Wenn du dieses Buch liest, möchtest du dich vielleicht vorbereiten, dich selbst und auch deine schwierigen Beziehungen zu heilen. Vielleicht kannst du aus einem neuen Blickwinkel heraus wieder Leben und Liebe in eine solche Beziehung hineinatmen, weder gönnerhaft noch herablassend, sondern mit dem Wunsch, dass alles, was geschieht, euch beiden zum Segen gereichen wird. Auch wenn du dich einer Beziehung nur von weitem und ohne direkten Kontakt nähern kannst, wird die Heilung euch beide berühren und alte Wunden und Verletzungen lösen. Sogar wenn du die Person niemals wieder siehst, kannst du Frieden für dich selbst finden. Du verdienst das.

Wähle sorgfältig, mit wem du deine Reise teilst. Vielleicht möchtest du ein bisschen zurückhaltend sein und schützen, was du entdeckst und fühlst. Andererseits hast du vielleicht Lust, von den Dächern zu rufen, wenn du eine großartige Einsicht hast. Das ist meistens nicht die beste Wahl. Andere könnten dir in die Parade fahren und Zweifel säen über die Glaubwürdigkeit dessen, was du herausgefunden hast, noch bevor du Zeit gehabt hast, es vollständig zu integrieren. Bleibe bei deiner eigenen Wahrheit. Sie wird dir treu dienen. Du wirst bald lernen, eine wahre Einsicht zu erkennen, denn du wirst eine Erregung in deinem Herzen, eine plötzliche Klarheit fühlen – und Gedanken werden fließen. Einsicht ist immer mit Liebe verbunden, denn deine Seele kennt nur Liebe.

Ich wünsche dir eine wunderbare Reise. Wo auch immer du hingehst, es ist ein Ehre, in diesem Moment Teil deines Weges zu sein. Ich wünsche dir Freude, gute Begleitung, Lachen und die Hilfe der Engel. Fülle dich selbst mit Liebe und verbinde dich mit deinem Herzen und deiner Seele. Die einfache Tatsache, dass du dieses liest, sagt, dass es eine Verbindung zwischen uns gibt. Über diese Verbindung, quer durch Zeit und Raum, sende ich dir Liebe.

MEDITATION

Meditieren, Beten und um Hilfe bitten, auf welche Art auch immer du das tust, kann viel zu deiner Befreiung beitragen. In harten Zeiten in meinem Leben habe ich manchmal einfach nur gesagt: »Bitte zeige mir den Weg« – und schließlich wurde der Weg sichtbar. Schaue nach Synchronizitäten – jene Hinweise des Universums über den Pfad, den du nehmen solltest.

Wenn du deine Augen offen hältst und deine Sinne wach, so wird das Universum dich auch aus den schwierigsten Situationen sicher herausführen. Bedanke dich immer dafür, wo du jetzt bist. Das mag verrückt klingen, wenn du an einem schmerzvollen Ort bist. Aber wenn du dich ihm mit echter Dankbarkeit nähern kannst, so dass du alles, was du dort lernen sollst, jetzt aufnimmst, dann sind deine Tage in diesem Kummer gezählt.

Kapitel 2

Das Energie-System

Die Wahrheit ist in uns selbst; sie nimmt keinen Ursprung
in äußeren Dingen. Was immer du auch glauben magst:
Es gibt ein innerstes Zentrum in uns allen,
in dem die volle Wahrheit wohnt.
Robert Browning – Paracelsus

Liebe ist eine wunderbare Kraft, die in unserem Inneren wurzelt und durch unser ganzes Sein fließt, eine facettenreiche göttliche Gabe, die wir zum Heilen, zum Trösten, zum Berge-Versetzen nutzen können. Unsere Fähigkeit zu lieben entwickelt sich im Laufe unseres Lebens und ist zu einem großen Teil von der Gesundheit und dem Entwicklungsstand unseres inneren Energiesystems abhängig. Wenn wir ein Trauma erlitten haben und uns danach bitter, kontrollierend oder unfähig fühlen, Zärtlichkeit zu empfinden, dann wird gesunde Liebe zu einem Minenfeld, auf dem Spiele gespielt und Menschen verletzt werden. (Wenn du in deinem Leben ein Ereignis durchlitten hast, das dich ernsthaft verstört hat, wie zum Beispiel einige Formen von Missbrauch oder einen Verlust, um den du immer noch trauerst, dann könnte jetzt der richtige Zeitpunkt sein, um einen guten Therapeuten zu finden). Probleme auf einer Ebene des Energiesystems führen zu Schwierigkeiten auf anderen Ebenen, da der freie Fluss der Energie blockiert ist, was zu Störungen weiter oben oder weiter unten im System führt. Wenn wir das verstanden haben, hilft es uns, die Probleme zu verstehen, die wir entwickelt haben, und es macht uns frei, uns selbst und andere mit unserem ganzen Herzen und unserer Seele lieben zu lernen und uns von anderen lieben zu lassen.

Wenn du dein Energiesystem genauer anschauen möchtest, könnte mein Buch »Chakras – Tore zur Seele« dir helfen.

Dieses Kapitel gibt einen Überblick über die Topographie des Energiesystems mit Vorschlägen zur Arbeit an jedem Zentrum und mit einer vielleicht hilfreichen Affirmation. Wenn du das Gefühl hast, ein Chakra bereitet dir Schwierigkeiten, dann versuche, etwas in der Farbe dieses Zentrums zu tragen – ein Taschentuch oder ein Schal genügt, oder etwas, das du unter den Kleidern trägst. Am Ende des Kapitels findest du eine Meditation, um dein Energiesystem zu balancieren und deine Chakras auszurichten.

Um Liebe als eine dynamische Energie zu verstehen, die du benutzen, lenken und auch fühlen kannst, ist es wichtig, die Struktur und Wirkungsweise deines Energiesystems zu begreifen. Du kannst lernen zu fühlen, ob deine Energie fließt oder stecken bleibt, und obwohl es einige Übung erfordert, wirst du schließlich fähig sein, inneren Frieden herzustellen, wenn du Harmonie und inneres Gleichgewicht findest. Deine Energie wird dir sehr genau erzählen, wenn Dinge, die du tust, nicht mit deiner Integrität übereinstimmen, wenn du in die Spur zurückfinden musst. Sie wird dir den Mut geben, Entscheidungen zu revidieren, Dinge anders zu tun, dich für das, was für dich richtig ist, einzusetzen und dein Leben auf einen bewussteren Weg zu lenken. Du wirst sehr genau wissen, was für dich richtig ist, unabhängig davon, was für andere richtig erscheinen mag. Intuitiv wirst du die wahre Botschaft hinter dem Verhalten anderer Menschen besser wahrnehmen.

ENERGIE

Energie ist das Material, aus dem alles besteht. Das Universum ist ein massives Energiesystem. Alles, was ist, besteht aus in verschiedenen Frequenzen schwingenden Partikeln, und das schließt auch uns mit ein. Die Moleküle, aus denen mein Körper ebenso besteht wie deiner, sind aus den gleichen Elementen geformt, aus denen alles andere besteht – Pflanzen und Tiere, der Stuhl, auf dem du sitzt, und die Luft, die wir atmen. Der einzige Unterschied besteht in der Kombination der Partikel und in der Frequenz, in der sie schwingen. Abhängig von der Schwingungsfrequenz erscheinen manche Dinge dichter als andere. Feste Materialien haben dicht gepackte, sich schnell bewegende Moleküle, während Gase, deren Moleküle sich langsamer bewegen, weniger dicht sind und sehr andersartig erscheinen. Das führt dazu, dass manche Dinge sichtbar sind und andere nicht. Für das menschliche Auge unsichtbare Dinge sind deswegen aber nicht weniger real. Denke zum Beispiel an Radio- und TV-Wellen und elektrischen Strom.

Manchmal ist ein Teil von etwas sichtbar und ein anderer Teil nicht. Dein Fernsehapparat ist sichtbar, aber die Wellen, die das Bild formen, bevor sie auf dem Bildschirm aufgefangen werden, sind es nicht. Genauso ist es mit deinem Körper. Es gibt einen dichten Teil, den physischen Körper, von dem wir meistens denken, er sei unser ganzer Körper. Aber außen herum ist ein anderer Teil unseres Körpers, der für die meisten Menschen unsichtbar ist, während manche Heiler und Mystiker ihn klar sehen können. Wenn wir richtig darüber nachdenken, könnten wir sehen, dass der physische Körper der Teil in der Mitte des gesamten Körpers ist, wobei die Außenseite ebenso real existiert. Es ist etwa wie bei einer Frucht mit einem Kern – das härtere, dichtere Stück ist in der Mitte.

UNIVERSELLES ENERGIEFELD (UEF)

Manchmal wird dies einfach »das Feld« genannt. Es ist die Matrix, die uns alle verbindet. Es ist der »Raum« zwischen den festen, flüssigen und gasförmigen Objekten, deren wir uns im allgemeinen bewusst sind, und er enthält Lichtstrahlen, Klangwellen, Televisions- und Radiosignale genauso wie die Luft, die wir atmen, sowie verschiedene andere Formen von Energie. Er enthält Energie, die von den Sternen, den Planeten und anderen Himmelskörpern ausgesendet wird, ebenso wie von allem, was irgendwo im weiten Universum zu Hause sein mag. Es ist, wie der Name schon sagt, die Energie des Universums.

Da alles aus sich bewegender Energie besteht, ist das UEF ständig in Bewegung, nicht nur wegen der Winde und Luftströme, die den Planeten umgeben, sondern auch wegen des von allen Dingen ausgestrahlten Schwingungsfeldes.

Wir können die Energie in dem Feld verändern durch das, was wir tun, denken, fühlen oder sagen, wie wir uns bewegen und welche Qualität von Energie wir aussenden. So sind wir alle verantwortlich dafür, ob das Feld ruhig und voller Frieden bleibt, oder ob es turbulent und unangenehm wird. Was in dem Feld geschieht, beeinflusst uns genauso, wie wir es beeinflussen. Denke daran, was sich zeigt, wenn du einen Raum betrittst: Was du riechst, was du siehst, die Farben und wie die Menschen mit dir sprechen und sich dir gegenüber verhalten, bewirkt, dass du dich sehr unterschiedlich fühlst. Tatsächlich kommt es in dir zu neurologischen Veränderungen als direkte Auswirkung des Energieflusses im Feld und in dir. Wenn du deine äußere Umwelt veränderst, indem du etwa am Strand spazierengehst, dann hast du ein verändertes Energiefeld um dich herum, und auch dein inneres Feld verändert sich.

Wir können lernen, das Feld zu beeinflussen, indem wir unsere Gefühle kontrollieren, indem wir liebende Energie aussenden und indem wir uns ruhig und klar verhalten. Wir können auch das Feld und die Menschen in ihm beunruhigen, indem wir grobe, stachelige Schwingungen aussenden. Wir haben eine Verantwortung, uns der Auswirkungen bewusst zu sein, wenn wir uns schlecht benehmen. Nicht nur du und die Menschen in deinem Teil des Feldes werden beeinträchtigt sein, sondern die Schwingungen werden fortwährend weitergehen und einen größeren und größeren Kreis von Menschen betreffen. Wir werden das im Kapitel 9 genauer diskutieren.

DEINE AURA ODER DAS MENSCHLICHE ENERGIEFELD

Auch wenn du es vielleicht nicht realisiert hast, bist du schon oft Bildern des menschlichen Energiefeldes begegnet: Jedes Mal, wenn du in einer Kirche ein farbiges Glasfenster gesehen hast, das Christus oder einen der Heiligen abbildet. Der Heiligenschein über dem Kopf dieser Figuren und das Licht, das er auszusenden scheint, ist ihre Aura. Das ist der äußere Teil unseres Körpers, über den wir weiter oben gesprochen haben. Deine Aura ist das Licht deiner Seele, das um dich herum viel davon zeigt, wer du bist und wie du fühlst. Manchmal wird die Aura als der oder die feinstofflichen Körper bezeichnet, da sie aus verschiedenen Schichten besteht, die alle unterschiedliche Funktionen haben. Sie ist bei jedem Menschen vorhanden, und auch wenn sie bei manchen Menschen sehr hell und klar erscheint und bei anderen kleiner und weniger hell, ist sie nicht weniger kraftvoll.

Die Aura ist angefüllt mit Dingen – ebenso wunderbar wie die inneren Organe deines physischen Körpers. Sie hat verschiedene Funktionen. Zunächst ist sie dein persönlicher Raum. Wenn jemand dir zu nahe kommt und in deine Aura eintritt, ohne dazu eingeladen zu sein, mag es sein, dass du ein sehr unangenehmes

Gefühl hast und einen Schritt zurücktrittst. Sie hilft uns, mit der Außenwelt zurecht zu kommen, und da sie uns umgibt, fühlt sie Dinge, bevor unser physischer Körper das kann. Sie hat eine Schutzfunktion, indem sie vieles von dem, was um uns herum vorgeht, ausfiltert, so dass wir weder mit Energie von außen bombardiert noch davon überflutet werden. Manchmal versagt sie in dieser Funktion, und wir fühlen uns überschwemmt, wenn die Energie anderer Menschen sich mit unserer mischt. Unsere Aura schützt uns im Allgemeinen auch bis zu einem gewissen Grad vor psychischer Verschmutzung. Da leider sehr viele Menschen sich nicht einmal bewusst sind, dass sie eine Aura haben und sie deswegen auch nicht schützen, kann sie beschädigt und verschmutzt werden.

Deine Aura kann, wie wir noch sehen werden, sehr einfach gereinigt und Beschädigungen können geheilt werden.

MIT DEINER AURA WAHRNEHMEN

Im Allgemeinen akzeptieren wir, dass wir die Welt um uns herum durch Berühren, Sehen, Hören, Riechen und Schmecken wahrnehmen. Die Aura hilft uns, die Welt noch auf andere Weise wahrzunehmen. Wenn sie fein gestimmt ist, kann sie subtile Veränderungen in der Atmosphäre aufnehmen, Änderungen in der Stimmung der Menschen um uns herum und die Nuancen der Energie, wenn sie sich unbehaglich fühlen: Wenn sie zum Beispiel nicht die Wahrheit sagen. Wir können sehr schnell entdecken, wenn etwas in unser Energiefeld eintritt und es verändert, und die Aura sagt uns auch, was wir in die Welt um uns herum aussenden. Eine fein gestimmte Aura verfeinert unsere Wahrnehmung, während wir den Raum, in dem wir leben, kontrollieren, fast als hätten wir einen persönlichen Radar, der Veränderungen in unserem eigenen Bewusstsein und dem der anderen entdeckt und uns so Informationen gibt, die uns sonst verschlossen sind. Manche Menschen würden das als Intuition bezeichnen, aber Intuition ist nur ein kleiner Teil der Wahrnehmung mit dem Energie-Körper.

Andere sensitive Menschen können ähnliche Informationen über uns aufnehmen. Deswegen ist es eine gute Idee, verantwortlich und seiner selbst bewusst zu sein, um sicherzustellen, dass das, was wir in die Welt hinaussenden, friedvoll und harmonisch ist.

Jede einzelne Begegnung mit einem anderen Menschen (und auch mit Dingen) schließt einen Austausch von Energie ein. Es liegt an dir, was für einen Energieaustausch du haben möchtest. Wenn du friedvoll bleiben möchtest, dann halte dich fern von Menschen, die wütende Wolken und Energieblitze aussenden, die entweder in deinem Raum herumhängen oder wie Messer in deine Aura schneiden. Bei manchen Menschen fühlst du, dass deine Energie ausgesaugt wird, du fühlst dich müde und ausgelaugt, und sowohl deine Energie als auch deine Stimmung sinken auf einen Tiefstand. Sei beim nächsten Treffen mit einem solchen Menschen aufmerksamer. Wenn du den Energiefluss sehen könntest, würdest du beobachten, wie deine Aura entleert wird, während deine Energie in den Energiekörper des anderen aufgenommen wird und derjenige sich besser fühlt. Leider ziehen viele Menschen ganz unbewusst die Energie anderer zu sich. Aber wenn du denjenigen weiterhin treffen möchtest, musst du lernen, dich zu schützen.

So wie einige Menschen eine Aura haben, die sich für andere unangenehm anfühlt, so tragen andere für jeden spürbar Frieden, Heiterkeit und Liebe mit sich. Diese Menschen sind meist sehr achtsam. Sie verbringen Zeit mit Meditation, mit Gebet oder aktiven positiven Gedanken und machen damit ihre Aura strahlend und hell. Sie berühren jede andere Aura, mit der sie in Kontakt kommen, hellen sie auf und verbreiten Inspiration. In ihrer Gegenwart fühlst du dich energetisiert und bist froh, sie zu sehen. Du möchtest Zeit mit ihnen verbringen, weil sie ihre Kontakte mit Freude füllen.

Wenn dein aurischer Sinn schärfer wird, sei bitte diskret und dringe nicht in die Privatsphäre anderer Menschen ein.

Nimm dir einen Augenblick Zeit und stelle dir vor, wie es sein mag, in deiner Nähe zu sein. Sendest du Frieden und Fröhlichkeit, Leichtigkeit und Freude aus? Fühlst du dich selbst voller Energie und ist deine Stimmung sonnig? Oder bist du schwermütig und kritisch, misstrauisch gegen andere und urteilst über das, was sie tun? Was glaubst du, welche Art von Atmosphäre bringst du mit, wenn du einen Raum betrittst? Werden die Menschen gern in deiner Nähe sein, oder zieht deine Energie sie herunter?

Es kann sein, dass du dich deprimiert fühlst oder es in deinem Leben wenig Liebe gibt. Sei nicht zu streng zu dir selbst, wenn du in aller Ehrlichkeit antworten musst, dass die Energie in deiner Nähe nicht sehr angenehm sein mag. Du kannst sehr vieles tun, während du dich durch dieses Buch bewegst, und schon sich dessen bewusst zu sein, ist hilfreich. Versuche, die guten Dinge an den Menschen zu sehen. Lächle, wenn du jemanden triffst, teile eine Freundlichkeit mit dem Menschen am Ausgang oder sage einfach »Guten Morgen« zu jemandem auf der Straße, und deine Energie wird sich immer mehr verändern. Du und die Menschen um dich herum werden anfangen, sich besser zu fühlen. Wenn du sehen kannst, dass deine Energie wegen der Menschen, mit denen du meistens zusammen bist, nicht gut ist, dann finde heraus, wie du das ändern kannst. Wenn du mit jemandem zusammenlebst, der depressiv oder krank ist, dann sorge dafür, dass du ausgehst und Spaß hast, das wird dir helfen, deine eigene Energie im Gleichgewicht zu halten.

Der beste Weg, deine Aura zu klären und zum Strahlen zu bringen, ist die Liebe im Herzen. Das heißt nicht unbedingt, verliebt zu sein, wohl aber, Liebe zu fühlen und das Durcheinander aufzuräumen, das bewirkt, dass wir uns dumpf, leblos oder regelrecht elend fühlen. Zu tun, was du liebst, und zu lieben, was du tust, verändert die Energie deiner Aura, die im Gegenzug deinen physischen Körper nährt und jeden um dich herum berührt.

ERDUNG

Bevor wir über das komplizierte Energiesystem innerhalb der Aura sprechen, wollen wir noch einen Augenblick das Phänomen der Erdung betrachten.

Wir sind spirituelle Wesen, die in menschlichen Körpern wohnen, und wir müssen in der Erde verwurzelt bleiben, um all das zu erfüllen, weswegen wir hergekommen sind. Aber es kommt leicht zu einer Spaltung zwischen deinem spirituellen und deinem physischen Selbst. Deine Seele kann verschoben werden, so dass du dich außer dir selbst fühlst, als ob du wie ein Beobachter über den Grund schweben würdest. Manchmal erleben wir dieses Phänomen während eines traumatischen Ereignisses, bekannt als »Dissoziation«. Normalerweise treten wir später wieder in unseren Körper ein, aber in manchen Fällen bleiben Menschen jahrelang von ihren Körpern getrennt. Für manche wird die Dissoziation zu einer Gewohnheit, wann immer sie irgendetwas bedroht. Manche Menschen wollten eigentlich gar nicht auf die Erde kommen und haben ihre Körper niemals ganz in Besitz genommen. Manchmal möchten wir vielleicht nach der Meditation oder nach dem Erleben von etwas sehr Inspirierendem und Erhebendem nicht ins Alltagsleben zurückkommen, und wir erden uns nicht ganz. Dann bleiben wir in einer gewissen Distanz und Fremdheit.

In allen diesen Fällen lautet die Antwort Erdung. Tatsächlich sollte die Erdungsübung Teil der täglichen Routine sein und auf jeden Fall nach jeder Meditation folgen. Der Prozess ist sehr einfach. Spazierengehen, Essen, Trinken oder Atemübungen werden dir helfen, dich zu erden. Insbesondere dicke herzhafte Suppen und Porridge helfen beim Erden. Tanzen, besonders zu Musik mit einem richtigen Beat, bindet dich an die Erde, genauso wie Gartenarbeit oder Hantieren mit Lehm. Es gibt auch spezielle Erdungsübungen. Eine findest du am Ende dieses Kapitels, andere sind ausführlicher in »Chakras – Tore zur Seele« beschrieben.

Unser Ziel in der Erdung ist es, uns mit der Erde zu verbinden und in unserem Körper, in unserem Bewusstsein im Hier und Jetzt zu bleiben. Das erlaubt uns, unserer eigenen Bewegungen und unserer Umgebung ganz gewahr zu sein. Es hilft uns, uns verwurzelt und stark zu fühlen und fähig, mit Schwierigkeiten umzugehen.

PSYCHISCHE VERUNREINIGUNG UND PSYCHISCHER ANGRIFF

Psychische Verunreinigung ist sehr häufig; ein aktiver psychischer Angriff seltener. Beide müssen ernst genommen werden, wenn du deine Energie schützen und für den Teil deines Körpers, der deine Aura ist, sorgen willst.

Einige Menschen haben einfach eine schlechte Energie, verursacht durch etwas, das ihnen vor langer Zeit geschehen ist und sie verletzt zurückgelassen hat. Sie haben eine Neigung zu einem Verhalten entwickelt, das für den Frieden nicht förderlich ist.

Wenn du bemerkst, dass dein Selbstvertrauen plötzlich abfällt und du Selbstzweifel, Angst, Verzweiflung oder Negativität fühlst, die dir fremd sind, wenn du zum Sündenbock gemacht wirst oder miterlebst, dass dies jemand anderem geschieht, dann ist es sinnvoll, an psychische Verschmutzung und vielleicht einen psychischen Angriff zu denken. Manchmal wird ein psychischer Angriff dich schwach und deprimiert machen und dir das Gefühl geben, als ob dir Dinge widerfahren, die du nicht verstehst.

Häufig ist der Grund, weshalb jemand schlechte Energie auf dich richtet – ihm nicht unbedingt bewusst – doch du musst dich schützen. Eine Schutzübung findest du auf S. 48. Erinnere dich, dass niemand wirklich reale Macht über dich hat und negative Energie niemals genauso stark ist wie positive Energie. Obwohl es dich vielleicht unerwartet getroffen hat (und das passiert jedem von uns manchmal), kannst du dich selbst recht schnell wieder ins Gleichgewicht bringen, wenn du daran arbeitest.

DAS CHAKRA-SYSTEM

Innerhalb der Aura gibt es zahllose sensorische Verbindungspunkte sowie ein gut organisiertes sensorisches System – das Chakra-System. Chakras sind Verbindungszentren; Lichtwirbel, die sich, wenn sie gesund sind, ständig drehen, Energie aus dem UEF hereinziehen, unser ganzes System beleben und Energie aussenden.

Die großen Chakras sind in einer vertikalen Linie von der Basis der Wirbelsäule bis zur Krone des Kopfes angeordnet, und jedes Chakra dreht sich in einer spezifischen Frequenz. Jedes hat seine eigene Gestalt und seine eigenen Funktionen. Sie haben alle verschiedene Farben, die von der Frequenz ihrer Schwingung und von ihrem Gesundheitszustand bestimmt werden. Das unterste, das Wurzel- oder Basis-Chakra, ist rot, und die anderen haben in aufsteigender Folge die Farben des Spektrums: Orange, Gelb, Grün, Blau, Indigo und Purpur oder Weiß. Sie werden vom Wurzel-Chakra an aufwärts gezählt.

Dies sind die höheren Organe, die uns Informationen über andere übermitteln, und anderen über uns. Die Information, die sie uns geben können, ist sehr genau. Wir werden die sieben großen Chakras hier behandeln. Es gibt auch einundzwanzig kleinere und viele unbedeutendere, die an Akupunktur-Punkten gelegen sind. Jedes Chakra ist mit einer besonderen Aura-Schicht verbunden, das erste mit der Schicht, die am dichtesten am physischen Körper liegt, das zweite mit der nächsten Schicht, und so weiter. Die spezifischen Schichten der Aura sind schwierig zu sehen, und meist wird eher eine schimmernde Masse wahrgenommen, mit einigen Teilbereichen von verschiedener Farbe und Konsistenz.

Jedes Chakra ist wie ein spiraliger Trichter, der sich vom physischen Körper durch die Aura bis zur Außenseite erstreckt, wo er mit dem UEF in Verbindung steht. Jedes hat Blütenblätter, und es kann sich wie eine Seeanemone sanft öffnen und schließen und dabei die hereinkommende und herausgehende Energie filtern. Manchmal sind Chakras verstopft und der Energiefluss blockiert, oder sie können weit offen und steif sein und haben ihre Fähigkeit zu filtern und zu schützen verloren. Manchmal sind sie physisch beschädigt oder zerrissen. Der Ausdruck »ein gebrochenes Herz« hat einen tiefen Sinn, wenn wir auf das Herz-Chakra schauen: Die Herzverbindung, die wir mit jemandem eingegangen sind, wird aufgerissen, wenn die Person stirbt oder uns verlässt, und das Chakra kann so lange nicht mehr gut funktionieren, bis es heilt. Auch beim Solarplexus entsteht nach dem plötzlichen Verlust eines geliebten Menschen oft dasselbe Problem, denn die Bindungen, die sich hier gebildet haben, sind ebenfalls zerrissen. Die Kraftlosigkeit und Schwäche, die oft mit Trauer einhergeht, sind teilweise durch diese Wunden des Energiesystems verursacht und können lange Zeit zur Heilung benötigen.

Jedes Chakra ist auch mit einer großen Drüse und einem Nervengeflecht verbunden. Ich werde diese kurz erwähnen, wenn wir die einzelnen Chakras betrachten.

Alle Chakras sind bei der Geburt in einer rudimentären Form vorhanden, sie entwickeln und verfeinern sich im Laufe des Wachstums. Das erste, das Wurzel-Chakra, entwickelt sich zwischen der Geburt und dem Alter von drei bis fünf Jahren. Das nächste ist das Sakral-Chakra, das sich zwischen drei bis fünf und acht Jahren entwickelt, darauf folgt der Solarplexus zwischen dem Alter von acht und zwölf Jahren. Diese drei unteren Chakras sind für die physische Natur zuständig, und eine Schädigung während ihrer Entwicklung verursacht uns Probleme in der Beziehung zur Welt. Das wird später noch ausführlicher diskutiert werden. Das Herz-Chakra entwickelt sich zwischen zwölf und sechzehn Jahren und ist ein Übergangs-Chakra, das die Lücke zwischen der physischen und der spirituellen Welt überbrückt. Das nächste ist das Kehl-Chakra, das sich zwischen sechzehn und einundzwanzig Jahren entwickelt, das Stirn-Chakra zwischen einundzwanzig und sechsundzwanzig, und schließlich die Krone. Die oberen Chakras entwickeln sich manchmal während einer Lebenszeit nur in geringem Ausmaß, dennoch ist der Gewinn groß, wenn wir bereit sind, an ihnen zu arbeiten.

Jedes Chakra kann als eine Ebene des Bewusstseins angesehen werden, wobei eines auf dem anderen aufbaut, bis die spirituelle Persönlichkeit voll entwickelt ist. Verschiedene spirituelle Gaben, wie das Heilen und die Hellsichtigkeit, entwickeln sich gleichzeitig. Manchmal kommt eine frühzeitige Entwicklung vor. Im Alter von etwa dreißig Jahren hat sich das Chakra-System parallel zum physischen Körper auf natürliche Weise entwickelt, und dann beginnen wir, es zu verfeinern. Manche Menschen möchten vielleicht spontan zwischen dem Alter von achtundzwanzig und einunddreißig ihre Wurzeln nochmals besuchen und verändern ihr Leben beachtlich, und sie schauen nochmals auf ihre Beziehungen und ihre Sexualität zwischen dreiunddreißig und achtunddreißig. Oftmals können wir, wenn auch nur grob, aufzeigen, an welchen Themen Menschen zu bestimmten Zeiten in ihrem Leben arbeiten. An der Art unseres Verhaltens ist es ebenfalls leicht zu erkennen, wenn ein früheres Trauma vorliegt, weil die natürliche Entwicklung der Chakras dann unterbrochen oder in irgendeiner Weise verzerrt worden ist. Dies hindert uns daran, dem Leben mit der zu erwartenden Reife gegenüberzutreten.

Obwohl dies akademisch erscheinen mag, wird es doch sehr praktisch, wenn wir uns selbst oder andere Menschen in unserem Leben studieren und uns der Themen bewusst werden, mit denen sich unsere Kinder oder andere Menschen in verschiedenen Lebensaltern auseinandersetzen. Die späteren Kapitel beziehen sich wenig auf die Chakras. Aber ein grundlegendes Wissen darüber kann doch reizvoll sein, weil wir uns damit selbst besser verstehen und sehen, dass unsere Vergangenheit uns veranlasst, uns in bestimmter Art zu verhalten. Wenn du mehr über unser Energiesystem wissen möchtest: »Chakras – Tore zur Seele« behandelt es in allen Einzelheiten. Das nächste Kapitel wird mehr vom Herz-Chakra handeln, weil seine Energie und Liebe jeden Bereich unseres Lebens betrifft.

Also lasst uns einen kleinen Überblick über die Chakras geben.

Das Wurzel- oder Basis-Chakra

Dieses Chakra entwickelt sich als Erstes. Es ist am Damm gelegen, dem Gewebestück zwischen der Vagina oder dem Skrotum und dem Anus. Es dreht sich langsamer als die anderen (in der Geschwindigkeit des roten Lichtes), verwurzelt uns mit der Erde und sorgt für die grundlegenden Instinkte und das Überleben. Es veranlasst uns, für uns selbst zu sorgen, und beherrscht solche grundlegenden Aktivitäten wie Essen, Schlafen und Zeugung. Wenn es eine Stimme hätte, würde es sagen: »Ich bin.«

Falls es während seiner natürlichen Entwicklungszeit zu einer traumatischen Erfahrung kommt, zum Beispiel zur Trennung von der Mutter oder zu einer Krankheit, die die Sicherheit des Kindes bedroht, dann kann das Wurzel-Chakra sich nicht richtig entwickeln. Es kann vermindert aktiv oder überaktiv sein – in beiden Fällen sind die Grundinstinkte und der Überlebenswille betroffen. Verminderte Aktivität verursacht im Allgemeinen eine Ambivalenz in Bezug auf die Sorge für sich selbst und sogar in Bezug auf den Lebenswillen. Wir haben dann schwache Ess- und Schlafgewohnheiten und können apathisch oder depressiv sein. Manchmal leben solche Menschen sehr riskant, zum Beispiel indem sie gefährliche Sportarten ausüben oder die alltäglichen Sicherheitsmaßnahmen missachten. Sie können einen unbewussten Wunsch haben, die Erde zu verlassen, und sie können Alkohol und Drogen nutzen, um sich zeitweise von ihrer Persönlichkeit zu trennen. Manchmal wollen sie sofort sterben und unternehmen Selbstmordversuche. Wenn das Chakra überaktiv ist, sind sie überbesorgt in Bezug auf das Überleben, haben Angst, dass ihnen etwas passieren könnte, und nehmen Kränkung und Angriff wahr, wo keine sind. Männer können sexuelle Probleme haben, wie eine erektile Dysfunktion, und Frauen sind oft unfähig, einen Orgasmus zu erleben.

Das Wurzel-Chakra beherrscht die Nebennieren, die Steroide produzieren und absondern, und es ist mit dem Steißbeinnervengeflecht verbunden, das die Genitalregion versorgt.

Um das Wurzel-Chakra ins Gleichgewicht zu bringen, müssen wir unser Gefühl, auf der Erde verwurzelt zu sein, verbessern. Dazu können Spaziergänge auf dem Land oder am Strand helfen, bei denen wir ausruhen, wenn wir müde sind, und essen, wenn wir hungrig sind. Viele Menschen mit Wurzel-Chakra-Problemen wandern herum, ziehen alle paar Jahre um und scheinen sich nirgends zu Hause zu fühlen, außer in einer Flitterwochenphase an jedem Ort, an den sie ziehen. Dein Wurzel-Chakra ins Gleichgewicht zu bringen, kann dir großen Gewinn bringen: Du wirst dich froh und glücklich fühlen, am Leben zu sein und ein Gefühl der Zugehörigkeit entwickeln. Frauen werden beginnen, ihre eigenen Bedürfnisse wichtiger zu nehmen.

Eine gute Affirmation für das Wurzel-Chakra lautet:
Ich bin ein Teil der Erde und des weiten Kosmos, und ich bin froh, am Leben zu sein. Mein Leben ist ein Geschenk für mich und für die ganze Menschheit.

Das Sakral-Chakra

Dieses Chakra liegt im Unterleib und ist leuchtend orange. Es beherrscht unsere Sexualität – ganz unterschiedlich von dem erdenden Trieb des Wurzel-Chakras. Es lenkt auch das Belohnungs-/Bestrafungsprinzip, die Sinnlichkeit und das Geben und Empfangen von sexuellem Genuss. Das Sakral-Chakra bringt uns dazu, uns mit anderen zu verbinden und nach der Welt auszugreifen. Hier beginnt das innere Gleichgewicht zwischen unserem männlichen und weiblichen Prinzip. Auch die Kreativität beginnt sich hier zu entwickeln. Das Sakral-Chakra handelt von Gefühlen, und da es von Wasser beherrscht wird, hilft es uns, flexibel und anpassungsfähig zu sein, Schönheit um uns herum wahrzunehmen und »mit dem Fluss zu gehen«. Wenn es sprechen könnte, würde es sagen: »Ich fühle.«

Wenn es überaktiv ist, dann kann ein unersättlicher Wunsch nach Vergnügen, oft sexueller Art, vorhanden sein, der zu einem hedonistischen Leben führt, ohne je die innere Leere füllen zu können. Verminderte Aktivität führt zu einem Desinteresse am Leben, Rigidität, Depression und einem Mangel an Wünschen. Für Menschen mit einer sakralen Blockade existiert einfach kein sinnliches Vergnügen, und die kreative Ausdrucksfähigkeit ist gering.

Das Sakral-Chakra beherrscht die Eierstöcke bei Frauen und die Hoden bei Männern. Es ist verbunden mit dem Sakralnervengeflecht, welches das Gesäß, die Lenden und die unteren Gliedmaßen versorgt.

Sollte ein Trauma in der Entwicklungszeit des Chakras (etwa im fünften bis achten Lebensjahr) aufgetreten sein, kannst du das Gleichgewicht wieder erreichen, indem du dich mit dem Trauma beschäftigst. Ebenfalls hilfreich ist die Visualisierung von Orange in der Region unterhalb des Nabels. Auch Rituale, die Wasser einbeziehen, können helfen, wie zum Beispiel langes luxuriöses baden, unter der Dusche stehen und meditieren, schwimmen oder unter einem Wasserfall sitzen.

Eine gute Affirmation für das Sakral-Chakra lautet:
Ich bin beweglich, im Fluss und in Harmonie mit dem Universum. Meine Kreativität fließt weiter und bereichert mein Leben und das anderer.

Das Solarplexus-Chakra

Dieses kraftvolle Chakra liegt im oberen Unterleib, manchmal etwas mehr links. Es scheint leuchtend gelb wie die Mittagssonne und ist dein persönliches Kraftzentrum. Hier entwickelt sich dein Willen und daraus deine Willenskraft, deine Entscheidungen und Meinungen. Es ist auch der Ort von Gelingen und Wohlstand. Mit einem gesunden Solarplexus sind wir bereit, unsere eigenen Bedürfnisse zu erfüllen sowie zu bekommen, was wir wirklich wollen. Wir bewegen uns auf einem Pfad, von dem wir wissen, dass er für uns richtig ist. Wenn dieses sprechen könnte, würde es sagen: »Ich will.«

Der Solarplexus steuert unseren Willen und unsere Kraft. Wenn er blockiert, ungesund oder außer Balance ist, sind wir willensschwach, passiv und leicht zu beeinflussen. Wir haben selten eine eigene Meinung. Es mangelt uns an Pflichtgefühl, und wir sind unfähig, unseren eigenen Weg zu finden. Wenn dein Solarplexus überaktiv ist, dann bist du wahrscheinlich herrschsüchtig und dominierend und merkst nicht, dass deine Kraft andere verletzen kann, wenn du sie missbrauchst. Wir müssen uns daran erinnern, dass wir mit Kraft gesegnet sind, um Dinge zu vollbringen, und wir sollten andere nicht überwältigen. Einzuschüchtern, sich einzumischen, andere zu kontrollieren und ihnen zu sagen, wie sie leben sollen, sind Warnzeichen eines überstimulierten Solarplexus-Chakras. Wenn du oder jemand, den du kennst, sich so verhält, dann liegt die Ursache oft in Ereignissen im Alter von acht bis zwölf Jahren, als dieses Kraftzentrum sich entwickelt hat.

Der Solarplexus ist mit der Bauchspeicheldrüse verbunden, die Insulin und Glukagon absondert, die beide für den Kohlenhydratstoffwechsel essenziell sind.

Um den Solarplexus ins Gleichgewicht zu bringen, müssen wir unsere Kraft anschauen und sicherstellen, dass wir sie weise und gut nutzen. Erfreue dich daran, schwelge darin, aber nutze sie niemals gegen andere. Wir haben die Pflicht, die Federführung für unser eigenes Leben zu übernehmen, aber niemals für das anderer, da wir keine Ahnung haben, wohin sie gehen oder welchen Weg sie nehmen müssen. Das gilt auch für unsere Kinder. Wir werden das in Kapitel 5 ausführlicher diskutieren. Verbringe einige Zeit in der Sonne (mit Sonnenschutz natürlich), ziehe die Kraft des Universums in dich hinein und erlaube ihr, dass sie jeden Teil von dir mit goldgelbem Licht ausfüllt.

Eine gute Affirmation für den Solarplexus lautet:
Ich bin im Gleichgewicht und habe die Kontrolle über mein Leben. Ich habe die Kraft, gut zu leben und eine Wahl zu treffen, die für mich gut ist.

Das Herz-Chakra

Das ganze nächste Kapitel beschäftigt sich mit dem Herz-Chakra, so dass ich es hier nicht ausführlich diskutieren werde.
Es ist verbunden mit der Thymusdrüse sowie den Lungen- und Herznervengeflechten, die einander ergänzen und den Respirationstrakt, das Herz, die Aorta und die Pulmonalvenen versorgen.

Eine gute Affirmation für das Herz-Chakra lautet:
Ich öffne mich, um Liebe zu geben und zu nehmen. Ich liebe mich und alle, die um mich herum sind.

Das Kehl-Chakra

Das Kehl-Chakra liegt an der Basis deines Halses, hinten etwas höher als vorne (anders als die anderen Chakras, die vorne und hinten in der gleichen Höhe liegen). Es ist azurblau wie der Himmel oder manchmal ein wenig türkisfarben. Das Kehl-Chakra bringt die Kreativität, die wir im Sakral-Chakra begonnen haben, die Entscheidungen und Meinungen, die wir im Solarplexus entwickelten, und die Liebe, die wir in unseren Herzen spüren, in die

Welt hinaus. Es umfasst Kommunikation in all ihren Formen und baut dabei auf dem Bewusstheitsniveau auf, das wir schon entwickelt haben. Es macht nicht viel Sinn, eine klare Stimme zu haben, wenn wir nichts zu sagen, keine Meinung auszudrücken haben. Aber das Kehl-Chakra spornt uns an, entschlossen weiterzugehen. Es drängt uns, unsere Wahrheit auszusprechen, den Mut zu haben, für unsere Überzeugung aufzustehen und zu handeln.

Jetzt gerade benutze ich mein Kehl-Chakra, um die Botschaften meiner anderen Chakras zusammenzufassen und euch dies – wenn auch schriftlich – mitzuteilen. Das Wesentliche meiner Wahrheit, meiner Überzeugungen, meiner Erfahrung, meiner Liebe, meiner Visionen, meines Verständnisses wird über mein Kehl-Chakra mitgeteilt. Es lenkt auch meine Integrität und meine Berufung.

Ein ausgeglichenes Kehl-Chakra ermöglicht es uns, in der Welt etwas zu bewirken, indem wir uns selbst mit Klarheit ausdrücken. Die Menschen hören in der Regel auf das, was aus einem gesunden Kehl-Chakra kommt, weil es den Klang einer unmissverständlichen Wahrheit hat.

Ein Kehl-Chakra, das außer Balance ist, macht es uns schwer herauszufinden, was wir wirklich sagen wollen, und unsere Botschaft wird verworren und geht verloren. Menschen mit einem unterentwickelten Kehl-Chakra sprechen oft eher *an* andere, anstatt *zu* ihnen, oder sie machen viele Worte, aber sagen eigentlich nichts. Manchmal lügen sie bewusst, aber öfter geschieht es, dass sie nicht wirklich wissen, was sie denken oder was die Wahrheit der Angelegenheit ist. Sie haben eine Menge widerstreitendes Geschwätz im Kopf, das die Klarheit der Gedanken verhindert, sie verlangsamt und die Äußerung schwierig macht. Manchmal macht es sie passiv, sie werden zu Statisten und haben offensichtlich nichts beizutragen. Manchmal wird ihre Sprache ärgerlich und aggressiv, ohne dass es wirklich einen Sinn ergibt.

Das Kehl-Chakra ist mit der Schilddrüse und der Nebenschilddrüse verbunden, die den Stoffwechsel, Wachstum, Temperaturkontrolle, Energieproduktion und Kohlenhydrat- und Fettstoffwechsel beeinflussen. Es ist auch mit dem Rachen-Nervengeflecht, das den Rachen und die Zunge versorgt, und mit dem Brachialplexus, der die Arme versorgt, verbunden.

Das Visualisieren eines blauen Lichtes an deiner Kehle kann ebenso helfen, dieses Chakra zu klären und auszugleichen, wie deine Stimme auf angenehme Art zu benutzen. Singen, chanten, beten und sprechen (zuerst allein, wenn du scheu bist und erst Vertrauen entwickeln musst) können helfen. Um deine Kommunikation zu klären, wird es helfen, wenn du bewusst zuhörst, wahrhaftig bist (auf freundliche Art) und achtsam mit dem, was du sagen willst. Es ist auch hilfreich, zuerst zu denken und dann zu sprechen, anstatt mit einer Reaktion herauszuplatzen. Wie immer: Je mehr du übst, desto besser wird es. Freue dich auf die Zeit, wenn du mit Beherrschung sprechen, mit sanften Worten liebkosen, dich in einem Konflikt selbst behaupten kannst, und wenn du dich nicht am Austausch von Beleidigungen beteiligst. Andere Formen der Kommunikation, wie Schreiben, ein Tagebuch führen oder ein Instrument spielen, kreativ sein und dich im Malen, Töpfern, in Bewegung, Tanz oder was immer du möchtest, auszudrücken, wird dir helfen, dich dem unermesslichen kreativen Ausdruck zu öffnen, wie du es vielleicht niemals für möglich gehalten hast. Bleibe einfach auf deine Kehle konzentriert und lasse die Botschaft deiner Seele hervorströmen.

Die spirituellen Gaben dieses Chakras sind Hellhören und Telepathie. Von hier aus beginnen wir oft, Botschaften von unseren geistigen Führern und Helfern zu hören, auch wenn das bei manchen niemals geschieht – und das ist ganz in Ordnung.

Wenn das Kehl-Chakra sprechen könnte, würde es sagen: »Ich teile mit, ich höre.«

Eine gute Affirmation lautet:
Ich spreche meine Wahrheit zur ganzen Welt mit Liebe, Freundlichkeit, Integrität und Glauben. Ich bin offen, die Botschaften des Universums aufzunehmen, die jetzt in mich einfließen.

Das Stirn-Chakra

Über und zwischen unseren Augen liegt das Stirn-Chakra – manchmal fälschlich das *dritte Auge* genannt. Es hilft uns, die ganze Welt mit spirituellen Augen zu sehen. Die Farbe ist hier dunkelblau, manchmal so tiefblau wie Indigo, manchmal wie Lapislazuli oder sogar mit einer Tendenz zum Purpur.

Das ist das Zentrum des Sehens, aber nicht nur der physischen Sicht. Wir können mit Klarheit sehen, dass alles absolut an seinem richtigen Platz als Teil eines erregenden Musters ist, und die Schönheit von allem wird sichtbar. Normalerweise deuten wir optische Reize, wenn sie auf unsere Retina fallen. Durch das Stirn-Chakra können wir sehen, auch wenn wir physisch blind sind. Auf einem inneren Schirm können wir eine ganze Reihe von Szenen in einem Moment spielen – Vergangenheit, Gegenwart, Zukunft. Es ist auch der Ort der Vorstellungskraft und des Tagträumens und der Ort, wo unsere Träume uns auf symbolische Art die innere Arbeit unseres Unbewussten zeigen. Auch wenn wir eine grobe Intuition in unserem Solarplexus haben (unsere Bauchgefühle), so wird hier unsere Intuition vervollkommnet und wir haben einen weiteren höchst entwickelten Sinn. Die spirituelle Gabe ist das Hellsehen.

Wenn das Stirn-Chakra überstimuliert und überaktiv ist, dann scheinen Bilder und Träume Wirklichkeit zu werden, und verschiedene psychische Krankheiten können sich entwickeln, Wahnvorstellungen und Halluzinationen können große Verwirrung stiften. Manche Drogen, so wie Ecstasy, Haschisch und Kokain, können dieses Chakra überstimulieren und dauerhaften Schaden verursachen. Wenn es blockiert ist, dann gibt es wenig

Phantasie, und wir haben Schwierigkeiten, zu visualisieren und uns inspiriert zu fühlen.

Um dieses Chakra zu entwickeln oder seine Gesundheit wiederherzustellen, kannst du visualisieren, tiefblaues Licht strahle aus deiner Stirn. Du folgst dem Lichtstrahl mit dem Blick und stellst dir vor, was du sehen kannst. Mache dir keine Sorgen, dass du erfinden könntest, was du siehst. Entspanne dich einfach und lasse alles in deinen Sinn kommen. Du kannst darauf vertrauen, dass alles, was auch immer es ist, eine Bedeutung für dich hat, auch wenn du sie jetzt vielleicht nicht erkennst. Warum schreibst du nicht einfach in deinem Tagebuch auf, was du »siehst«, egal wie unzusammenhängend oder trivial es scheint. Vielleicht bist du überrascht, wenn du später darauf zurückkommst und feststellst, dass es eine Bedeutung hatte. Je mehr du es nachprüfst, desto mehr wirst du deiner neu entwickelten Fähigkeit vertrauen können. Wenn du mit spirituellen Augen auf die Dinge schaust, dann siehst du viel mehr. Wenn deine Welt bewölkt ist von Schmerz und Negativität, dann läufst du Gefahr, einiges von der Freude und Schönheit zu verpassen, die dir auf deinem Weg entgegenkommen. Dieses Chakra entwickelt sich manchmal im Laufe einer Lebenszeit nicht, also sei nicht beunruhigt, wenn das bei dir so ist.

Das Stirn-Chakra ist mit der Epiphyse verbunden. Einige meinen auch, es sei mit der Hypophyse und dem Hypothalamus verknüpft. Die Epiphyse sondert Melatonin ab und beherrscht den Schlaf, indem sie unsere innere Uhr kontrolliert. Es kann auch Auswirkungen auf das Altern und auf sexuelle Funktionen haben. Seine nervliche Verbindung ist der Karotisplexus, der Kopf, Nacken und Ohren versorgt.

Wenn es sprechen könnte, würde das Stirn-Chakra sagen: »Ich sehe.«

Eine gute Affirmation lautet:
Ich sehe die Welt mit spirituellen Augen und nehme die Wahrheit und Schönheit in allen Dingen wahr.

Das Kronen-Chakra

Ganz oben und ein wenig über deinem Kopf leuchtet dein Kronen-Chakra in tief purpurnem oder weißem Licht. Hier liegt dein Zugang zum Göttlichen, der Ort, an dem deine Seele in den physischen Körper eintritt. Hier, im Zentrum des Wissens, können wir göttliche Energie aufnehmen, um unsere eigene Energie zu vermehren und sie zur Heilung für uns und andere zu nutzen. Hier finden wir uns selbst jenseits von Verstehen, intellektueller Diskussion oder Vernunft an einem Ort unbeschreibbaren Wissens. Den hier ankommenden Botschaften kannst du vertrauen, aber versichere dich, dass dein Ego nicht im Weg ist und du nicht denkst. Das Gefühl ist hier ganz anders.

Hier ist dein Weg, der Plan deiner Seele, das ruhige Gewahrsein und die Sicherheit darüber, wer du bist und warum du gekommen bist, wohin du gehen sollst und was du zu tun hast. Die Botschaften, die in deinem Kronen-Zentrum ankommen, überstrahlen alle anderen. Es ist einfach so. Wir alle kennen von Zeit zu Zeit das plötzliche Aufscheinen dieses Gewahrseins. In einer Krise unseres Lebens wissen wir manchmal plötzlich auf eine Weise, die jenseits unseres normalen Verstehens liegt, was wir zu tun haben und wie wir es tun sollen. Ein solches Aufblitzen des Wissens kann manchmal unser Leben oder das Leben von anderen völlig verändern. Danach sind wir wieder ganz normale menschliche Wesen, ebenso erstaunt wie alle anderen darüber, was wir getan haben und wie wir es getan haben, aber oft mit einem tiefen Wohlgefühl. Hier, in unserem Kronen-Chakra, spricht unsere Seele zu uns. Unser Geist verbindet sich mit dem Körper Gottes, und wir können das Göttliche unseren Namen rufen hören.

Das Kronen-Chakra, verbunden mit der Hypophyse, dem großen Schaltzentrum des gesamten endokrinen Systems, und mit der Hirnrinde, die alles befehligt, sagt: »Ich weiß.« Die Gabe der Krone ist die Inspiration, indem du an der Seite stehst, auf Urteile und Kritik verzichtest und offen bist, der Weisheit ungehindert Zutritt zu lassen. Wenn du versuchst, zu hören und darüber nachzudenken, was passiert, wirst du die Verbindung verlieren und mit einem dumpfen Schlag auf der Erde auftreffen. Die Botschaften des Göttlichen unterscheiden sich manchmal von unseren Erwartungen und können sogar gegensätzlich zu unserer eigenen Meinung sein.

Häufig entwickelt sich das Kronen-Zentrum innerhalb einer Lebenszeit auf der Erde kaum. Aber die Tatsache, dass du dieses liest, zeigt, dass du auf einer Entwicklungsreise bist und dies eine Möglichkeit für dich ist. »Chakras – Tore zur Seele« enthält Meditationen für das Kronen-Chakra, und wir werden es auch in Kapitel 10 noch einmal besuchen.

AUF DEN FUNDAMENTEN AUFBAUEN

Wie du siehst, baut jedes Chakra auf dem darunter liegenden auf. Genauso ist es auch im Leben. Jede unserer Erfahrungen baut auf den früheren auf, und wir realisieren in einer Beziehung das, was wir in früheren gelernt haben. Die Beziehungen in unserer frühesten Lebenszeit, hoffentlich mit unseren Eltern, prägen uns für alle anderen Beziehungen. Die Erfahrungen in den Beziehungen zu Geschwistern kommen hinzu und prägen die Art und Weise, wie wir später Freunde und Partner wählen, und so weiter. So kann die Art, wie wir uns gegenüber einer Arbeitskollegin verhalten, sehr wohl davon bestimmt sein, wie wir eine ältere Schwester wahrgenommen haben. Welchen Ehepartner wir wählen, ist nicht nur dadurch beeinflusst, was für einen Vater wir hatten, sondern auch durch die Art, wie der Lehrer uns in der Schule behandelt hat und wie das die Einschüchterungsversuche eines Bruders widerspiegelte. Alles ist miteinander verflochten; und alles kann verändert und geheilt werden, wenn wir das durcharbeiten, was uns bisher auf unserem Lebensweg widerfahren ist. Indem wir unsere vergangenen Beziehungen verstehen und heilen, können wir aufhören, Fehler zu wiederholen, die unsere Eltern mit uns gemacht und die wir auch gesammelt haben. Das kann uns helfen, unsere Lebenspartner eher als die zu sehen, die sie sind, und nicht als die, die wir uns gewünscht hätten. Wir können ihre Schönheit schätzen oder uns entscheiden zu gehen. Es kann uns helfen, die Arbeitskollegin nicht mehr als die Mutter zu sehen, die uns dauernd gesagt hat, was wir anziehen oder wie wir uns benehmen sollen, und uns niemals zugetraut hat, genug Verstand zu haben. Es kann uns sogar helfen, die Liebe und Fürsorge hinter diesem Verhalten zu sehen.

Das ganze Leben beschäftigt sich damit, dass wir möglichst viele Erfahrungen sammeln und uns selbst immer vollständiger auf den Prozess einlassen. Aber wenn wir weiterhin Scheuklappen tragen und unseren Blick nicht weiten, dann wird unser Leben eng, traurig und schmerzhaft.

Das nächste Kapitel wird dir helfen, näher auf dein Herz und die Herzen anderer zu schauen und das in Zusammenhang mit den Beziehungen zu bringen, die dein Leben geformt haben. Es wird dir helfen, die Wahrheit hinter den Illusionen zu sehen und über deine Richtung zu entscheiden. Du hast alles, was du brauchst, um dein Leben vollständig auszurichten und als das spirituelle Wesen zu leben, das du bist, mit Liebe für dich selbst und das ganze Universum.

Genieße deine Reise.

ÜBUNGEN

Erdung

Erdung kann genauso einfach sein wie Atmen, und sie hilft dir, im Jetzt zu bleiben. Du kannst zu einer Musik mit gutem Rhythmus tanzen, ein Bad mit einer Handvoll Salz im Wasser nehmen, deinen Körper trainieren und spüren, einen Kristall zu halten. Aber wenn du ein Ritual magst, so ist hier eine einfache Erdungsübung.

Es wäre großartig, wenn du sie im Freien und ohne Schuhe machen kannst. Da spirituelle Energie aber von hier zur anderen Seite der Erde gehen kann, kann sie sicherlich auch die Sohlen deiner Schuhe durchdringen und in die Erde gehen, selbst wenn du dich im zehnten Stockwerk befindest. Also mache dir deswegen keine Sorgen.

Stehe oder sitze und stelle deine Füße etwas auseinander. Wenn du aus irgendwelchen Gründen weder stehen noch sitzen kannst, so macht das nichts. Stelle dir einfach vor, du würdest es tun. Schließe deine Augen und stelle dir vor, Wurzeln gehen von den Sohlen deiner Füße und aus deinem offenen Wurzel-Chakra tief in die Erde. Sie halten dich wie einen Baum, stark und gerade. Stelle dir nun vor, du ziehst die goldene Energie der Erde durch diese Wurzeln herauf, heilend, nährend, stark und kraftvoll, hinauf durch deine Beine und in deinen Beckenboden. Fühle, wie sie dich wärmt und mit Erdenergie erfüllt. Fühle, dass du Teil der Erde bist, hierher gehörst und die Erde dich stark machen wird.

Nun erlaube dieser Energie, bis zur Ebene deines Herzens aufzusteigen und in dein Herz und um es herum zu fließen, stark und schützend. Halte sie dort, einen goldenen Ball, der dein Herz umgibt und ausfüllt.

Wenn du kannst, hebe jetzt deine Arme, die Hände zum Himmel gerichtet, und erlaube der Energie des Universums, in deine Hände und in die Spitze deines Kopfes einzuströmen. Silberweißes Licht, das einströmt und deinen Kopf und deinen Oberkörper erfüllt. Lasse es bis zur Ebene deines Herzens kommen und sich dort mit der wunderbaren goldenen Energie aus der Erde mischen. Die Energie von allem, was ist, fließt jetzt durch dich hindurch. Lasse das Silber und das Gold zusammenfließen und jeden Teil von dir ausfüllen. Fühle dich genährt und gestärkt. Atme langsam und tief und genieße die Kraft, die dich ausfüllt.

Nimm jetzt deine Hände und umfasse dein Herz. Bestätige dein Sein, bestätige deine Zugehörigkeit. Erlaube dir, einfach zu sein.

Bleibe, solange du möchtest. Wenn du so weit bist, ziehe die Wurzeln aus der Erde heraus, wissend, dass du während deiner Lebenszeit verwurzelt bleibst und dein physischer Körper ein Teil der Erde ist. Fühle dich geerdet.

Recke dich, bewege dich ein bisschen, trinke etwas Wasser und lasse dir Zeit, bevor du deinen Tagesablauf wieder aufnimmst.

Reinigung und Schutz

Du kannst dich durch einen Gedanken reinigen und schützen, aber es macht Freude, das Ganze ins Bewusstsein zu bringen und zu genießen. Jedes Ritual mit Wasser kann helfen: Ein Bad, eine Dusche, ein Bach, ein Wasserfall oder auch einfach, an einem sonnigen Nachmittag im Freien zu stehen und Wasser aus dem Gartenschlauch über dich laufen zu lassen mit der bewussten Absicht, deine Aura zu reinigen. Du kannst dasselbe in deiner Vorstellung tun.

Wenn du ein Ritual vorziehst, magst du vielleicht das Folgende, das ich besonders liebe, ausprobieren. Ich mag es, das Haus vollständig für mich zu haben, und dann ziehe ich anschließend einen weißen Kaftan an (obwohl alles andere auch genügt), selbst wenn es nur für eine kleine Weile ist. Ein weiches weißes Handtuch oder eine Decke sind genauso gut, oder einfach ein sauberes Laken zum Einkuscheln.

Zuerst bereite ich mich vor, indem ich einige Momente darüber nachdenke, wo ich bin und welche Energie um mich herum meine ist und welche anderen Menschen gehört. Was habe ich im Laufe des Tages aufgegriffen und möchte es jetzt gehen lassen? Was habe ich an Unangenehmem oder Ärgerlichem gefühlt, von dem ich mich jetzt reinigen möchte? Hat jemand an mir gehaftet und Teile von sich bei mir gelassen? Habe ich dasselbe getan?

Dann lege ich meine Absicht zu heilen fest und schließe die Augen. Ich rufe jeden Teil meiner selbst, der im Laufe des Tages verlagert worden sein mag, nach Hause zurück und bitte ihn, sich liebevoll mit mir zu vereinigen. Ich bitte auch liebevoll darum, dass alles, was nicht zu mir gehört, dorthin zurückkehren möge, woher es kam. Ich visualisiere mich selbst als vollständig, mit einer feinen und unverletzten Aura.

Ich öffne meine Chakras eines nach dem anderen, indem ich mir vorstelle, dass sie sich schneller drehen und aufgehen, bis ich alle Farben wie Edelsteine in meiner Aura sehen kann. Sei nicht besorgt, wenn du das nicht sofort kannst. Mit Übung wird es sich einstellen. Schließlich öffne ich mein Kronen-Chakra und bitte, dass höchstmögliches Licht und Liebe in mich einfließen, mich reinigen, ausgleichen, heilen und schützen mögen. Dann erlaube ich der Energie, einfach zu fließen. Manchmal fühle ich mich an diesem Punkt so demütig, dass Tränen mein Gesicht herunterlaufen. Manchmal fühle ich mich so kraftvoll, dass ich mein Gesicht zum Himmel erhebe und weiß, dass ich glühe.

Dann bitte ich darum, dass alles, was vergeben werden muss, vergeben wird; dass mein Bewusstsein und das Bewusstsein anderer angehoben wird; dass das, was Heilung braucht, geheilt wird und Segen und Licht auf die dunkelsten Ecken des Universums fallen möge.

Dann benutze ich Wasser, aus welcher Quelle auch immer, Bad oder Dusche, oder manchmal schöpfe ich einfach Wasser über mich und singe dabei leise, dass ich gereinigt und heil bin. Danach visualisiere ich einen Schutzmantel um meine leuchtende Aura, schließe meine Chakras eines nach dem anderen, wobei ich das

Wurzel-Chakra offen lasse, um mich zu erden, trockne mich ab und ziehe meinen Kaftan oder ein anderes Kleidungsstück an.

Wenn du das – sei es auch nur gelegentlich – tust, wirst du dich wundervoll fühlen. Aber einfach nur eine Dusche zu nehmen mit der bewussten Absicht, dich zu reinigen, zu heilen und zu schützen, genügt auch. Meine Kinder haben immer gelacht, wenn ich nach der Arbeit nach Hause kam, die Treppe hinaufging und sagte, ich würde den Tag abwaschen. Aber so fühlt es sich an.

Nun ist das alles gut und schön, aber manchmal musst du dich wahrscheinlich sehr schnell reinigen und schützen. Vielleicht hat jemand seinen ganzen psychischen Schmerz auf dir abgeladen, Missbrauch mit dir getrieben oder sonst etwas. Mit einem einzigen Gedanken kannst du dein Ziel festlegen und dir weißes Licht vorstellen, das über dich und durch dich fließt, dich reinigt, heilt und ausgleicht. Dann schließe dich, indem du dir einen goldenen Mantel um deine Aura vorstellst, der dich schützt.

Du kannst auch schon vorher einen Schutz aufbauen, wenn du weißt, dass die Dinge schwierig werden. Errichte eine Säule aus Licht, in der du sitzt. Erweitere die Säule auch um jemand anderen, wenn du das möchtest. Ich errichte oft eine solche Säule um mich und meinen Patienten, und ich rufe auch Engel, die helfen können, hinzu. Wir werden über Engel und Helfer in Kapitel 10 sprechen.

Kapitel 3

Das Herz-Chakra

Unendliche Liebe ist eine Waffe von unvergleichlicher Kraft. Sie ist das Höchste im Leben.
Sie ist ein Merkmal der Mutigen, tatsächlich ist sie ihr Alles. Für den Feigling ist sie unerreichbar. Sie ist kein hölzernes oder lebloses Dogma, sondern eine lebendige und Leben spendende Kraft. Sie ist die besondere Eigenschaft des Herzens.
Gandhi

Antoine de Saint-Exupery sagt in seinem inspirierenden Buch »Der kleine Prinz«: »Man sieht nur mit dem Herzen gut. Das Wesentliche ist für die Augen unsichtbar.« Wir betrachten jetzt einmal genauer, wie wir »mit dem Herzen gut sehen«; denn hier begegnen wir der großen Energie der Liebe, diesem großartigsten aller Gefühle, das uns befähigt, uns in einem nie gekannten Maß auszudehnen und die Höhen und Tiefen menschlicher Gefühle zu berühren.

Es steht außer Frage, dass du ein liebenswerter und geliebter Mensch bist, aber womöglich zweifelst du selbst daran. Dass du zu großer Liebe fähig bist – so zart wie ein Wispern und so tief empfunden wie ein Stöhnen – ist ebenso sicher, aber das wird in den späteren Kapiteln noch offensichtlicher werden. Das Ziel ist es, bewusst zu lieben, mit vollem Gewahrsein und bewegter Absicht, aber es sollte so mühelos sein wie das Atmen – indem wir einfach sind, wer wir sind.

Häufig haben wir so geliebt, wie Liebe uns in der Kindheit vorgelebt wurde, oder wir haben uns entschieden, überhaupt nicht zu lieben, weil wir für die Liebe, die wir kennenlernten, einen hohen Preis zahlen mussten. Sie war mit Verletzungen verbunden und an Bedingungen geknüpft. Auf unserem Weg zu einem gesunden Lieben begegnen wir immer wieder alten Wunden und Missverständnissen über das Wesen der Liebe. Wenn das, was wir unter Liebe verstehen, besitzergreifend und krank ist, dann können wir nur das geben. Aber die gute Botschaft ist, dass menschliche Liebe gelernt worden ist, und sie kann verlernt und wieder neu erlernt werden. In den folgenden Kapiteln werden wir uns ansehen, wie du deine besondere Art der Liebe gelernt hast und wie du eine neue Art entwickeln kannst, wenn du dies wünschst. Du kannst dich entscheiden, es anders zu machen. Du kannst alle bisher gelernten Regeln brechen, und du musst die Spiele der Vergangenheit nicht mehr weiterspielen.

Da wir Wesen sind, die einen physischen Körper, Gefühle und Verstand und auch eine Seele haben, werden wir sie alle auf unserer Reise nutzen. Es kann sich wunderbar anfühlen, die Chakras zu öffnen und Liebe fließen zu lassen. Aber wenn wir eine dauerhafte Veränderung einem kurzen Effekt mit einer nachfolgenden Enttäuschung vorziehen, dann müssen wir unser ganzes Selbst einsetzen.

Jede Qualität, jedes Gefühl, jedes Talent und jede Gabe können im Chakra-System aufgespürt werden. Das Alter, in dem wir ein Trauma erlitten haben, beeinflusst seine Entwicklung, indem es den freien Fluss der Energie behindert. Probleme im Alter zwischen zwölf und sechzehn Jahren betreffen das Herz-Chakra direkt, aber eine Verletzung bewirkt in jedem Alter einen Domino-Effekt, weil sie die Funktion der gesamten Energiekette behindert. Wenn wir bereit sind, daran zu arbeiten, können wir diese Blockaden heilen und unsere Energie nutzen, um Größeres zu erreichen, als wir uns je vorstellen konnten. So können wir ein von Liebe bestimmtes Leben führen.

ZENTRUM DER LIEBE

Hier, in diesem wunderbaren Chakra, ist der Geburtsort menschlicher Liebe. John O'Donohue spricht in seinem einfühlsamen »Anam Cara« davon, dass die Liebe in deinem Herzen erwacht wie ein anbrechender Morgen und uns einen Neuanfang beschert. Anonymität wird ersetzt durch Intimität, Angst durch Mut und Ungeschicklichkeit durch Anmut.

Jedes Chakra bringt uns Liebe in irgendeiner Form. Doch das menschliche Herz und seine Fähigkeit zu lieben ist ein fortgesetztes Wunder. Wenn die Gegenwart weiterläuft und Sekunde für Sekunde jeder Moment zu einer Ewigkeit verwandelt wird, so antwortet das Herz mit einem Strom, manchmal einem tobenden Fluss, aber immer mit dem ständigen Segen der Liebe. Das Herz liebkost die Seele, und auf den Flügeln der Liebe dehnen wir uns aus, segnen und werden gesegnet. Wann immer du daran denkst, nimm dir einen Augenblick Zeit und sende einen liebenden Gedanken hinaus in die Welt – das wird erstaunlich viel Gutes bewirken und dir und der ganzen Menschheit unerhörten Gewinn bringen.

Das Herz-Chakra, als physisches Zentrum des Körpers und Zentrum der Chakra-Kette, ist ein Angelpunkt, ein Ort des Ausgleichs und der Integration am Schnittpunkt mehrerer Achsen, die es in perfektem Gleichgewicht hält. Es glüht in smaragdgrünem Licht, und es verbindet die unteren Zentren, die der physischen Welt zugeordnet sind, mit den oberen, die mit der spirituellen Welt in Verbindung stehen. Dort, wo diese beiden Energien (Materie und Geist, Erde und Kosmos) sich treffen und vereinigen, wird die Kraft der Liebe freigesetzt, eine kraftvolle, Leben spendende Energie, die uns in Zeiten von Mühsal und Unglück unterstützen, die aufgeregte Seele beruhigen, das gebrochene Herz heilen, Berge versetzen und uns die Freiheit geben kann, wie auch immer die physische Realität sein mag.

Das Herz-Chakra bringt die Beziehung zwischen der menschlichen Natur und dem Ego der unteren Chakras in Ausgleich mit dem vermehrten Gewahrsein und der mehr spirituellen Natur der oberen. Es gibt uns Sicherheit, wenn wir uns verlieben (siehe Kap. 8), während die unteren Chakras uns verwurzelt halten, so dass wir nicht so leicht unsere Bodenhaftung verlieren können.

Ein gesundes Herz-Chakra ermöglicht es uns, uns auszudehnen. Es befähigt uns zu grenzenloser Liebe und dazu, die Einheit mit unseren Mitmenschen, vertrauten wie fremden, zu fühlen und glücklich zu leben. Wenn unser Herz verschlossen ist, verlieren wir nicht nur den liebenden Kontakt zu anderen, sondern wir unterbinden auch den Energiefluss in uns selbst.

LIEBE – LIEBE – LIEBE

Lasst uns die Liebe anschauen! Mit jeder Beziehung, die wir betrachten, werden wir mehr darüber herausfinden.

Nur durch Liebe können wir die Gemeinschaft mit Gott erreichen, schrieb Albert Schweitzer, aber tatsächlich können wir auch die Gemeinschaft miteinander nur durch Liebe erreichen. Liebe hält uns zusammen. Liebe, lieben und liebenswert sein sind natürliche Zustände. Liebe ist aktiv, dynamisch und kreativ und vergrößert und stützt uns wie nichts anderes. Sie fließt von einem Herzen zum anderen, weckt das Göttliche und wärmt und hegt das Leben, das eine kalte, unfruchtbare Landschaft hätte sein können. Unsere Liebe verbindet uns nicht nur mit der Göttlichkeit in anderen, sondern auch mit der großen Göttlichkeit, von der wir alle ein Teil sind.

Das Herz erlaubt uns, unsere Gaben zu nutzen und sie großzügig mit anderen zu teilen. Es sorgt dafür, dass wir uns niemals selbst vergessen. Da Liebe bedeutet, das Beste geben zu wollen, ermuntert sie uns, uns bestmöglich zu vervollkommnen, unsere Talente zu entwickeln und sie zum Wohle anderer Menschen einzusetzen. So spornt das Herz-Chakra uns an, auf einem Weg der Selbstentwicklung voranzuschreiten, damit wir unser Bestes geben können.

Pitirim Sorokin stellte in seiner wunderbaren Dissertation »The Power and Ways of Love« fest, dass Liebe Liebe erzeugt. Nur indem wir andere lieben, können wir menschliche Liebe in unserem Leben erzeugen, während göttliche Liebe immer im Überfluss vorhanden ist. Liebe ist magisch! Je mehr wir weggeben, desto mehr haben wir. Je mehr wir lieben, desto besser fühlen wir uns, desto glücklicher sind wir, desto kreativer fühlen wir uns. Ein Bonus ist, dass diejenigen, die aktiv lieben, länger leben!

Liebe ist das beste bekannte Heilmittel, ein kraftvolles Gegengift gegen alle Übel, gegen Hass, der große Gebiete der Welt infiziert, und gegen die Angst, die uns daran hindert, das offen zu sagen. Liebe hilft Kindern, zu verantwortlichen und friedliebenden Erwachsenen heranzuwachsen, sie spornt zu großen, mutigen Taten an. Sie fließt über die Grenzen von Rasse, Glauben, Farbe und politischer Doktrin und kann schließlich den Schmerz der Welt überwinden. Sie kann Menschen mit kriminellen Tendenzen die Rückkehr ermöglichen. Sie kann Krankheit heilen, und sie adelt alles, was sie berührt.

Uns für die Liebe zum Göttlichen zu öffnen, dies schließt sowohl das Herz- als auch das Kronen-Chakra ein, bereichert jeden Aspekt des Lebens und ermöglicht uns eine neue Perspektive auf die herrlichen menschlichen Wesen, die sich im Alltag ihrer Göttlichkeit nur allzu selten bewusst sind. Wie der große Friedenskämpfer Martin Luther King Jr. erklärte: »Unbewaffnete Wahrheit und bedingungslose Liebe werden in Wirklichkeit das letzte Wort haben.«

LIEBE, EROS, AGAPE UND MEHR

Je klarer unsere Definition von Liebe ist, umso eher können wir im Gleichgewicht mit uns selbst und der Welt leben. Kapitel für Kapitel werden wir verschiedene Aspekte der Liebe betrachten. In Kapitel 10 widmen wir uns jener tiefen und endgültigen Sehnsucht, die uns aus der Tiefe unserer Seele ruft und uns nach Hause bringt – unserer Liebe zum Göttlichen.

Liebe ist einfach. Jeder von uns ist eine Manifestation der Liebe, denn aus ihr bestehen wir. Das heißt, wir müssen sie nicht erfinden. Wir müssen sie nur entdecken und uns ihrer mehr bewusst werden. Es gibt keine Grenzen für unser Lieben und Geliebtwerden. Aber manchmal lassen uns Schmerz oder Gewohnheit solche Grenzen errichten.

Liebe ist Liebe ist Liebe – aber sie ist wie ein schöner Diamant. Sie hat viele Facetten. Die Klage, dass die englische Sprache nur ein Wort für Liebe hat, ist nicht neu. Um den Begriff Liebe aufzugliedern und seine Nuancen zu untersuchen, kann es hilfreich sein, Begriffe anderer Kulturen zu entleihen. Das ist nicht nur akademisch. Wenn wir die Liebe, die dem Göttlichen gemäß ist, auf einen geliebten Menschen richten, lassen wir ihm vielleicht keine Alternative, als vor der Intensität zu flüchten, und wir bleiben verwirrt und verlassen zurück. Erotische Intimität mit jemandem, mit dem eine platonische Liebe eher angemessen wäre, kann uns nur in Schwierigkeiten bringen. Also lasst uns die verschiedenen Spielarten der Liebe untersuchen.

Eros war der griechische Gott der Liebe. Später sprach Freud in seiner psychoanalytischen Theorie vom Eros als dem Lebensinstinkt, der Quelle aller Impulse, der dem Individuum zur Selbsterhaltung und zur Reproduktion dient. Er sprach über die Liebe der unteren Chakras, besonders des Wurzel-Chakras, das, wie wir gesehen haben, mit Sex befasst ist, während das Sakral-Chakra uns mit Sexualität und sinnlicher erotischer Liebe verbindet. In seinem Buch »To Love and Be Loved« definiert Sam Keene Eros als »die Kraft, die die Stränge deiner DNS verwebt und eine Zukunft schafft, die jede Vergangenheit übertrifft, dein forschendes Bewusstsein, deine Lebensenergie«.

Agape ist die sanfte platonische Liebe, die mit tiefer Innerlichkeit verbunden ist, vielleicht mit weniger Leidenschaft und ohne ein sexuelles Element. Es heißt auch, dass die Liebe, mit der das Göttliche sich uns nähert, das väterliche Wohlwollen Gottes, Agape ist, während wir uns ihm mit strebendem Eifer nähern.

EIGENSCHAFTEN DER LIEBE

Einige Eigenschaften sind den Formen der uns vereinenden Liebe gemeinsam, unabhängig von den verschiedenen Beziehungen, in denen sie auftritt.

Annahme

Das Herz-Chakra fordert uns auf, uns selbst so anzunehmen, wie wir sind, und dies als Ausgangspunkt für unsere positive Weiterentwicklung zu nehmen. Besseres Verständnis, größerer Mut, wahre Vergebung und das Annehmen anderer mit Mitgefühl dafür, wer sie sind und wie sie so geworden sind, ist nur möglich, wenn wir uns selbst wirklich angenommen haben. Annehmen meint nicht Selbstzufriedenheit, sondern eher einen Ausgangspunkt, von dem aus wir uns vervollkommnen und wachsen können.

Verpflichtung

In der Liebe besteht immer eine Verpflichtung gegenüber dem Wohlergehen des Anderen und gegenüber der Liebe selbst. Dies impliziert aber nicht die Verpflichtung zu einer lebenslangen Beziehung.

Leidenschaft

Leidenschaft ist die Energie, die uns erlaubt, ohne Ermüdung zu arbeiten, unsere Umgebung völlig zu vergessen, in Entzücken zu geraten, einen Strom praktischer Liebe auszusenden, uns selbst in unser Tun zu verströmen. Unsere Leidenschaft zu verlieren, ist im weiteren Sinne ein partieller Tod der Seele. Aber obwohl Leidenschaft ein wesentlicher Teil einiger Formen menschlicher Liebe ist, darf Liebe nicht einengen. Halte den anderen mit Sanftheit, sonst könntest du verlieren, was du begehrst.

Kreativität

Liebe fördert in ganz besonderer Weise unsere Kreativität. Beispiele hierfür sind die großen Dichter und Komponisten, deren Liebe oder deren Trauer um den Verlust des Geliebten ihr Herz geöffnet und sie so zu großartigen Werken befähigt hat. Liebe ist eine dynamische und kreative Kraft, die sich stets positiv auf das Leben aller Menschen, mit denen wir zu tun haben, auswirkt, und weit darüber hinaus. In wahrer, uneigennütziger Liebe wünschen wir Freude und Frieden für die ganze Welt. Kreativität wurzelt im Sakral-Chakra und entwickelt sich im Kehl-Chakra, aber erst durch den Atem der Liebe kommt sie zu voller Blüte.

Freiheit

Die Bindungen, die uns in der Liebe halten, sind flexibel genug, um Bewegung und Wachstum zu ermöglichen. Liebe ermutigt uns zu größtmöglicher Freiheit, ohne dabei uns oder unser Wertesystem anderen aufzudrängen. Wie Antoine de Saint-Exupery es ausdrückte: »Vielleicht ist Liebe der Weg, wie ich dich sanft zu dir selbst zurückführen kann.« Das ist sicherlich so bei professioneller Liebe (siehe Kap. 9). Liebe, die Abhängigkeit fördert, stranguliert und führt eher zur Co-Abhängigkeit, anstatt beide Beteiligte zu energetisieren und ihr Wachstum zu fördern.

Nächstenliebe

Nächstenliebe bedeutet, das, was wir haben, in Liebe zu teilen. Sie kommt nicht aus der Überlegenheit oder aus dem Wunsch, als Wohltäter gesehen zu werden, sondern aus dem einfachen und liebevollen Wunsch, das, was wir haben, mit denen zu teilen, die es aus irgendeinem Grund nicht haben. Es ist wichtig, dass wir den Empfänger als gleichwertig achten. Nächstenliebe ist ein Weg, die Gaben des Universums zu teilen, aber darüber hinaus setzt sie einen Energiefluss und einen Strom der Liebe durch die ganze Welt in Gang. Wenn wir einen Teil unserer Energie verschenken und unsere Herzen dabei öffnen, dann fließt Liebe, die sowohl dem Geber als auch dem Empfänger zugute kommt. Nächstenliebe ist eine freudige Angelegenheit: Man gibt aus freien Stücken ohne irgendeine Erwartung. Wenn wir aus Pflicht geben, eher aus unserem Verstand als aus unserem Herzen, vermindert das den Wert der Gabe, indem das spirituell nährende Element, das den materiellen Wert bei weitem übersteigt, beiden verlorengeht. Nächstenliebe, sagt man, beginnt zu Hause. Schenke dir selbst zuerst Liebe, Vergebung und Annahme. Als Lehrer zu geben, als Mentor, der seine Fähigkeiten teilt, kann manchmal kraftvoller sein, als materielle Geschenke zu verteilen.

Ablösung

Während der Entwicklung des Herz-Chakras gibt es einen Punkt, an dem die Ablösung einsetzt. Ich erinnere mich gut, was für ein trauriges, verlorenes Gefühl es war, als die Herzverbindungen, die ich mit vielen Menschen hatte, schwächer und lockerer zu werden begannen. Während meine Liebe für sie konstant blieb, konnte ich fühlen, wie sich eine Art von Spalt zwischen uns entwickelte. Das ist Ablösung. Sie ist eine weitergehende Entwicklung der Liebe als das Festhalten, weil sie absolute Freiheit erlaubt. Sie stärkt den Teil von »ich liebe dich«, der sagt »ich möchte, dass du das Beste bist, was du sein kannst, unabhängig davon, ob das mich einbezieht oder nicht«. Sie erlaubt dem anderen, sein Wachstum fortzusetzen und weit über mich hinaus zu wachsen, wenn er dazu in der Lage ist. Es ist die Entwicklung, die uns das wunderbare Zitat von Khalil Gibran in »Der Prophet« zu verstehen hilft, wenn er über die Kinder spricht: *»Du kannst ihnen deine Liebe geben, aber nicht deine Gedanken, denn sie haben ihre eigenen Gedanken. Du kannst ihrem Körper ein Zuhause geben, aber nicht ihrer Seele, denn ihre Seele wohnt im Haus von morgen, das du nicht besuchen kannst, nicht einmal in deinen Träumen. Du kannst versuchen, ihnen gleich zu sein, aber versuche nicht, sie dir gleich zu machen. Denn das Leben geht nicht rückwärts und wartet nicht auf gestern.«*

Partnerschaft

Liebe scheint oft ungleich zu sein: Die Liebe eines Elternteils zu einem Kind geht weit über das hinaus, was das Kind zurückzugeben fähig zu sein scheint. Die Liebe des einen für den anderen mag einseitig sein. Professionelle Liebe erwartet keine Erwiderung. Dennoch besteht auf einer viel höheren Ebene immer eine Partnerschaft, die sicherstellt, dass es Freiheit und Stärkung für die beiden Beteiligten gibt. Tatsächlich gibt es immer eine Ebene, auf der beide Partner aus der Beziehung ihren Nutzen ziehen.

Energie

Jedes Herz wird angeregt durch die Freude der Liebe und das Gefühl der Verbundenheit und der Wertschätzung durch den anderen. Die Befreiung von Isolation und Einsamkeit führt für beide zu einem Energieanstieg. Die Öffnung des Herz-Chakras ermöglicht es, dass Energie das System durchflutet. Normalerweise kommt es wenigstens für einige Zeit zu einem Anstieg der physischen Energie, und das spiegelt den Anstieg der spirituellen Energie.

Disziplin

Auch fröhliche Hemmungslosigkeit hat ihren berechtigten Platz, aber die tägliche Disziplin der Liebe stärkt unsere Fähigkeit, in den Zerstreuungen des Lebens beständig zu bleiben. Führen wir ein sehr aktives Leben, dann zieht ständig etwas anderes unsere Aufmerksamkeit auf sich, und es besteht die Gefahr, dass wir, was wir lieben, vernachlässigen. Die Qualität unserer Liebe wächst in dem Maß, in dem wir uns der Verpflichtung bewusst werden, unseren Lieben unsere Zuneigung zu zeigen.

Achtung

Wir müssen nicht nur die Wünsche und Rechte der anderen achten, sondern auch die Tatsache, dass wir eine andere Manifestation des Göttlichen miterleben. Wir haben kein Recht anzunehmen, wir wüssten besser, was für den anderen gut ist, wohin er gehen oder was er tun sollte. Wirkliche Liebe respektiert auch das Recht eines Freundes auf andere Freunde, auf Zeit zum Alleinsein und auf individuelle Hobbies und Interessen.

Beständigkeit

Ein weiteres Merkmal wahrer Liebe ist die Beständigkeit. Auch wenn die Leidenschaft einer Beziehung vergeht, kann die Freundschaft erhalten bleiben, verbunden mit dem Wunsch nach dem Wohlergehen des anderen, seinem weiteren Wachstum und seinem Glück. Wenn wir lieben, den anderen aber verlassen, erfüllen wir oft diese Verpflichtung zur Beständigkeit auch in der Trennung, nämlich dann, wenn das Zusammenbleiben Schaden nach sich ziehen würde. Besonders Kinder brauchen diese Beständigkeit in der Liebe, die ihnen die Eltern oder andere enge Bezugspersonen entgegenbringen.

Vergebung

Ein Mangel an Vergebung ist vielleicht die häufigste Blockade für echte Liebe und für Bewegung im Leben. Wir bleiben stecken, halten jemanden am Haken, während wir automatisch an der anderen Seite festhalten müssen. Wir brauchen Vergebung, und wir müssen Vergebung für uns annehmen. Es ist ein Jammer, jemandem sein Herz nur teilweise schenken zu können, weil man sich noch nicht ganz von Vergangenem gelöst hat. Lieben heißt loszulassen, und manchmal heißt es auch, die Entscheidung zu treffen, dass die Beziehung so, wie sie war, zu Ende ist.

Freigebigkeit

Hüte dich vor zu großer Freigebigkeit! Manchmal sind die Geschenke, die wir geben möchten, zu groß für den anderen, und unsere Freigebigkeit überwältigt und beleidigt ihn. Das liebende Herz hält sich feinfühlig zurück und lässt Autonomie und Identität über den Grad der Entwicklung bestimmen. Manchmal kann zu viel »Liebe« zu viel des Guten sein und den Empfänger um die Freude der Selbstverwirklichung bringen. Wir müssen einfach nur präsent sein und dem anderen auf dem Weg einer angemessenen Entwicklung, wenn es nötig ist, ab und zu einen Impuls geben. Wenn unser Ego dazwischenfunkt, dann wird unsere Freigebigkeit wahrscheinlich dem Versuch dienen, andere zu Klonen unserer selbst zu machen.

Mut

Mut kommt vom Herzen und ist häufig die Antwort auf eine Herausforderung, auch in schwierigen Situationen mit Integrität zu handeln. Wir brauchen Mut, um in schweren Situationen in Liebe auszuharren und an den Herausforderungen in einer Beziehung zu arbeiten und zu wissen, dass wir etwas Wichtiges lernen. Aber manchmal brauchen wir auch den Mut zu gehen, nämlich dann, wenn wir wissen, dass die Situation beiden Seiten schadet.

Macht

Obwohl Macht eigentlich im Solarplexus-Chakra beheimatet ist, ist doch die Macht der Liebe die größte Macht, die wir kennen. Wir haben unter anderem die Macht, sowohl uns selbst zu verändern als auch unser Leben und unsere Einstellung. Die Macht der Liebe kann heilen und die Erde und alles, was auf ihr existiert, verändern. Liebe auszusenden, ist eine machtvolle Handlung. In der Dunkelheit von Angst und Hass kann sie eine Kerze entzünden.

Berührung

Berührung – sowohl im Sinn von berührt oder liebkost werden als auch von bewegt werden von Schönheit oder Traurigkeit – wird von Liebe gelenkt und ist ein grundlegender Bestandteil des Liebens. Es heißt, dass eine Berührung tausend Worte wert sei. Aber vergewissere dich stets, dass deine Berührung angemessen und auch willkommen ist.

Mitgefühl

Mitgefühl haben wir mit dem Unglück und dem Schmerz anderer. Wenn wir mitfühlend sind, werden wir berührt von den Freuden und Vergnügen, Aufregungen, Sorgen und Verletzungen anderer, auch wenn wir sie nicht kennen. Mitgefühl ist ein Teil der Liebe, sowohl der menschlichen als auch der göttlichen. Aber auch wenn wir Mitgefühl empfinden, dürfen wir unsere Grenzen nicht überschreiten und müssen darauf achten, dass wir anderen nicht die Chance auf lehrreiche Lektionen verwehren, denn gerade das Durchleben schmerzlicher Erfahrungen bringt uns in unserem Wachstum voran.

Empathie

Empathie ist die Gabe, in den Schuhen des anderen zu stehen und wahrnehmen zu können, wie sich das anfühlt. Das ist nicht gleichzusetzen mit Sympathie, die uns zu heimlichen Komplizen machen kann. Um vollständig zu lieben, sollten wir feinfühlig auf die Bedürfnisse, Wünsche und Gefühle des anderen achten, damit wir nicht darauf herumtrampeln und sie unnötig verletzen.

Intimität

Intimität ist das Ergebnis von Vertrauen, Offenheit, Ehrlichkeit und der Bereitschaft, sich verletzlich zu zeigen. In intimen Beziehungen teilen Partner Macht, Kontrolle und Versorgung, wobei die Rollen bei Bedarf leicht wechseln können. Intimität zeigt sich in der Art, wie wir sprechen und zuhören, miteinander lachen, einander unterstützen, und in der Qualität unseres liebenden Miteinanders. Obwohl erotische Intimität Teil der Beziehung sein kann, muss es nicht so sein.

Wesensverwandtschaft

Wesensverwandtschaft, jene Anziehung zwischen Menschen, die auf Sympathie und natürlichen Bindungen beruht und sich in warmer Zuneigung ausdrückt, führt zur Bindung. Die entstehende Verbindung bringt neues Gleichgewicht und Stabilität für jede einzelne Person und formt auch eine neue Einheit mit eigener Identität. Eine Beziehung, in etwa vergleichbar mit der Anziehung zweier Elemente, die durch ihre Verbindung zur Bildung eines neuen chemischen Stoffes führt. Die Anziehung entsteht durch unsichtbare Signale, die anzeigen, dass jeder etwas hat, was der andere zur eigenen Vervollständigung benötigt. Manchmal beruht die Anziehung auf Gleichheit, die ein Gefühl von Heimkommen und Frieden in der Beziehung hervorruft. Jedes Herz-Chakra wählt auf ganz eigene Weise aus, was sowohl das eigene Selbst als auch den anderen durch ein Mehr an Harmonie, Freude und Frieden bereichert. Anziehung ist ein integrierender Teil einer Beziehung, sowohl bei Liebenden als auch bei Freunden, und sie sichert beide Partner in einem zusammenhängenden Ganzen: Gebunden und doch frei; beständig und doch immer wechselnd und sich entwickelnd; gegenseitig unterstützend und versorgend; gleichzeitig lehrend und lernend.

DAS HERZ ERKENNT DAS HERZ, DER GEIST ERKENNT DEN GEIST

Einige meiner wichtigsten Lektionen über Liebe habe ich gelernt, als ich als Assistenz-Psychiaterin in einem Hochsicherheitsgefängnis gearbeitet habe. Manche der Menschen, mit denen ich gearbeitet habe, hatten furchtbare Taten begangen, und in jedem Fall fühlte mein Herz zuerst mit den Opfern und ihren Familien, für die Vergebung sehr schwer, wenn nicht unmöglich sein musste. Zugleich konnte ich auch wahrnehmen, was die Täter zu ihren Taten geführt hatte. Ich konnte auch sehen, an welcher Stelle das jeweilige Unheil hätte abgewendet werden können, wäre ihnen rechtzeitig Liebe (nicht unbedingt von den Eltern, die sie zum Teil sehr geliebt hatten) zuteil geworden. Aber natürlich war jeder auf seinem eigenen Lebensweg.

Obwohl es niemals zu spät ist zu lieben und wir unsere Herzen offen halten sollen, um andere in Liebe zu halten, so lernte ich doch, dass es für so manchen aufgrund tiefer Verletzungen in diesem Leben wahrscheinlich keine Heilung mehr gibt. Das spricht uns nicht frei davon, unser Bestes zu tun und auf jeden Fall zu lieben.

Den Unliebenswerten lieben…

Manchmal trifft uns die Liebe auf ganz unerwartete Weise und ist so kraftvoll, dass sie unseren Kurs ändert, unsere Augen öffnet und uns für immer verändert.

Vor vielen Jahren hatte ich eines Nachts als Psychiaterin Bereitschaftsdienst in einem Krankenhaus im Nordosten Englands. Ein älterer Mann wurde gebracht, ein Landstreicher, der unter einer Brücke gelebt hatte. Er hatte Unruhe verbreitet, indem er laut auf die Stimmen schimpfte, die er halluzinatorisch wahrnahm. Er hatte sich auch mit Gewalt gegen den Transport ins Krankenhaus gewehrt, das er als Gefängnis und einen Ort der Folter wahrnahm. Nach seiner Ankunft im Krankenhaus verhielt er sich aggressiv gegenüber den Schwestern, vor denen er Angst hatte, und er schimpfte gegen die vermeintliche Missachtung seiner Rechte.

Er war schmutzig, voller Läuse und hatte lange Haare und Fingernägel. Die hingebungsvollen Schwestern hatten es sehr schwer. Sie wechselten sich in der Betreuung ab, denn sie mussten den Raum immer wieder verlassen, weil es sie würgte.

Normalerweise wuschen die Schwestern – so wundervoll waren sie – einen solchen Patienten, bevor der Doktor gerufen wurde, aber in diesem Fall riefen sie mich und warnten mich vor dem, was beim Betreten des Raumes auf mich zukommen würde. Sie hatten nicht übertrieben.

Wie immer, wenn ich einen verwirrten Menschen zu behandeln hatte, beruhigte ich meine Aura und wurde still in mir selbst, bevor ich die Untersuchung begann. Ich öffnete mein Herz, um dem Mann auf jede ihm mögliche Art begegnen und mich mit ihm verbinden zu können, und ich öffnete mein Kronen-Chakra, um mir jede erdenkliche Hilfe zu holen. Da saß er zusammengekrümmt auf der Untersuchungsliege, und der Gestank füllte den Raum. Mein Magen hob sich, und ich versuchte verzweifelt, nicht zu zeigen, wie übel mir war. Aber in diesem Augenblick trafen sich unsere Blicke – und dann folgte ein erstaunliches Geschehen, das ich nicht erwartet hatte.

Es geschah so schnell, dass ich nur eine augenblickliche Verschiebung des Bewusstseins wahrnahm. In diesem Sekundenbruchteil erkannte mein Geist seinen und umgekehrt, und eine Bindung wurde zwischen uns geschmiedet, an der unsere Herzen, unsere Solarplexus und unsere Kronen-Chakras beteiligt waren. Er hielt meine Augen fest und ich seine, während wir uns beide sichtbar entspannten. Mein Brechreiz verschwand, und ich nahm den Geruch im Raum nicht mehr wahr. In der Stille hörte mein Herz seinen Ruf nach Nähe, und er erlaubte mir, seine Hand zu nehmen. Er erlaubte mir auch, ihn auszuziehen, ihn zu waschen und zu baden, seine Haare zu schneiden und bei ihm zu sein. Er konnte eine Zeit lang nicht sprechen. Die schimpfende Sprache, die seine einzige Verteidigung gewesen war, verschwand und machte der Stille Platz; aber ich empfing gleichzeitig eine tiefe Resonanz in mir.
Er war ein großes Geschenk für mich. Ich werde niemals diese magische Verbindung auf allen Ebenen mit einem Menschen vergessen, den ich nicht kannte und mit dem der Umgang hätte schwierig werden können. Dieser Moment des Wiedererkennens, in dem mein Geist den seinen erkannte und sich daran erfreute, brachte die Tatsache ins Bewusstsein, dass es keine Trennung zwischen uns gab. Ich bin ein Teil von dir, so wie du ein Teil von mir bist. Das, was ich für dich tue, tue ich letztlich für mich selbst und für die ganze Welt. Das ist spirituelle Liebe, die gleichzeitig menschlich und göttlich ist.
Er zeigte mir auch, dass eine solche kraftvolle Verbindung ihn beruhigen und heilen konnte, ohne dass ich irgendetwas Weiteres hätte tun müssen. Es war eine große Lektion in Liebe, die besonders wertvoll war, weil seine Umgebung und auch er selbst ihn für nicht liebenswert hielten.

Es war ein großes Privileg und eine Ehre, dass ich ihm dienen konnte.

Von positiven Erfahrungen profitieren wir unser ganzes Leben lang, und eine davon ist die, geliebt zu werden – und sei es auch nur kurz. Um das Ergebnis brauchen wir uns nicht zu kümmern: Alles, was wir tun können, ist, zu lieben und loszulassen.

Einige Jahre nach meinem Ausscheiden aus dem Gefängnisdienst kam ein junger Mann, mit dem ich etwa drei Jahre lang gearbeitet hatte, unerwartet zu mir nach Hause, als ich nicht da war. Es hätte erschreckend sein können, dass er meine Adresse herausgefunden hatte und mich aufsuchte. Aber er und meine halbwüchsige Tochter, eine sehr liebende Seele, führten ein freundliches Gespräch über seine Dankbarkeit, während er versuchte, sich erkenntlich zu zeigen, indem er Empfehlungen gab, wie ich mein Heim einbruchssicherer ausstatten könnte. Er hatte die Liebe gespürt und gab sie auf die einzige Art zurück, die er kannte.

Wenn wir unseren Herzen erlauben können, sich für andere zu öffnen, unabhängig davon, wie lästig, ärgerlich, unpassend oder abstoßend ihr Verhalten sein mag, dann können wir auf irgendeiner Ebene ein Begleiter auf ihrem Pfad sein und uns in Liebe mit ihnen verbinden.

HEILEN

Heilen ist eine Funktion des Herz-Chakras in Verbindung mit einem geöffneten Stirn-Chakra und einem Kronen-Chakra, das das Einströmen von göttlicher Energie erlaubt. Beim Heilen geht es darum, den Menschen ganz zu machen und sein inneres Gleichgewicht, Frieden und den Lebensfluss wiederherzustellen. Das Fließen von reiner Liebe kann die Physiologie und die chemische Zusammensetzung verändern und fiebrige Emotionen beruhigen. Jede Abhandlung über das Herz-Chakra wäre unvollständig, wenn sie diese Tatsache nicht erwähnen würde.

Krankheit ist ein verzweifelter Schrei der Seele. Sie sagt uns, dass etwas nicht in Ordnung ist. Das Fehlen von innerem Frieden erzeugt Schwingungen, die die Funktion der Organe und die Physiologie verändern können. Über längere Zeit bewirkt innere Unruhe so viel Stress, dass sowohl physische als auch psychische Veränderungen entstehen können, die sich zu einem ernsten Krankheitsbild entwickeln können. Da Krankheit aus der Seele kommt, vom Verstand aufgenommen und vom Körper oder den Gefühlen dargestellt wird, ist spirituelle Hilfe unabdingbar für die Heilung. Ohne dieses Element wird die Seele erneut rufen, und Körper oder Geist stehen vor einem neuen Problem. Häufig hat jedoch die Krankheit zu dem Zeitpunkt, wenn wir um Hilfe bitten, ein solches Ausmaß erreicht, dass wir äußeren Mitteln, wie Medikamenten oder sogar einem chirurgischen Eingriff, ebenso zustimmen müssen wie der spirituellen Hilfe.

Heilen bringt uns dahin zurück, uns ganz zu fühlen, wenn wir durch Krankheit, Erschöpfung, einen chirurgischen Eingriff oder Schwäche ausgelaugt sind. Heilen kann die Angst vor Krankheit oder sogar vor dem bevorstehenden Tod verschwinden lassen.

Was du tust, wenn du dieses Buch liest und durcharbeitest, ist Selbstheilung. Wenn wir Heilung für andere kanalisieren wollen, so sollten wir unser Bestes möglich machen. Es ist schwer, sich geheilt zu fühlen, wenn der Heiler von einer weniger ausgeglichenen Aura umgeben ist.

Wenn du mit einer Heilerin sprichst und ihr Ego bemerkst, dann sei vorsichtig. Aber missverstehe nicht die überschäumende Freude eines Heilers über eine gute Entwicklung als Stolz. Diese kindliche Reaktion auf die Magie des Heilens kann ein Zeichen großer Demut sein. Habe auch keine Angst, es nicht wert zu sein, jemandem beim Heilen zu helfen, weil du dich selbst nicht gut fühlst. Der Landstreicher, den ich erwähnt habe, hat einige bemerkenswerte Heilungen in mir bewirkt und mich trotz seines eigenen Schmerzes vieles gelehrt.

Wichtig ist, dass derjenige, der Heilung kanalisiert, die Erwartung in Bezug auf das Ergebnis loslässt. Dieses liegt nicht in unserer Hand und hängt von vielen Faktoren ab. Nicht der unwichtigste davon ist die Bereitschaft und das wirkliche Verlangen der Person, geheilt zu werden. Heilung wird immer eintreten, wenn auch vielleicht nicht auf die von dir erwartete Art oder in dem erhofften zeitlichen Rahmen. Sorge dafür, dass du dich reinigst, schützt und erdest, wenn du mit Heilarbeit zu tun hast.

Die meisten Mütter haben ihre Kinder ab und zu geheilt, indem sie das kranke Kind hielten und beruhigten, ein geschrammtes Knie gesund küssten und tröstende und ermutigende Worte sagten, wenn das Kind weinte. Oft ist der dringende Wunsch nach Heilung das einzig Nötige. Sie geschieht nicht unseren Vorstellungen und Plänen entsprechend, sondern auf jede Art und Weise, die dem echten Wohlergehen des anderen hilft und mit seiner eigenen Entwicklung übereinstimmt. Wir können nur wünschen, was jetzt gerade das Beste für diesen ganzen Menschen ist. Manchmal müssen wir auch akzeptieren, dass es für sein höheres Wohl gut ist, den physischen Körper gehen zu lassen und frei zu sein zum »Sterben«.

Darum ist eines der Kennzeichen eines heilenden Herzens, unabhängig zu sein und den anderen frei zu lassen. Manchmal gibt es trotz der Trauer der Zurückbleibenden eine gewisse Erleichterung, wenn jemand gestorben ist. Erleichterung darüber, dass derjenige jetzt vom Leiden erlöst ist. Es herrscht Freude über die gemeinsam verbrachte Lebenszeit und darüber, dass der geliebte Angehörige jetzt weitergegangen ist.

Heilung nützt immer sowohl der Person, die die Heilung kanalisiert, als auch dem Empfänger von Heilenergie. Der Heiler wird immer auch selbst Heilung bekommen, wenn die Energie fließt, und er wird glücklich sein über das Privileg, an der Heilung des anderen beteiligt zu sein.

Es gibt viele Texte über das Heilen – für dich selbst oder andere – und wenn du dich intensiver damit beschäftigen willst, verweise ich auf mein Buch »Chakras – Tore zur Seele« und auf »Hands of Light« von Barbara Brennan.

Wie Liebe angesichts von Unheil und Ungerechtigkeit Freiheit bringt

Als ich Dietrich Bonhoeffers Briefe und Schriften aus dem Gefängnis las, war ich berührt von seiner Spiritualität, frei von Bitterkeit und Hass angesichts der ihm widerfahrenen Ungerechtigkeit. Pitirim Sorokin spricht in der Einführung zu »The Ways and Power of Love« von seiner Kerkerhaft und Todesstrafe und kommt dann zu der sehr bemerkenswerten Dissertation über Liebe, die er als den einzigen Ausweg für die Erde sieht. Dr. Victor Emil Frankl spricht in seiner Autobiographie davon, wie er Humor und Liebe genutzt hat, um Gefangenschaft und die Bedrohung durch schießende Soldaten zu überleben. Wer eine Nahtod-Erfahrung erlebt hat, ist dadurch fast immer verändert und lebt sein Leben in einer Art von Dienst mit einem neuen Verständnis für das Leben und seinen Sinn.
Alle diese Menschen haben entdeckt, dass wir liebend frei sind, ganz gleich, was unserem physischen Selbst geschehen mag.

FURCHT

Unsere Gedanken und Handlungen beruhen entweder auf Liebe oder auf Furcht. Es gibt keine andere Wahl. Wenn wir keine Liebe in unseren Herzen oder um uns herum fühlen, handeln wir oft aus Furcht oder überdecken die Furcht mit Ärger.

Selbst dann, wenn wir einen Mangel an menschlicher Liebe um uns herum empfinden, so ist doch die göttliche Liebe eine beständige Realität, und daher müssen wir niemals Angst haben. In der Theorie ist das leicht, in der Praxis allerdings viel schwieriger.

Furcht, wie wir sie alle von Zeit zu Zeit fühlen, entsteht durch unseren rastlosen und erstaunlich mächtigen Verstand. Sie ist real, indem sie uns belastet, und doch ist sie nur eine Manifestation unserer Vorstellung. Wie Schmerz, ist auch Furcht ein Warnsignal. Wir sollten etwas verändern, merken, wo wir uns bedroht fühlen, wo wir Vergebung oder Liebe verweigern. Im Allgemeinen herrscht in einem Zustand von Liebe keine Furcht. Nichts kann uns verletzen, wenn wir sicher sind, dass wir genau da sind, wo wir sein sollen, dass wir genau das tun, was wir tun sollen, und dass wir, was immer geschehen mag, aufs Ganze gesehen sicher sind, und zwar auch dann, wenn unser Abschied vom physischen Körper bevorsteht.

Wenn wir integer und in Übereinstimmung mit den Gesetzen des Universums handeln, dann gibt es keine Gefahr, wie auch immer es sich auf der physischen Ebene anfühlen mag. Aber so, wie Liebe Liebe hervorbringt, so bringt Furcht Furcht hervor. Wenn du dich selbst auf einen ruhigen, stillen Platz in deinem Herzen besinnst, dann kann die Furcht abflauen. Furcht zeigt, dass du nicht darauf vertraust, dass alles so sein wird, wie es sein soll. Das, worauf wir die Aufmerksamkeit richten, verstärkt sich. Wenn du also deine Aufmerksamkeit darauf richtest, dass du gesegnet bist und Engel an deinem Tor auf dich aufpassen und Helfer bei dir stehen, dann wird dein Gefühl, geliebt und versorgt zu sein, wachsen, und du wirst niemals voller Furcht sein müssen.

Affirmation

Ich öffne mein Herz, um heute Liebe zu geben und zu empfangen. Ich liebe mich selbst und lasse Liebe in jeden Winkel des Universums fließen.

Meditation

Gehe an deinen sicheren Platz, und mache es dir in der von dir bevorzugten Position bequem. Wenn du dich hinlegst, sorge dafür, dass dein Rücken durch ein Kissen unter deinen Knien entlastet wird. Wenn du sitzt, stelle deine Füße unverschränkt nebeneinander auf den Boden. Wenn du in einer traditionellen Meditationshaltung sitzen möchtest, ist das völlig in Ordnung.

Jetzt konzentriere dich auf deine Atmung, fülle deine Lungen mit Frieden und Ruhe, und lasse mit der langen Ausatmung alle Angst gehen. Atme langsam, regelmäßig und gleichmäßig. Beim Weiteratmen lasse Frieden sich in jedem Teil deines Körpers ausbreiten. Sei ruhig und voller Frieden, lasse alle Angst durch dein Wurzel-Chakra und deine Fußsohlen abfließen. Lasse deinen Körper und deinen Geist in Frieden sein.

Jetzt richte deine Aufmerksamkeit auf dein Herz-Chakra, in der Mitte deiner Brust. Sieh sein schönes grünes Licht, wirbelnd und quirlend. Sieh es leuchten wie einen kostbaren Smaragd. Während du es wirbeln siehst, beginnt es sich jetzt zu öffnen, und du erblickst in der Mitte ein rosafarbenes Licht. Das ist die Farbe der Liebe. Während das Herz-Chakra sich weiter öffnet, erschaust du, wie sich das Licht weiter ausbreitet, in deinen ganzen Körper scheint, deine Aura um dich herum erfüllt, jeden Teil von dir badet, jede Zelle mit Liebe erfüllt. Fühle dich selbst geliebt und versorgt. Wisse, dass jeder Teil von dir geliebt ist. Genieße es.

Jetzt erlaube der liebenden Energie, durch deine Aura hinauszufließen und sich im Raum auszubreiten, und mit einem weiteren Atemzug lasse sie sich weiter und weiter ausbreiten, hinaus durch die Wände und in die Umgebung. Sieh die Liebe hinausfließen und alles berühren, in rosa Licht tauchen, heilend, energetisierend und ausgleichend. Lasse sie sich jetzt in der Stadt ausbreiten, in der du bist, und darüber hinaus das ganze Land erfüllen. Atme sie mit einem weiteren Atemzug rund um den ganzen Planeten, liebend und heilend. Lasse die Liebe aus deinem Herzen jedes Lebewesen und jeden Punkt auf der Erde berühren. Fühle deine liebende Verbindung mit allem.

Jetzt lasse deine Liebe sich im Universum ausbreiten und sende mit ihr einen Gedanken und einen Wunsch, das zu heilen, was Heilung benötigt, das zu lieben, das Liebe braucht, Frieden zu bringen, Vergebung zu ermöglichen und Verständigung zu bringen. Füge deine eigene Botschaft hinzu.

Verharre eine Weile und genieße, wie die Liebe durch dich und aus dir fließt und dich heilt.

Wenn du so weit bist, erlaube der Energie mit einem Atemzug, auf die Erde zurückzukommen, zurück in das Land, zurück in deine Stadt, zurück in deinen Raum und zurück in dein Herz. Das Gute, das du getan hast, wird für immer fortdauern. Erlaube dem Strom der Liebe, jetzt wieder in deinem Herzen aufgehoben zu sein, und sei dir dessen bewusst, dass du dich, wann immer du möchtest, wieder öffnen und Liebe und Heilung überall hinschicken kannst.

Erlaube dem quirlenden smaragdgrünen Lichtrad jetzt, sich über dem Rosa zu schließen und ein wenig langsamer zu werden. Konzentriere dich wieder auf deine Atmung. Beginne langsam und sanft, deine physische Präsenz im Raum wieder zu fühlen; sei dir deines physischen Körpers bewusst. Bewege deine Finger und Zehen. Fühle dich geerdet, sei ein Teil der Erde. Wenn du so weit bist, kehre an einen Platz hinter deinen Augen zurück und öffne sie sanft.

Trinke etwas Wasser, und wenn du so weit bist, schreibe in dein Tagebuch, was immer du möchtest.

Kapitel 4

Frei sein

Ich habe die Wahrheit gesehen. Nicht als ob ich sie mit meinem Verstand erfunden hätte. Ich habe sie gesehen, GESEHEN, und ihr lebendiges Bild hat meine Seele für immer erfüllt…
In einem Tag, in einer Stunde kann alles in Gang gesetzt werden. Die Hauptsache ist zu lieben.
Fjodor Dostojewski

Unsere Beziehung zu uns selbst ist die wichtigste Beziehung überhaupt, aber wir vernachlässigen sie oft und suchen außerhalb unseres Selbst nach Trost und Erleichterung und erwarten von anderen, dass sie uns glücklich machen und uns Erfüllung schenken. Aber es ist ein Zeichen spiritueller Reife, Verantwortung für uns selbst zu übernehmen, uns selbst zu lieben und in allem, was wir tun, unabhängig und offen für Liebe zu sein. Das ist der einzige Weg, wie wir unsere eigene Göttlichkeit erfüllen können. Wenn wir das erreichen, werden wir die Liebe nie mehr verlieren.

Nimm dir zuerst einen Augenblick Zeit und schaue dir an, was für ein erstaunliches Wesen du bist. Du hast einen Verstand mit der 200 000-fachen Kapazität eines Computers, wovon du normalerweise nur etwa zehn Prozent benutzt; einen Körper, der wahrscheinlich über hundert Jahre leben könnte, wenn du sehr gut für ihn sorgen würdest; und eine Seele, die uralt ist und dich mit einer göttlichen Quelle verbindet. Ich will ja nicht, dass wir Narzissten werden und so von unserem eigenen Glanz geblendet sind, dass wir die Verbundenheit mit der Welt um uns herum verlieren, aber du musst zugeben, du bist ziemlich wunderbar. Und nicht nur du! Um dich herum gibt es Millionen von ähnlich aufregenden Geschöpfen, mit denen du dich verständigen und Spaß und Liebe haben kannst, und darüber hinaus ein Universum, in dem du dein Leben weit über jedes vorstellbare Maß hinaus erweitern kannst. Was für Geschenke!

Der Umstand, dass wir das alles haben, zeigt uns ohne jeden Zweifel, was für geliebte Seelen wir sind. Geliebt, einzigartig und behütet. Wir sind eine Form der Liebe, die das Universum ausmacht.

In den folgenden Kapiteln werden wir unsere Liebe und Verständigung mit verschiedenen Aspekten der Welt erforschen, aber zuerst schauen wir auf uns selbst.

WER BIN ICH?

Wir haben gesehen, wie das Chakra-System ein Netz von Energie formt, das durch unseren physischen und feinstofflichen Körper kreist. Lasst uns jetzt einen näheren Blick darauf werfen, wo wir in dieser Struktur unseren Platz haben.

Bevor wir uns nicht wirklich selbst untersucht haben, können wir das Gemisch von Eigenschaften, das uns einzigartig macht, kaum richtig erkennen und nur schwer würdigen, wer wir wirklich sind. Die Tatsache, dass du dich von jedem anderen unterscheidest, macht dich einzigartig. Nicht einzigartiger als andere, aber genauso einzigartig, und dein Beitrag zum Universum ist wesentlich. Eine unserer Lebensaufgaben ist es, uns an unsere Einzigartigkeit zu erinnern. Niemand sonst kann der Welt genau das geben, was du geben kannst. Wie klein du auch immer deinen Beitrag zum Leben empfindest, ich versichere dir, dass er – an richtiger Stelle eingesetzt – grundlegend ist. Ob du deine Kinder aufziehst, ein Hirnchirurg bist oder ein Feld pflügst, es ist wesentlich, dass du deinen Platz findest und ihn nicht nur mit Anstand ausfüllst, sondern mit Dankbarkeit und Stolz würdigst. Wir haben die Verantwortung, herauszufinden, wer wir sind und warum wir gekommen sind, und unsere ganz persönliche Weisheit anderen mitzuteilen.

Es ist eine der Freuden des Lebens, unsere Unterschiede wahrzunehmen, und so können wir voneinander lernen. Nur wenn es uns an Selbstvertrauen fehlt, fühlen wir uns von den Unterschieden zu anderen bedroht. Das ist die Situation, in der wir in die Falle der Kontrolle tappen.

Wer wir heute sind, ist die Summe aller Erfahrungen – guter und schlechter – die wir in all der Zeit bis jetzt gemacht haben. Die Gene und die Vererbung spielen eine Rolle, aber wie du im nächsten Kapitel sehen wirst, sind auch sie nicht zufällig. Alles, was du je gedacht und getan hast, alles, was du je gefühlt hast, und alles, das dir je widerfahren ist, macht dich zu dem/der, der/die du heute bist. Aber du bist mehr als deine Erfahrungen, dein Körper, dein Verstand oder deine Seele. Sie alle gemeinsam ergeben deine Existenz, und jedes Element trägt wesentlich dazu bei, dich zu dem wunderbaren Individuum zu machen, das du heute bist.

Vielleicht ist es hilfreich, die einzelnen Komponenten dessen, wer du bist, noch genauer anzuschauen.

ERWACHSENES SELBST, ELTERN-SELBST, KIND-SELBST

In freudianischer Terminologie besteht die Persönlichkeit aus Ich, Über-Ich und Es. Diese sind inzwischen einfacher benannt worden als Erwachsenen-Selbst, Eltern-Selbst und Kind-Selbst.

Das erwachsene Selbst oder Ich vollzieht hoffentlich die meisten Alltagshandlungen in unserem Erwachsenenleben. Dieser Teil von uns ist verantwortlich, praktisch und fähig und zuständig für die inneren und äußeren Anforderungen des Lebens in der realen Welt. Manche Menschen halten das Ich für das reale Selbst. Das Ich hat es gern, wenn die Dinge systematisch organisiert sind. Daher neigt es dazu, das, was wir ins volle Bewusstsein bringen können, zu filtern und in einer geradezu selbst-bevormundenden

Art zu entscheiden, was das Beste für unsere Selbsterhaltung sein wird, und vielleicht auch noch, was für jeden anderen das Beste sein wird. Das verleitet uns dazu, Kontrolle über unsere Welt zu übernehmen und manchmal auch über andere, die sie mit uns bewohnen. Es ist das Ich, das in Angst verfällt und uns daran hindert, genügend loszulassen, um unserer Seele ganz gewahr zu sein. Sogar wenn wir kurz davor sind, uns dem Geist ganz zu überlassen, quält uns das Ich mit »Was wäre, wenn« und zieht uns zurück in den zweifelnden Verstand. Manche Menschen glauben, dass wir das Ich loswerden müssten, um spirituell zu werden. Aber spirituell zu sein heißt, alle Bereiche in uns weiterzuentwickeln und in Harmonie mit den anderen zu bringen. Das Ich hat seinen berechtigten Platz, wenn es mit Achtung behandelt wird. Es ist einfach ein Teil dessen, was dich ausmacht.

Das Eltern-Selbst oder Über-Ich verhält sich wie ein verinnerlichter Elternteil. Es gibt Acht und kontrolliert den kindlichen Teil in uns, der frei herumrennen und ein Leben aus nie enden wollendem Spaß haben möchte. Das Über-Ich ist unser Gewissen, befasst sich mit unserer Moral, mit Schuld und Scham. Es sagt uns, was wir tun oder lassen sollen. Manchmal schimpft es uns aus und lässt uns Schuld empfinden, weil wir etwas falsch gemacht haben, nicht pünktlich waren oder uns nicht verantwortungsbewusst verhalten haben. Bei manchen Menschen ist es überentwickelt und kann Schaden anrichten, weil es eher wie ein ständig anwesender Polizist ist, als wie ein liebender Elternteil.

Das Kind-Selbst oder Es ist der Spaß liebende, spielerische, kindliche, mutwillige und manchmal ungezogene Teil von uns, der am liebsten endlos Vergnügen haben möchte, ohne Verantwortung und Grenzen. Es ist der Teil in uns, der den Schmerz vermeiden und das Vergnügen vermehren möchte. Er liebt es, unseren primitiven Instinkten und Impulsen freie Hand zu lassen. Sein Verlangen nach Spaß führt zu inneren Konflikten mit dem Ich, das die Realität der Dinge sieht. Es führt auch zu Konflikten mit dem Über-Ich, das Verantwortung und Würde verlangt. Die Probleme zwischen diesen drei Instanzen können ein Leben lang dauern, wenn wir sie nicht klären.

Obwohl eine solche Einteilung hilfreich ist, um die Arbeit unseres Verstandes zu verstehen und zu analysieren, so ist es doch nur eine theoretische Konstruktion, die das grenzenlose Wunder der Seele nicht wirklich begreifen kann. Da es zudem eine Schöpfung unseres Verstandes ist, sind wir wohl als Ganzes viel größer als alles, was unser Verstand je erfinden kann.

Um wirklich das Wunder unserer Göttlichkeit und die endlosen Geheimnisse des Lebens und der Liebe zu begreifen, müssen wir die Seele nutzen. Wenn wir das versuchen, fühlt es sich manchmal an, als existierten wir auf zwei Ebenen gleichzeitig. Unsere Seele ermutigt uns, uns zu erheben und uns vom Strom der niemals endenden Liebe mitreißen zu lassen. Das Ich zieht uns zurück mit weltlichen Sorgen, mit Konkurrenz, Bedürfnissen und Wünschen. Wenn unsere Seele uns auffordert, das Weltliche einfach gehen zu lassen, uns dem beständigen Strom des Überflusses anzuvertrauen, so kann uns das mit quälender Angst erfüllen. Was, wenn es nicht wirklich so ist? Was, wenn der Vorrat zu Ende geht? Was, wenn es doch nur eine Fantasie ist?

Das lässt uns davor zurückschrecken, in den wundervollen Zustand einzutauchen und für immer darin zu bleiben, in dem alles nicht nur möglich ist, sondern auch einfach ist.

UNSERE KÖRPER

Wenn unser Verstand nur eine Schöpfung der Seele ist, wie passt dann unser Körper in die Ordnung der Dinge? Unser Körper ist eine energetische Schöpfung der Erdenwelt, die unsere Seele beherbergt und uns eine Form gibt, so dass wir in der Welt existieren und funktionieren können. Er macht uns sichtbar und berührbar. Er macht uns menschlich, so dass unsere Seele sich hier auf der Erde zusammen mit anderen Seelen, die derzeit in menschlicher

Gestalt da sind, erfahren und menschliche Emotionen und Gefühle empfinden kann. Als solcher ist er der Tempel, der unsere Seele beherbergt. Da das Licht unserer Seele um uns herum sichtbar ist, könnte man eher sagen, dass unser Körper in unserer Seele ist, als umgekehrt. Solange wir hier auf der Erde bleiben, haben wir die Verantwortung, uns geerdet zu halten und unser Fahrzeug – den Körper – in gutem Zustand zu erhalten, bis es Zeit ist, dorthin zurückzukehren, woher wir kamen.

SEELE UND GEIST

Wir alle sind spirituelle Wesen, im Augenblick in menschlicher Form. Meine Seele ist ein niemals endender Teil von mir, der schon immer gelebt hat, während mein Körper verschiedene Formen angenommen haben mag. (Wir werden das im Anhang 2 genauer diskutieren). Mein Geist ist Teil des großen Bewusstseins, das wir Gott nennen – oder Allah, Jehova, das Göttliche, die Große Macht, das Universum und viele andere Namen, je nach unserem Glaubenssystem.

Mein Geist verbindet meine Seele mit dem Körper Gottes. Auch wenn meine Seele ein ständig anwesender integrierender Teil von mir ist, muss ich mein Bewusstsein erheben, um über meinen Geist eine Verbindung zu Gott zu haben. Dieser Prozess, der manchmal als Transzendenz bezeichnet wird, kann durch Gebet erreicht werden oder durch Meditation, Singen, Musik oder einfach durch eine Verlangsamung meines Atems und die Bitte um eine solche Verbindung. Es wird leichter und leichter, je mehr wir an der Klärung eines spirituellen Weges arbeiten. Transzendenz erlaubt mir, Erfahrungen zu machen, Wissen zu gewinnen oder Dinge zu würdigen, die nicht von dieser Welt sind.

UNSEREN SEELENFRIEDEN WIEDERFINDEN

Wir können die Analogie des Meeres benutzen, um über unseren Seelenfrieden zu sprechen und zu verstehen, wie wir ihn manchmal verlieren. Auch wenn es an der Oberfläche einen Sturm gibt (die immer wechselnden Emotionen), so bleibt der Grund eines tiefen Meeres doch ruhig und klar. Aber dort, wo das Wasser flach ist, wird der Sand am Meeresboden aufgewühlt und formt Sandbänke, die halb-dauerhafte Strukturen werden können. Diese Sandbänke sind die Schwierigkeiten, die sich im Unbewussten aufbauen, wenn wir ständig von verwirrten Gefühlen oder Gedanken beunruhigt werden. Das kann dazu führen, dass wir ein unruhiges Leben haben und es uns schwerfällt, zu einem Zustand des Friedens zurückzufinden. Wenn wir unseren Geist mit Dingen füttern, die uns verwirren, wie Gewalt in Filmen oder in den Medien, Negativität und Klatsch, Sucht und Eifersucht, dann können diese Sandbänke so hoch werden, dass wir sie nicht mehr überwinden können. Das Wasser kann nicht mehr friedlich fließen, und Strudel verwirren unser tägliches Leben. Der Ärger und die Gewalt, die wir aufgenommen haben, beginnen in unseren Beziehungen oder bei der Arbeit auszubrechen. Wir haben die Fähigkeit verloren, Frieden zu finden. Wenn wir unseren inneren Frieden verlieren, haben wir oft auch die Fähigkeit verloren, uns selbst zu lieben.

Aber wir können anfangen, diese Strudel zu ordnen, indem wir uns damit befassen, wie wir sie erzeugt haben. Wir können Veränderungen bewirken, indem wir neue positive Aspekte unseres Wesens fördern, um gegen die von uns selbst verursachte Zerstörung anzugehen. Die beiden Prozesse müssen Hand in Hand gehen. Wir beginnen damit, im anderen das Beste zu sehen. Wir führen Unterhaltungen, in denen wir gänzlich auf Unfreundliches oder Negatives verzichten. Wir entwickeln die Fähigkeit, die Dinge vom Standpunkt des anderen zu sehen. Wir entwickeln unsere Fähigkeit, Liebe und Mitgefühl zu zeigen und empathisch zu sein, und wir leben nach der goldenen Regel, andere so zu behandeln, wie wir selbst behandelt werden möchten. Schritt für Schritt wird unsere innere Landschaft sich verändern, und wir werden sowohl unsere Selbsterkenntnis fördern als auch lernen, uns mit Hingabe und Frieden gut zu fühlen. Solange der Wunsch, Gutes zu tun, nicht selbst zur Obsession wird und Verwirrung stiftet, kann Frieden sich einstellen. Wahren Frieden erreichen wir durch Annehmen und liebendes Loslassen. In solchen Zeiten akzeptieren wir, dass wir selbst unser Bestes tun, dass es aber nicht unsere Sache ist, andere zu verändern. Jeder ist dort, wo er sein muss, und tut das, wozu er gekommen ist. Gott kümmert sich um ihn.

KLÄREN, WER DU WIRKLICH BIST

Vererbung und Umgebung spielen eine Rolle in der Entwicklung der Persönlichkeit. Einige sind mit einem sonnigen Temperament geboren und können lächeln, was auch immer passiert. Andere sind ernsthafter, mehr nach innen gekehrt und finden es schwierig, sich selbst und alles andere nicht so ernst zu nehmen. Der Zeitpunkt unserer Geburt spielt auch eine Rolle. Es gibt viele Texte über Astrologie, die dich davon überzeugen können, wenn du offen dafür bist.

Einige Menschen funktionieren vorwiegend auf der Ebene der Persönlichkeit, gesteuert vom Ich oder Ego, während andere mehr mit ihrem Geist in Kontakt sind. Erfühle, wo du dich in diesem Spektrum wiederfindest, dann wirst du eine Ahnung davon bekommen, wie viel Arbeit auf dich zukommt, um dich mit dir selbst und mit deiner Welt glücklicher zu fühlen. Vielleicht bemerkst du auch, dass du manchmal von einer zur anderen Form umschwenkst. Das ist nicht ungewöhnlich, wenn du beginnst, an dir selbst zu arbeiten. Auch denjenigen, die schon viel Arbeit geleistet haben, passieren ab und zu Ausrutscher. Dann fühlen sie sich betrogen oder verfallen in Selbstmitleid, wobei sie für eine Weile ihre Verbindung mit dem Göttlichen und ihren Glauben an die Liebe des Universums vergessen. In manchen Situationen fühlst du dich vielleicht kraftlos, und es mag einige Zeit dauern, dich wieder aufzurichten. Das ist in Ordnung. Es ist ein Prozess. Wir sind menschliche Wesen und nicht dazu bestimmt, perfekt zu sein.

KENNZEICHEN VON MENSCHEN, DIE SICH DURCH IHR EGO PROFILIEREN

Sie

- neigen dazu, pessimistisch und negativ zu sein, oft eher das Schlechte zu sehen als das Gute in Ereignissen und manchmal auch in Menschen;
- sind oft eher mürrisch und trübsinnig und haben einen trockenen und zynischen Humor, der ein etwas grausames Hänseln einschließen kann;
- neigen zu kontrollierendem Verhalten, regen sich schnell auf und werden launisch, wenn sie kritisiert werden;
- wetteifern und sind rechthaberisch, wollen nicht besiegt werden und reagieren kindisch, wenn sie sich nicht durchsetzen können;
- fechten Machtkämpfe aus und haben Angst, ein anderer könne es besser machen oder mehr Anerkennung bekommen als sie;
- sind kritisch, reizbar und ungeduldig;
- sind negativ, vorwurfsvoll und neigen zu Klatsch;
- haben manchmal Favoriten, auf deren Seite sie sich schlagen und mit denen sie sympathisieren und manchmal konspirieren;
- unterschätzen den Wert ihrer Begabungen, sind oft griesgrämig, jammern und wissen ihre Segnungen selten zu schätzen;
- sind verfolgt von Unglück, Drama und Chaos;
- fühlen sich verlassen und allein und können trotz einer starken und kraftvollen Fassade unter Stress zusammenbrechen;
- verurteilen andere, ertragen selbst aber Kritik sehr schlecht;
- befürworten die Bestrafung anderer, während sie nur ungern Verantwortung für ihre eigenen Handlungen übernehmen;
- können anderen gegenüber misstrauisch sein und haben Schwierigkeiten, sie als gleichwertig anzuerkennen;
- können Probleme haben, mit Menschen anderer Kulturen oder anderer sozialer Gruppen umzugehen;
- können oft ihr Potenzial nicht ausleben.

Wir alle haben einige dieser Merkmale. Manchmal können wir für einige Zeit in Melancholie verfallen und sind dann unfähig, das Ganze zu sehen und die richtige Perspektive zu gewinnen. Glücklicherweise sind nicht viele Menschen ganz so verschlossen. Bei den meisten Menschen besteht, bevor sie mit der Arbeit an sich selbst beginnen, ein gemischtes Bild mit einigen Höhepunkten, in denen ihre Seele hindurchscheint – wenn ein Baby geboren wird, wenn sie im Urlaub sind und alle Aufmerksamkeit ihres Partners bekommen, wenn sie mit einem geliebten Menschen zusammensitzen und den Sonnenuntergang beobachten oder Musik hören.

Aber wer offen ist für seinen Geist und auf einer Seelenebene lebt, wird ein anderes Bild zeigen und es die meiste Zeit über aufrechterhalten.

KENNZEICHEN DER MENSCHEN, DIE AUF EINER SEELENEBENE LEBEN

Sie

- sind optimistisch und sehen das Gute in allem, sind dankbar für das, was sie haben, und glauben an das Wunder des Universums und aller damit verbundenen Dinge und Personen;
- fühlen sich gesegnet und vertrauen darauf, dass alles, was geschieht, eine weise Lektion ist;
- genießen das Zusammensein mit Freunden ebenso wie das Alleinsein; genießen es, Zeit für sich zu haben und fühlen sich selten einsam;
- sind im Allgemeinen glücklich und hegen weder Groll noch Bitterkeit;
- sind gewöhnlich froh und sonnig, dabei stark, aber freundlich, freuen sich über den Erfolg anderer und bringen anderen Aufmunterung, Freude und Glück;
- sind geduldig und offen, verschwiegen und respektvoll;
- leben oft ganz einfach, lieben es zu meditieren, kreativ zu sein und sind im Frieden;

- ihre tiefe Liebe ist gepaart mit Freiheit und Loslassen;
- akzeptieren alle Rassen und Lebensweisen und achten kulturelle Unterschiede;
- fühlen sich geliebt und geschützt;
- sind begierig, neue Konzepte zu erforschen, zu wachsen und ihr Potenzial zu erfüllen;
- sehen Schwierigkeiten als Herausforderung und Katalysator für Veränderung;
- freuen sich am Stärkerwerden anderer;
- akzeptieren Verantwortung für ihre Handlungen und beschuldigen niemand anderen;
- neigen dazu, friedliche Krieger für die Unterdrückten zu sein;
- da sie an Karma glauben, versuchen sie, nach der *Goldenen Regel* zu leben.

In Verbindung mit unserer Seele zu sein, macht das Leben einfach und glücklich und nimmt uns die Angst vor allem, was uns zustoßen könnte. Wir werden in späteren Kapiteln darauf zurückkommen. Jetzt konzentrieren wir uns erst einmal auf dich.

Negativität zieht Negativität an und erzeugt weitere Negativität. Ich habe viele Patienten gesehen, die sich über die Schlechtigkeiten beklagten, die ihnen widerfahren sind, dabei aber ständig andere schelten, sich beklagen, kritisieren und negative Bemerkungen machen, klatschen und sich insgesamt schrecklich benehmen. Sie scheinen unfähig, zu erkennen, dass das, was sie anderen antun, genau das ist, worüber sie sich in ihrem eigenen Leben beklagen.

Glücklich zu sein, ist oft eine aktive Wahl. Ich will nicht sagen, dass wir den Schmerz in unserem Leben ignorieren, fröhlich sein und lächeln sollen, wenn uns nach Weinen zumute ist. Aber wir können in den meisten Situationen einen positiven Standpunkt einnehmen, die Bedeutung eines Verlustes herausfinden und sogar Unglück als Herausforderung ansehen, aus der wir etwas lernen können. Wir können in fast jeder Situation nach der hellen Seite Ausschau halten und sie zu unserem Fokus machen. Wir können uns entscheiden, in allem nach dem Humor zu suchen. Worauf wir uns fokussieren, das wird immer wachsen, und was wir ignorieren, das wird allmählich aus unserem Blick verschwinden.

Wir alle können lernen, aktiv die Gaben unserer Seele zu erfahren, obwohl unser Verstand eifrig seine eigene Welt erschafft und uns glauben machen will, er sei unsere höchste Instanz. An unserem Verstand vorbeizukommen und eine reine Seelenerfahrung zu erreichen, scheint eine Menge spiritueller Übung zu erfordern. In Wirklichkeit ist es leicht, einfach still zu werden, loszulassen und innere Einkehr zu halten. Wenn wir Frieden und Harmonie in unserem Leben wählen, werden wir wach und erfahren die Seligkeit der Seele.

Spontaneität

Spontaneität ist ein Geschenk der Seele, das uns ein besseres Gefühl für uns selbst gibt. Erfrischung und Licht sowie die Änderung der Geschwindigkeit und der Richtung unseres Lebens erlauben uns wenigstens für eine Weile, den Einschränkungen und der Kontrolle zu entkommen, die das Ich und das Über-Ich uns auferlegen. Unsere Weisheit drängt uns, das zu tun, was in diesem Moment für uns richtig ist, obwohl wir vielleicht etwas ganz anderes geplant hatten. Manchmal führt es uns zu neuen und unerforschten Wegen, die unser ganzes Leben verändern. Halte Ausschau nach Synchronizitäten, die dir einen neuen Weg zeigen, und erlaube dir, ihm spontan zu folgen.

ICH SELBST SEIN – MEIN LEBEN LEBEN

Wir verbringen einen großen Teil unserer Zeit damit, uns anzupassen, unsere Pflicht zu tun und Erwartungen zu erfüllen. Sei es, eine gute Mutter zu sein, die Hausarbeit morgens zu erledigen, die Eltern zu besuchen oder von neun bis fünf Uhr zu arbeiten. Routine ist in Ordnung, solange sie nicht zur Zwangsjacke wird. Wir werden von der inneren Stimme angetrieben, die sagt, wir sollten dies oder das tun, und wir widersprechen selten. Wir machen es einfach. Es gibt Zeiten, wo es nötig ist, uns anzupassen und die Arbeit zu erledigen, die gerade getan werden muss, auch wenn wir vielleicht lieber etwas anderes täten. Aber ab und zu ist es gut, einen Moment innezuhalten und zu fragen, wessen Stimme in deinem Kopf dir eigentlich sagt, wie du was tun sollst. Die eines Elternteils aus der Vergangenheit? Eines Lehrers? Eines früheren Ehepartners? Oder vielleicht des jetzigen? Möchtest du das wirklich? Wo ist deine Stimme in all dem? Und was sagt sie?

Ich sage nicht, dass wir verantwortungslos werden sollen oder es in Ordnung ist, rücksichtslos mit den Gefühlen und Empfindlichkeiten anderer umzugehen. Aber ich bin im Fahrersitz meines Lebens, und ich werde diesen Platz für nichts und niemanden aufgeben.

Heute ist nur einmal, und wir haben dafür zu sorgen, dass der Tag zählt. Wenn wir Zeit verlieren, um zu sein, was andere von uns erwarten, um zu tun, was andere von uns verlangen, dann endet es oft damit, dass wir es niemandem recht machen, und wir verschwenden wertvolle Zeit, in der wir genießen könnten, wir selbst zu sein und zu tun, was uns glücklich macht. Während wir versuchen, das Leben zu führen, das jemand anderer für richtig hält, enttäuschen wir die, die uns dafür lieben, wer wir sind. Wir werden Pappfiguren, die tun, was ihnen gesagt wird, und verlieren die Besonderheiten, die andere an uns anziehend fanden.

Natürlich können wir uns Rat holen und ihn anhören, aber letztendlich müssen wir die Entscheidungen selbst treffen. Auf unsere innere Weisheit zu hören, kann uns nicht davor bewahren, ab und zu Entscheidungen zu treffen, die schlecht zu sein scheinen, aber wir lernen auch aus den Situationen, die scheinbar schiefgegangen sind. Du weißt am besten, was für dein Leben richtig ist. Schließlich musst du, und nur du, mit den Konsequenzen deiner Entscheidungen leben. Aber sei dir dessen bewusst, dass jede Entscheidung Konsequenzen nach sich zieht. Wenn es etwas gibt, was du wirklich tun möchtest, höre auf dich selbst, überprüfe es mit deiner Integrität, und wenn es sich richtig anfühlt, dann tue es. Wenn du hinhörst, wird dir deine innere Stimme genau sagen, was richtig ist.

Wenn du also das Gefühl hast, dass du lachen und spielen möchtest, herumrennen, im Mondlicht sitzen oder im Gewitter draußen stehen, dein Auto sehr schnell fahren oder ganz langsam dahintrödeln, dann tue es (innerhalb der gesetzlichen Grenzen)! Die Meditation am Ende des Kapitels kann dir helfen.

TAKTGEFÜHL UND URTEIL

Obwohl ich insgesamt dafür plädiere, dass wir authentisch sein sollen, so gibt es doch Situationen, in denen es klüger ist, taktvoll zu sein und gut zu überlegen, was wir sagen oder nicht sagen. Wir gewinnen wenig, wenn wir durch unsere Offenheit jemanden beleidigen oder Verwirrung stiften. Einfach zu sagen, wenn jemand verletzt ist, das sei nicht unser Problem, ist weder freundlich noch hilfreich.

Manchmal genießen wir das Privileg, dass uns persönliche Informationen anvertraut werden. Es steht uns nicht zu, solche Informationen weiterzugeben, und die einzig ehrenhafte Art, damit umzugehen, ist, verschwiegen zu sein, auch wenn das dazu führen mag, dass wir anderen gegenüber weniger offen sind. Wenn du das Gefühl hast, dass du das nicht kannst, solltest du solches Wissen am besten von vornherein ablehnen. Wenn du etwas Vertrauliches weißt, dann mache anderen gegenüber keine Andeutungen darüber.

Was dich selbst betrifft, so ist es dein gutes Recht, nicht alles über dich mitzuteilen, wenn du meinst, dass es für dich so am besten ist.

Alte Narben

Es ist jetzt an der Zeit, das Konzept von Karma und Wiedergeburt zu erwähnen, obwohl ich weiß, dass es uns in einen Bereich führt, der für manche Menschen umstritten ist. Immerhin sollen zwei Drittel der Weltbevölkerung an Reinkarnation und Karma glauben. Sie wird in alten Texten sowie von Dichtern und Visionären erwähnt, und für viele von uns ist es die einzig sinnvolle Erklärung für das Geschehen auf der Welt.
Ich glaube, dass Gott uns und alle Wunder des Universums geschaffen und uns den freien Willen gegeben hat. Unsere Seelen nehmen eine menschliche Hülle an und leben ein menschliches Leben. Manchmal machen sie es gut, und manchmal leben sie nicht nur unsozial, sondern schaden auch anderen. Obwohl unsere menschliche Form stirbt, lebt unsere Seele weiter und kehrt wieder. Manchmal sind es Narben aus anderen Leben, mit denen wir jetzt noch kämpfen. Das als Herausforderung zum Heilen anzunehmen, hilft uns, uns selbst mehr zu lieben und die Menschen unserer Umgebung in einem neuen liebenden und vergebenden Licht zu sehen.
Lies den Anhang 2, wenn du darüber mehr erfahren möchtest.

MEINE INNERE WELT

Wie Henry Wadsworth Longfellow, ein Dichter des 19. Jahrhunderts, es ausgedrückt hat: »Gottes Welt um uns herum ist wirklich großartig, aber noch großartiger ist Gottes Welt in uns. Dort liegt das Land des Gesanges, dort liegt das Heimatland des Dichters.«

Die Welt um uns herum, die wir jede Sekunde mit jedem Atemzug, jedem Klang, jeder Berührung, jedem Geschmack, jedem Blick, jedem Geruch erfahren, ist ganz besonders. Sie ist unser Lehrer und unser Klassenraum. Aber wie viel wunderbarer ist die Welt in uns!

Meine 87-jährige Mutter, eine sehr weise und liebende Frau, jetzt auf ihr Bett und ihren Stuhl beschränkt, sprach an ihrem Geburtstag mit mir über die Erinnerungen ihres Lebens. Sie erzählte von dem Geruch in den oberen Schlafzimmern im Haus ihrer Großeltern in Yorkshire, wo nach der Ernte die Äpfel unter dem Bett gelagert wurden, weil es dort kühl war. Sie lächelte über die Farbe neugeborener Ferkel auf dem Hof und das Maunzen von auf Futter wartenden Katzen. Sie konnte noch die Berührung meiner Babyhaut spüren und den Geruch meines Nackens, als sie mich am Tag nach meiner Geburt liebkoste. Wir teilten miteinander die lebendige Erinnerung an den Geruch und Geschmack von frisch gebackenem Brot mit darauf schmelzender Butter, ein Hochgenuss für mich und meine Schwester, wenn wir an kalten Tagen aus der Schule kamen. Es war so real für uns, als ob es jetzt da wäre.

Obwohl die physische Welt meiner Mutter jetzt sehr klein geworden ist, muss sie doch nur ihre Augen schließen, und schon ist sie in einer riesigen Welt von Bildern, Gerüchen, Klängen, Berührungen und Geschmackserinnerungen, von denen manche fast ein ganzes Jahrhundert überspannen.

Unsere innere Welt, in der wir wirklich wohnen, ist zeitlos und überschreitet Räume. Sie umfasst alles, dem wir in unserer äußeren Welt je begegnet sind, und vieles, das wir in diesem Leben nicht aus erster Hand erfahren haben. Leider werten wir vieles aus unserer inneren Welt ab, erkennen es erst gar nicht oder lehnen es ab, ohne an das Wunderbare dieser Welt zu denken. Der heilige Augustinus spricht in seinen »Bekenntnissen« dieses Phänomen an, wenn er über Menschen spricht, die weit fortgehen, um die Wunder des Universums zu bestaunen, während sie gleichzeitig die Schönheit in sich selbst übersehen.

Auch wenn ich mein inneres Selbst immer weiter mit neuen Erfahrungen anregen muss, denn dafür bin ich hier, so gibt es doch schon genügend Erfahrungen in meiner Lebenszeit, und auch in deiner, um für eine reiche Innenwelt zu sorgen, die uns niemand wegnehmen kann. Keine von Menschen gemachte Maschine kann dir in einem Sekundenbruchteil eine solche Vielfalt von Erfahrungen und Informationen vermitteln.

IM INNEREN NACH TROST UND WOHLGEFÜHL SUCHEN

Das Missverhältnis zwischen dem, was innen, und dem, was außen geschieht, ist vielen von uns nicht fremd. Dietrich Bonhoeffer sprach darüber in seinem Gedicht »Wer bin ich«, geschrieben während des Zweiten Weltkrieges (in »Widerstand und Ergebung«). Während er seinen Bewachern »gelassen, heiter und freundlich« erschien, sein Unglück »gleichmütig, lächelnd und stolz, wie einer, der Siegen gewohnt ist« trug, war seine innere Welt voller Schmerz, Unruhe und Sehnsucht, Ärger, Trauer, Ohnmacht und Erniedrigung, Erschöpfung und Leere. Er fragte sich, ob er ein Heuchler war oder zwei Personen in einer, und kam zu dem Schluss, dass er in seinem Glauben an Gott vollständig und ganz war.

Die innere Welt ist realer als die äußere, und mit einem Wimpernschlag ist sie genauso präsent und lebendig. Es ist eine weise Entscheidung, unsere innere Welt so zu entwickeln, dass sie uns in Zeiten von Sorge, Verlust, Unglück oder Einsamkeit aufrechterhalten kann.

MEINE BEZIEHUNG ZU MIR SELBST

Ich hoffe, das Vorstehende hat dir geholfen zu sehen, was für ein faszinierendes Wesen du bist. Jetzt kannst du dich vielleicht ein bisschen mehr lieben. Als nächstes kommt Pflegen und Feiern.

Wenn ich keine liebevolle Beziehung zu mir selbst habe, kann ich wahrscheinlich auch keine zu jemand anderem haben. Deswegen ist es nicht nur für mein eigenes Wohlbefinden wesentlich, für mich zu sorgen, mich zu pflegen, zu feiern, wer ich bin, und die Dinge zu tun, die ich gern tue, sondern auch für das Wohlbefinden in jeder meiner Beziehungen. Wenn ich es nicht genießen kann, mit mir zu sein, Zeit mit mir allein zu verbringen, Spaß mit mir zu haben, den Sonnenuntergang mit mir zu betrachten und lange Spaziergänge mit mir zu unternehmen, wie kann ich dann erwarten, dass ein anderer es mag. Ich anerkenne, dass für die meisten Menschen viele dieser Erfahrungen schöner sind, wenn man sie mit jemandem teilt, aber probiere sie allein mit deiner Seele aus. Atme tief in dein Herz und fülle dich selbst mit Liebe und Staunen. Anerkenne, wer du bist. Wenn du bisher nicht wirklich gut über dich gedacht hast, dann nimm dich selbst jetzt an die Hand und sprich freundlich zu dir, wie du zu einem/r Freund/in sprechen würdest. Erzähle dir selbst, dass du gerade in diesem Moment ein neues Abenteuer in deinem Leben beginnst und es Wunder zu erforschen gibt, von denen du nicht einmal geträumt hast. Lasse dich selbst einfach sein ... Vielleicht wirst du ganz unerwartet überflutet von Liebe zu dir selbst und zum Universum.

Es gibt keine Abkürzung dahin, liebende Beziehungen zu anderen zu haben. Zuerst musst du dich selbst wertschätzen.

Vielleicht bist du einer von den Menschen, denen das leicht fällt, und dann ist es großartig. Aber ich meine nicht einfach nur, die Gefühle zu durchleben. Ich meine, dass du dich wirklich selbst kennenlernen sollst, so, wie du es schon machst, seit du dieses Buch zu lesen begonnen hast und vielleicht schon vorher. Ich wünsche mir, dass du dir selbst im Spiegel in die Augen schaust und dir ernsthaft sagst, dass du dich liebst. Das klingt verrückt? Was für ein Pech! Das ist genau das, was du tun musst.

Es kann ein bisschen dauern, bis du das tun und auch wirklich dazu stehen kannst, aber in den nächsten Kapiteln wirst du noch mehr darüber lernen, warum du dich so verhältst, wie du es tust, und wie du es ändern kannst, wenn du willst. Ich möchte, dass du dich selbst mit großem Mitgefühl und mit Offenheit beobachtest.

Aber jetzt wollen wir uns erst einmal mit der Theorie beschäftigen.

Wie kannst du jemanden lieben, wenn du nicht weißt, wie sich das anfühlt? Wie kannst du den anderen dich lieben lassen, wenn du Liebe nicht anzunehmen weißt? Wenn du dich nicht wert fühlst? Wenn wir versuchen wollen, jemanden zu lieben, müssen wir wissen, wie sich Liebe in allen ihren Nuancen anfühlt. Nicht nur die Liebe zu einem Partner, sondern auch die Liebe zu jemandem auf der Straße, der Hilfe braucht. Die Liebe zu einem Kollegen, den wir nicht besonders mögen; die Liebe zu denen, die Dornen in unserem Fleisch sind. Wir müssen lernen, die Liebe in jeder Handlung zu erkennen und uns bewusst zu sein, dass sie immer, wenn auch verborgen, da ist. Kannst du wirklich die Liebe in den Augen dessen sehen, der dich kritisiert? Oder in den Augen dessen, der dir eine unerwünschte Grenze setzt? Oder im Gesicht des Polizisten, der dich wegen Geschwindigkeitsüberschreitung anhält und dich vielleicht vor einem Unfall an der nächsten Straßenecke bewahrt? Du kannst es lernen.

Meine liebende Beziehung zu mir selbst bringt mich dazu, mich zu würdigen und die Verantwortung dafür zu übernehmen, wer ich bin und was in meiner Welt passiert. Das gibt mir ein Gefühl der Stärke und erlaubt mir, mich über meine Erfolge zu freuen und mit einer gewissen Neugier zu schauen, was ich hätte besser machen können, um daraus zu lernen, anstatt mich schuldig und hilflos zu fühlen.

Entscheidungen, die wir in Bezug auf unsere spirituelle Erfüllung treffen, berühren alles um uns herum, und indirekt auch alles im Universum. Wenn ich einen liebenden Gedanken aussende, wird die Schwingung dieser Liebe alles um mich herum berühren. Meine Aura wird hell schimmernd, weich und sanft sein. Wenn ich aus der Negativität und Angst komme, kann ich das auch um mich herum verbreiten, mit einer scharfen Energie, die alles angreift und zerstört und jeden ansteckt, der unerwartet in meinen Bereich tritt. Aber mehr als das: Die Schwingungen, die ich in die Welt bringe, setzen sich für immer fort, so kann ich wissentlich oder unbewusst die ganze Welt anstecken.

Jeder von uns ist verantwortlich für die Qualität unseres Lebens

– individuell, in unserer Familie und Gemeinde und auf dem Planeten. Wenn ich eine Kerze in der Dunkelheit anzünde, dann wird es hell. Wenn ich zulasse, dass irgendjemand die Kerze löscht, so ist es meine Verantwortung, sie wieder anzuzünden – tausend Mal, wenn nötig. Liebe um mich herum zu verbreiten, ist der Sinn und Zweck meines Lebens.

Mich feiern

Geburtstage sind sehr besonders. Als der Tag, an dem wir die jetzige menschliche Hülle angenommen und wieder ein Erdenleben begonnen haben, verdient er es, hervorgehoben zu werden, indem wir uns selbst und auch unsere Lieben unser Dasein feiern. Leider sind für manche Menschen Geburtstage ein Albtraum von Enttäuschung und zerschlagenen Erwartungen. Aber von heute an könnte es anders sein.

Vor einigen Jahren entschied ich mich, ein besonderes Ritual für meinen Geburtstag zu entwickeln. Ich verbrachte den größten Teil des Geburtstages allein, um meine Menschlichkeit bestätigen und mit meiner Göttlichkeit in Beziehung treten zu können.

Als Kind kam ich aus einem liebenden, aber ziemlich armen Haushalt. Mein Kind-Selbst erinnert sich an materielle Not, auch wenn ich als Erwachsene ein gesegnetes und reiches Leben führe. Ich entschied, dass ich als Teil meines Geburtstagsrituals meinem Kind-Selbst eine Summe geben würde, die es so ausgeben durfte, wie es wollte. Ich entschied mich für einen kleinen Geldbetrag. Ich, Brenda, trat zurück und ließ meinem Kind-Selbst das Vergnügen, etwas auszusuchen, egal, wie sehr mein Erwachsenen-Ich eingreifen wollte.

Es kaufte unter anderem ein Spitzentaschentuch, ein »Perlen«-Halsband und Ohrringe, die wir nie getragen haben, schöne Handschuhe, Kerzen, Sahne in einem schönen Krug und andere Kleinigkeiten. Keine davon ist überflüssig gewesen, denn in der Zeremonie dieser Geburtstagsgeschenke flossen Freudentränen. Es war eine wirkliche Feier derer, die ich bin, und ich empfand Dankbarkeit, die von weit außerhalb von mir herkam. Diese Geschenke haben einen besonderen Platz und sind Teil des Festes, mit dem ich mich selbst feiere, indem ich mit Dankbarkeit meine Geburt in die Welt markiere.

Vielleicht möchtest du diese Zeremonie gern übernehmen.

DU BIST GENUG – LIEBE DICH SO, WIE DU BIST

Ich kann nur ich sein. Nur so kann ich mich wohlfühlen, kreativ sein, Dinge durchführen, mich entspannen und mein Bestes geben. Ich selbst zu sein, genügt mir. Du selbst zu sein, genügt ebenfalls. Du bist das Beste Du, das es gibt, und die Menschen um dich herum sind glücklich, dich zu haben.

Ein Freund und Kollege von mir, ein Psychiater, starb vor einigen Jahren ganz plötzlich. Er war als Hauptredner bei einer Konferenz in der darauffolgenden Woche vorgesehen. Die Organisatoren riefen mich an und fragten, ob ich einspringen würde. Ich stimmte zu. Normalerweise bin ich eine erfahrene Rednerin, aber diesmal war ich ängstlich, konnte mich nicht entscheiden, was ich sagen wollte. Den größten Teil der Nacht vor der Konferenz lag ich in meinem Hotelzimmer, fühlte mich unbehaglich und konnte nicht schlafen.

Gegen 5 Uhr morgens saß ich plötzlich im Bett und fühlte mich erleichtert. Mir wurde bewusst, dass ich die ganze Zeit versucht hatte, die Ansprache vorzubereiten, die mein Freund gehalten hätte. Ich hatte versucht, das Thema von seinem Blickwinkel aus zu betrachten und das anzubieten, was die Organisatoren erwartet haben mochten, als sie ihn als Redner einluden. Ich sah ein, dass ich das auf keinen Fall tun konnte. Die einzige Möglichkeit, wie ich den Vortrag überhaupt halten konnte, war, ich selbst zu sein, so zu sprechen, wie ich spreche, und es auf meine eigene Art zu tun. Nur dann würden die Zuhörer fühlen, dass meine Darlegungen der Wirklichkeit entsprachen, weil sie von meinem Herzen kämen und nicht nur von meinem Verstand.

Ich stand auf und machte mich fertig, und bevor ich meinen

Vortrag begann, widmete ich ihn meinem Freund, aber ich sprach als ich selbst. Die Konferenz war ein großer Erfolg.

Für mich war es ein Erfolg, weil es mich eine wichtige Lektion lehrte. Ich habe etwas Einzigartiges anzubieten. Du auch. Du hast der Welt etwas zu geben, und es ist wichtig, dass du es auf deine eigene, einzigartige Art gibst. Akzeptiere Coaching oder Übung, tue alles, um deine Fähigkeiten zu verbessern und zum Glänzen zu bringen, aber das Wesen der Botschaft muss deine bleiben. Du musst dich selbst genug lieben, um dein einzigartiges Wesen zu erkennen, und den Mut haben, es der Welt mitzuteilen. Weder du noch deine Bestimmung ist unbedeutend. Egal, was passiert, liebe und schätze dich selbst und habe den Mut, deine Gaben zu geben. Dafür bist du hier.

PERFEKTIONISMUS

In islamischen Ländern ist nichts perfekt, und zwar mit Absicht. Man sagt, nur Allah ist perfekt, alles von Menschen Gemachte muss einen Fehler haben. Betrachte die Fliesen im Badezimmer deines Hotels in einem islamischen Land oder das Muster auf deinem Teppich, und du wirst den absichtlichen Fehler finden. Wir sind nicht anders. Es wird nicht von uns erwartet, alles zu wissen und alles richtig zu machen. Wenn wir das könnten, wären wir nicht mehr hier. Wir alle haben auch Bedürfnisse. Erlaube dir das, und versuche, dich selbst genug zu lieben, um deine Bedürfnisse zu erfüllen. Aber wir sollten schauen, was Bedürfnisse sind und was Wünsche. Manchmal sehen wir das als dasselbe an. Wir können nicht immer alles bekommen, was wir uns wünschen, aber wir verdienen, das zu haben, was wir brauchen.

Wir sind alle schön und einzigartig, aber Gott sei Dank ist keiner von uns perfekt. Wie furchtbar das wäre! Aber hast du bemerkt, dass manche Leute entweder denken, sie wären perfekt oder du solltest perfekt sein, oder sie machen sich dauernd Sorgen, weil sie es nicht sind.

Wir sind spirituelle Wesen, die hier auf der Erde menschliches Leben erfahren, und aus unseren Erfahrungen gewinnen wir mehr Wissen. Erst wenn wir alles gelernt haben, das zu lernen wir gekommen sind, alles gelehrt haben, was wir zu lehren haben, alles gegeben haben, was wir zu geben haben, und alles genommen haben, was wir nehmen sollen, erst dann werden wir einen Zustand der Perfektion für diese Lebenszeit erreichen, und dann wird es an der Zeit sein zu gehen. Das heißt, alles Streben nach Perfektion ist ein bisschen traurig. Wie wäre es, dich damit zufriedenzugeben, ein großartiges menschliches Wesen zu sein mit Fehlern, wie alles andere, etwa wie dein Perserteppich. Das Bedürfnis, perfekt zu sein, schränkt uns ein. Es schränkt uns in unserer Kreativität ein, in unseren Beziehungen, in unserer Arbeit, im Umgang mit unseren Kindern (von denen wir dann auch erwarten, dass sie perfekt sind) und im Umgang mit anderen, die unsere Erwartungen nie erfüllen können. Schau, was wir dann alles verlieren! Nicht zufrieden damit, wir selbst zu sein, müssen wir ständig mit anderen wetteifern, ständig über unsere Schulter auf das sehen, was alle anderen tun und ob es besser oder schlechter ist als unsere eigenen Bemühungen. Der Augenblick, die Erfahrung, das Wunder und die Süße sind für immer verloren.

Nimm dein Leben und dich selbst als ein Meisterwerk an, dessen Form, Farbe und Beschaffenheit sich ständig verändern und dir jeden Tag ein neues Abenteuer bescheren. Nicht perfekt, nicht vollständig, aber aufregend und in ständiger Entwicklung. Jeden Tag ein neuer Pinselstrich und ein Schritt in Richtung Vollendung. Das Meisterwerk wird erst vollendet sein, wenn der letzte Pinselstrich gemacht ist und der Künstler sich schließlich zurückzieht.

Also experimentiere mit dem Leben und mache dir keine Sorgen, dass du es falsch machen könntest. Das kannst du nicht! Was immer du tust und wie immer es ausgeht, du wirst auf jeden Fall etwas gelernt haben, das du nicht gelernt hättest, wenn du es anders gemacht hättest. Nichts ist ein Fehlschlag; und nichts geht verloren.

DEN AUGENBLICK GENIESSEN UND MIT VERÄNDERUNG UMGEHEN

Es gibt nur diesen Augenblick. Die Vergangenheit ist vorbei und kann nicht verändert werden. Wir können davon lernen, mehr nicht. Und die Gegenwart? Sie kann in der Fülle gelebt werden, jeder Moment, einer nach dem anderen. Wenn ich bereit bin, präsent, aufmerksam und lernwillig zu sein, dann kann ich aus jeder Erfahrung die Süße ziehen. Egal, ob eine Erfahrung sich gut oder schlecht anfühlt, sie kann mich immer etwas lehren.

Und die Zukunft? Sie ist noch nicht hier, und wenn ich auf sie schaue, verpasse ich diesen Augenblick und kann ihn nie wieder einholen. Vielleicht denke ich, ich könnte, aber ich kann es niemals. Wenn ich einen Augenblick verpasse, indem ich mir Sorgen über die Vergangenheit mache oder über die Zukunft träume, so beraube ich mich des Wunders und der Schönheit des Jetzt. Wir werden darüber noch mehr sprechen.

Veränderung ist eine Konstante. Nichts bleibt gleich, aber alles kann besser werden. Auch die unangenehmen Erfahrungen lehren uns wertvolle Lektionen. Sicherlich habe ich nicht alle Veränderungen in meinem Leben gemocht, und es gab Zeiten, in denen ich gern alle Dinge so erhalten hätte, wie sie waren. Aber so ist das Leben nicht. Am Ende ist es bequemer und vernünftiger, sich zu entspannen, den Veränderungen mit Offenheit zuzustimmen und willkommen zu heißen, was immer wir daraus lernen können.

Die Amöbe hat eine Lektion für uns alle. Sie ist ein Einzeller. Sie verbringt ihr Leben im Wasser treibend und streckt Ausstülpungen ihres Zytoplasmas aus, Pseudopodien genannt. Ich glaube, Pseudopodien (falsche Füße) ist nicht der richtige Name. Denn in Wirklichkeit streckt die Amöbe ihre Arme aus, um ihre Welt zu umarmen. Wenn etwas vorbeikommt, das sie möchte, umschließt sie es mit ihren Armen, formt eine Vakuole, einen kleinen Raum um den Einschluss herum, hält es sanft in sich und entnimmt daraus alles, was sie brauchen kann. Wenn sie dann alles Nützliche entnommen hat, setzt sie ihren Weg durch ihre Welt genauso sanft fort, öffnet ihre Arme wieder und lässt das Teilchen frei. Ist das nicht eine Lektion für unser Leben? Stelle dir vor, du könntest die Strategie der Amöbe übernehmen, alles mit Liebe und Sanftheit umarmen, was das Leben dir bietet, und wenn es Zeit ist, einfach die Arme öffnen und es gehen lassen, während du weitergehst, um das Neue zu umarmen.

Dein Leben ist dein Leben. Verändere es so, wie du es haben willst. Wie im letzten Kapitel gesagt – kleine Schritte, einer nach dem anderen.

Vor einigen Jahren war ich fast dabei, einen Vertrag zu unterschreiben, um ein Gebäude zu übernehmen und dort ein Heilzentrum zu eröffnen. Viele Menschen hatten lange und hart gearbeitet, um die Finanzierung zu sichern, Geschäftspläne zu entwickeln und mit dem Stadtrat zu verhandeln, dem das Gebäude gehörte. Das Projekt war so etwas wie ein lokales Ereignis geworden. Aber buchstäblich in der Nacht bevor ich zu dem Treffen gehen und den Vertrag unterschreiben sollte, hatte ich einen seltsamen Traum, der mir unmissverständlich sagte, dass ich das nicht tun sollte. Die Bedeutung war für mich sehr klar, obwohl sie für alle anderen eher seltsam und nichtig erscheinen mochte.

Als Erstes am nächsten Morgen rief ich an und zog mich aus dem Handel zurück, sehr zur Bestürzung und zum Verdruss aller Beteiligten. Ich habe keinen Zweifel, dass diejenigen, denen ich den Grund für meinen plötzlichen Meinungswechsel mitteilte, sich darüber lustig gemacht haben, aber in den nächsten Monaten wurde deutlich, dass die Fortsetzung des Projekts zum Unglück für viele, auch für mich selbst, geführt hätte. Ich hätte meine Freiheit aufgegeben, alles zu sein, was ich sein kann, und hätte mich an etwas gebunden, das ich mir allerdings gewünscht und für das ich gebetet hatte. Meinen Weg zu ändern, auch zu diesem späten Zeitpunkt, war wichtig. Lebenswichtig war, dass ich mir selbst treu sein und den Mut haben musste, meinen Entschluss zu ändern und zu meiner Entscheidung zu stehen, auch wenn sie nicht auf Gegenliebe stieß.

Affirmation

Ich feiere das Wunder, ich zu sein, mein Leben, meine Liebe, alles. Ich bin ein Kind des Universums und ein Geschenk für die Welt.

Meditation

Gehe an deinen sicheren Platz und mache es dir bequem. Konzentriere dich auf deine Atmung: Atme in Frieden und Ruhe und lasse alles gehen, was du nicht brauchst. Lasse es einfach ins Universum hinaustreiben. Schließe die Augen und konzentriere dich weiter auf deinen Atem.

Du wirst die bemerkenswerte Wirklichkeit deiner inneren Welt erforschen. Alles, was du nicht wiedertreffen möchtest, wird an einen Platz treiben, wo du nicht hinkommst. Befiehl deinem Geist jetzt, dass es so sein wird. Atme und erlaube, dass alles, was du nicht treffen möchtest, wegtreibt, nur das Schöne bleibt.

Jetzt öffnest du die Tür zu einem Märchenland und beginnst, die Geschenke zu erforschen, die du in deinem Wunderland aufbewahrt hast. Schaue auf den Wert von verschiedenem Wissen, das du hast, und auf deine Fähigkeit, es nach Wunsch hervorzurufen und wieder zu erfahren. Ohne deine Ohren zu benutzen, kannst du ganze Unterhaltungen wieder hören, oder den Kirchenglocken lauschen. Ohne deine Augen zu öffnen, kannst du die großartige Kunst wieder sehen, die du gesehen hast, oder das Gesicht eines Geliebten. Ohne deine Nase zu benutzen, kannst du noch einmal die nostalgischen Gerüche aus glücklichen Zeiten riechen, gleichgültig, ob es gestern war oder vor fünfzig Jahren. Ohne deine Hände zu benutzen, kannst du eine Liebkosung oder einen Kuss aus früheren Zeiten fühlen. Ohne etwas im Mund zu haben, kannst du noch einmal den Geschmack von selbstgemachter Eiscreme, von Schokoladenkuchen oder Pfefferminzbonbons schmecken.

Bleibe eine Weile und erforsche alles. Folge den Erinnerungen, folge den Bildern und Klängen, die dich nur zu glücklichen Plätzen führen. Lächele ein inneres Lächeln – und vielleicht auch ein äußeres – während du deinen Ausflug durch deine innere Welt genießt.

Bleibe, so lange wie du möchtest. Wenn du bereit bist zurückzukehren, dann bedanke dich und konzentriere dich erneut auf deinen Atem. Werde dir deiner physischen Präsenz wieder bewusst, bewege sanft deine Finger und Zehen. Fühle dich geerdet. Kehre zurück an einen Platz hinter deinen Augen, und wenn du so weit bist, öffne sie sanft.

Strecke dich ein bisschen. Trinke ein Glas Wasser und schreibe, was du möchtest, in dein Tagebuch, bevor du deinen Tagesablauf fortsetzt.

Kapitel 5

Unser erstes Vorbild

Unsere Geburt ist nur ein Schlaf und ein Vergessen:
Die Seele, die sich mit uns erhebt, unseres Lebens Stern,
Hatte anderswo ihre Wohnung
Und kommt von weither;
Nicht in ganzem Vergessen
Und nicht in ganzer Nacktheit,
Sondern in einer Wolke von Verklärung
Kommen wir von Gott, der unser Ursprung ist:
Der Himmel liegt um uns in unserer Kindheit.

William Wordsworth »Ode: Intimations of Immortality«

Die Eltern-Kind-Beziehung ist unser erstes Modell, auf dem alle anderen Beziehungen gründen. Um unsere jetzigen Beziehungen zu verstehen, müssen wir uns wieder an diese Beziehung erinnern, sie verstehen, vergeben und heilen. So müssen wir versuchen, sie von beiden Standpunkten aus zu sehen – als Elternteil und als Kind – und erkennen, dass diese Beziehung uns begleiten wird, bis entweder wir oder unsere Eltern sterben. Gleichgültig, wie weit wir versuchen, uns von den Eltern zu trennen, so bleiben sie doch diejenigen, die uns gezeugt haben, und je tiefer wir sie verstehen, desto besser.

Generationen von Vorfahren und Traditionen, individuelle Persönlichkeitsmerkmale und Lebensereignisse brachten neben vielen anderen Faktoren unsere Eltern dazu, ihre Art von Elternschaft zu entwickeln, sei sie nun gut oder schlecht. Wenn wir an der Reihe sind, ist unser Verhalten als Eltern teilweise das Ergebnis dieses Erbes. Aber Vererbung und Tradition bilden nicht das ganze Bild.

In diesem Kapitel wollen wir auch die spirituellen Aspekte dieser wunderbarsten aller Beziehungen betrachten, deren Verstehen unsere Gefühle unseren Eltern und uns selbst gegenüber verwandeln, die Wunden der Kindheit heilen und uns helfen kann, unsere Eltern als Mann und Frau zu sehen, die uns in ihr Leben genommen und uns auf unseren Weg gebracht haben.

Wenn wir älter werden, kann der Wechsel der Betonung von Eltern und Kind zu gegenseitig respektvollen Erwachsenen und später zu dem jüngeren Erwachsenen, der die Eltern versorgt, natürlich und glatt verlaufen, oder – vielleicht häufiger – ein steiniger Weg sein. Dieses möglicherweise gefährliche Terrain können wir leichter überqueren, wenn wir die Ereignisse unserer Kindheit im Kontext sehen und Verantwortung für uns als Erwachsene übernehmen, ohne Vorwürfe an die Vergangenheit zu richten. Das ist sehr heilsam.

Dies ist die Zeit des Erwachsen-Werdens! Also lasst uns am Anfang beginnen.

WARUM ÜBERHAUPT KINDER BEKOMMEN?

Diese Frage unterstellt, dass es immer eine aktive Entscheidung ist, Kinder zu bekommen. Und natürlich ist es das auf einer bestimmten Ebene, auch wenn viele Eltern es so sehen würden, dass sie mehr durch Zufall als geplant ein Kind bekommen. Es ist die natürliche Ordnung der Dinge, dass die Menschheit fortfahren soll, sich zu reproduzieren und zu entwickeln, und wir haben den Grundinstinkt zur Zeugung als ein Geschenk des Wurzel-Chakras mitbekommen. In früheren Generationen führte Sex mit offensichtlich geringen Wahlmöglichkeiten gewöhnlich zu Schwangerschaft und Geburt, ungeachtet dessen, ob er im Kontext einer intimen Liebesbeziehung zweier Menschen oder als Entladung eines primitiven Dranges stattfand. In den letzten Jahren war geplante Elternschaft eher üblich, wenn auch ein großer Teil der Weltbevölkerung, sei es aus religiösen Gründen, aus Armut oder aus Mangel an bewusster Entscheidung, immer noch das Gefühl hat, Eltern zu werden sei Glückssache oder eben ein Missgeschick und man habe darüber wenig selbst zu entscheiden. Nichts kann weiter von der Wahrheit entfernt sein.

Für die meisten Frauen und Männer kommt eine Zeit in ihrem Leben, wo sie sich ein Kind wünschen, unabhängig davon, wie sie früher darüber gedacht haben mögen. Viele tun sich schwer damit, ihre Gründe auszudrücken. Nur gelegentlich gibt es sachliche Argumente, wie zum Beispiel jenen, den Familiennamen weiterzutragen oder einen Erben zu haben. Häufiger ist es einfach eine unerklärliche Sehnsucht, unabhängig davon, ob die äußeren Bedingungen ideal sind. Frauen ohne Partner können einen ebenso starken Kinderwunsch haben wie Frauen in einer lang andauernden liebevollen Ehe. Schwule Männer haben bisweilen eine Sehnsucht, Vater zu werden. Eltern, deren Kinder erwachsen sind, können sich danach sehnen, noch einmal ein Baby im Haus zu haben. Einige spirituell hoch entwickelte Menschen können fühlen, wie das Kind die Eltern umschwebt und offensichtlich auf eine Gelegenheit wartet, geboren zu werden. Frauen, die keine Kinder bekommen können, sind oft von sehr tiefer Trauer betroffen, und ihr Leben kann über Jahre hinweg von dem monatlich enttäuschten Traum der Elternschaft bestimmt sein.

Was auch immer die Gründe für die Elternschaft sein mögen, sie haben von der Empfängnis an eine direkte Auswirkung auf die Beziehung zwischen Eltern und Kind und natürlich auch auf die spätere Entwicklung des Kindes, insbesondere hinsichtlich seiner Fähigkeit zu lieben und sich auf andere und auf die Welt einzulassen.

Lasst uns sehen, wie das Ideal für uns aussehen könnte.

Zwei Erwachsene kommen in Liebe und Achtung zusammen und treffen gemeinsam die Entscheidung, ihre Liebe durch ein Kind zu krönen, das Teil von ihnen beiden sein wird. Die Empfängnis ist das natürliche Ergebnis von liebevollem Sex, und ihre Reise beginnt mit der erregenden Feststellung einer Schwangerschaft, die sie gemeinsam genießen werden. Trotz physischer und psychischer Veränderungen wird die schwangere Mutter glücklich und bei blühender Gesundheit und der werdende Vater wird unterstützend und voller Liebe sein, bereit, einen schmerzenden Rücken zu massieren, die Einkäufe zu tragen und das Katzenstreu hinauszutragen, Geburtsvorbereitungskurse zu besuchen und entsprechende Bücher über Geburt und Elternschaft zu lesen. Sie erwarten die Geburt mit Vergnügen und Vorfreude, wenn auch vielleicht, ganz natürlich, mit ein bisschen Angst. Nach einer natürlichen Wehentätigkeit und Geburt werden sie beschenkt mit einem gesunden Kind, das sie pflegen, versorgen und lieben. Sie genießen die Herausforderung und die Erfüllung des erfolgreichen Aufziehens und der Beschäftigung mit ihrem Kind von der Geburt an bis zum Erwachsenwerden, bewältigen alle Herausforderungen des Familienlebens mit großem Geschick und werden schließlich liebende Großeltern und sogar Urgroßeltern.

Für die Glücklichen, sowohl die Eltern als auch die Kinder, kann es so eintreffen, wenn sich Höhen und Tiefen die Waage halten. Aber für viele von uns ist es nicht so, weder als Kind noch als Elternteil.

Wenn die Empfängnis ein Unglücksfall oder das Ergebnis einer disharmonischen Verbindung ist; wenn die Schwangerschaft eine unerwünschte und abgelehnte Last ist; wenn Elternschaft durch das Bedürfnis nach Sicherheit erzwungen ist; wenn die Schwangerschaft als Bedrohung durch einen weiteren hungrigen Mund gesehen wird; wenn das Motiv ist, die Fehler unserer eigenen Eltern in Ordnung zu bringen oder stellvertretend durch ein Kind zu leben – dann kann die Geschichte ganz anders ablaufen. Wenn die Mutter allein ist, verheiratet mit jemand anderem als dem Vater, depressiv, ein Teenager, verängstigt, verloren und beschämt, verlassen oder missbraucht, selbst ein verwundetes Kind, das sich dringend ein Kind wünscht, von dem sie geliebt werden möchte – dann wird das Baby offensichtlich einen anderen Start haben. Ganz sicher wird das Kind auch einen anderen Zugang zum Leben und zur Liebe haben.

In der Tat werden eher die Verletzungen der Eltern als ihre Sünden an die Kinder weitergegeben, aber oft haben die Kinder gerade wegen dieser Wunden ihre Eltern gewählt.

UNSERE ELTERN WÄHLEN

Für Eltern von wunderbaren Kindern kann die Erkenntnis, dass unsere Kinder uns als Eltern gewählt haben, uns sowohl mit Demut als auch mit Freude und Ehrfurcht erfüllen. Ich weiß, dass diese Auffassung für diejenigen, die eine besonders schwierige Kindheit hatten, eine schwer zu schluckende bittere Pille ist. Ich verstehe das, und ich habe Liebe und Mitgefühl für dich, wenn du bei dem Versuch, es zu akzeptieren, mit Ärger und Schmerz zu kämpfen hast. Vielleicht könntest du für den Augenblick dein Urteil verschieben, die Auffassung als Möglichkeit in Erwägung ziehen und dir erlauben auf deinem Weg weiterzugehen. Nimm dir ein paar Minuten Zeit, wenn du das brauchst, atme tief durch und komme wieder zurück in den Augenblick. Wenn du dich dieser Auffassung öffnest, wirst du sehen, wie heilsam es für dich ist. Damit die Seele alles erfahren kann, was sie sich für diese Lebenszeit vorgenommen hat, braucht sie ein spezifisches Drehbuch als Startbedingung – den Kontext für das menschliche Leben. Deswegen wählt sie bestimmte unveränderliche Bedingungen für ihre Geburt – die Grundbedingungen des Lebens, die niemals verändert werden können.

Zum Beispiel habe ich für diese Lebenszeit gewählt, meinen beiden Eltern in einem bestimmten Augenblick in einem kleinen Dorf im Nordosten Englands als ein weibliches Kind geboren zu werden, und ich habe eine weiße Hautfarbe. Diese Dinge – Zeit, Ort, Eltern, Geschlecht und Rasse – können niemals verändert werden und machen mich einzigartig. Niemand sonst teilt meine spezifischen Daten, und selbst wenn ich eine Zwillingsschwester hätte, gäbe es doch eine wenn auch noch so kleine Differenz in der Geburtszeit, die immer noch jeden von uns einzigartig sein ließe. Selbst wenn ich eine Geschlechtsumwandlung machen lassen würde, bliebe die Tatsache, dass ich bei meiner Geburt weiblich war. Meine Eltern wurden von mir gewählt, weil sie mir genau das geben konnten, was ich in dieser Lebenszeit brauchte, um die Szene so zu gestalten, dass ich tun kann, was ich tun muss, ob das

Liebe bedeutet (was es tat) oder Vernachlässigung, Gesundheit oder Krankheit, Geduld oder Reizbarkeit, Versorgung oder Missbrauch, Zuneigung oder Verlassenheit.

Wenn deine Kindheit schmerzvoll war und Narben hinterlassen hat, dann hast du viel mehr gelernt als ich. Deine Bewältigungsfähigkeiten werden viel wirkungsvoller sein als alle, die ich je haben werde, weil du sie gelernt hast, um zu überleben. Du hast Dinge erfahren, die deiner Seele helfen, vollständiger zu werden.

Die Tatsache, dass unsere Eltern nicht ideal erschienen und für uns eine nicht perfekte Versorgung gestalteten, war grundlegend für unser Wachstum. Wenn wir hierher kamen, um Verwirrung, Unreife und besitzergreifendes Verhalten zu erfahren, dann haben unsere Eltern uns das gezeigt. Wenn wir ein Leben in Luxus erfahren sollten, dann haben sie auch das bereitgestellt. Ob wir kamen, damit unsere Fähigkeiten erkannt würden, oder um zu kämpfen, um zu beweisen, wer wir sind – die Szene war jedenfalls perfekt für unsere Bedürfnisse. Auch wenn ich niemals entschuldigen kann, wenn Kinder in Missbrauchssituationen aufgezogen werden, so sind doch einige Seelen hier, um schreckliche Dinge zu erfahren und uns anderen zu zeigen, dass es einen besseren Weg gibt. Bitte habe Geduld mit mir, ich werde das in Kap. 10 genauer erklären. Wenn du eine Kindheit mit Missbrauchserfahrungen hattest, sei dir sicher, dass du geliebt bist und nicht die allergeringste Schuld daran trägst.

Du hast dich entschieden, dies zu lesen und bist offensichtlich bereit, die Dinge anders zu machen. Wenn du ein Elternteil werden solltest, verstehe bitte, dass das Kind, das dich dafür ganz gezielt wählt oder wählen wird, mit dem Verlangen nach dir als seinem Elternteil kommt, um ein spirituelles Verständnis dafür zu entwickeln, warum es hier ist und welche Rolle du in seinem Leben spielst.

Die Seelenverbindung zwischen einem Kind und seinen Eltern ist nicht zufällig. So wie eine Generation auf der vorigen aufbaut und das Ganze immer weitergeht, wählen auch die Seelen, die sich auf einen Wiedereintritt in die menschliche Erfahrung vorbereiten, ihren Platz. Als Eltern und Kinder kennen wir einander viele Jahre vor der Schwangerschaft und Geburt, und die Bindung zwischen uns kann sehr gut im Voraus geschmiedet werden durch Einstimmung auf die Seele, die darauf wartet, bis du bereit bist, ihr Elternteil zu sein.

Manchmal wählt uns ein besonderes Kind mit besonderen Bedürfnissen als sein Elternteil. Da wir die alte Übereinkunft zwischen Eltern und Kind ausleben, um gegenseitig ungewöhnliche und manchmal sehr schwierige Leben zu erfahren, kann es ein harter und sehr langer Weg sein. Da mag es Trauer über verlorene Möglichkeiten und niemals erfüllte Erwartungen geben, aber da sind auch Segnungen, die andere Eltern niemals erfahren. Viele Eltern von Kindern mit besonderen Bedürfnissen finden ein ganz neues Leben und einen neuen Sinn, indem sie eine tiefe liebende Beziehung zu ihren Kindern haben und sich über Erfolge freuen, die einfach auf einer ganz anderen Skala liegen als die anderer Kinder. Nicht nur die Kinder sind besonders. Sie haben auch besondere Eltern ausgesucht, die, auch wenn sie den Weg hart finden mögen, spezielle Gaben haben, derer das Kind bedarf. Gleichzeitig sammeln auch die Eltern Erfahrungen, die sie in ihrem Plan für diese Lebenszeit gewählt haben.

SCHWANGERSCHAFT – EINE ZEIT DER VERWANDLUNG

Lasst uns einen Blick auf den Beginn unseres Erdenlebens werfen.

Die Empfängnis erfolgt, wenn Spermium und Eizelle sich vereinigen und ein neues Wesen gebildet wird. Von diesem Augenblick an ist kein Elternteil je wieder derselbe, selbst wenn der eine oder andere das Wunder des neu entstandenen Lebens nicht zur Kenntnis nimmt. Im Idealfall ist das eine Zeit miteinander geteilten Glücks, aber leider ist es für viele nicht so.

Die Schwangerschaft ist eine Zeit des Wachstums und der Verwandlung, wenn in der Frau die Verbindung mit ihren angeborenen kreativen Fähigkeiten wach wird. Die Seelen von Mutter und

Kind stellen sich intensiv aufeinander ein und bereiten sich auf die Geburt vor. Obwohl sich die Seelen in einem spirituellen Sinn schon vor langer Zeit verbunden haben, werden sich die meisten Eltern in dieser Zeit der wachsenden Bindung zu ihrem noch ungeborenen Kind bewusst.

Ein neues Wesen an einem geheiligten Ort in unserem Körper wachsen zu lassen, ist nicht nur ein biologisches Geschehen, sondern auch ein spirituelles. Die Qualität der Verbindung zwischen Elternteil und Kind und die Aussichten für ihre zukünftige Beziehung können in dieser Zeit verbessert oder beschädigt werden. Mutter und Kind sind ebenbürtige Partner in diesem Mysterium, und die Mutter handelt sehr weise, wenn sie auf ihren Körper, ihr Herz und ihren Geist lauscht. Obwohl die Schwangerschaft ein natürlicher Vorgang ist, wird manchmal medizinisches Eingreifen notwendig. Es sollte allerdings so einfühlsam und zurückhaltend wie möglich geschehen, und die Tendenz, aus der Schwangerschaft einen technischen Vorgang zu machen, sollte vermieden werden.

GEBURT – DIE MUTTER-KIND-PARTNERSCHAFT

Der Geist hat sich von der reinen Freiheit in die dichteren Gefilde begeben und verbindet sich schließlich mit der Seele des Kindes, das kurz vor der Geburt steht. Mit einem Atemzug des Göttlichen wird die Seele in dem Baby verkörpert – und das Kind ist geboren. Ein Ehrfurcht gebietendes Wunder, ein heiliger Augenblick!

Die Geburt ist ein spirituelles Ereignis. Die heilige Partnerschaft von Männlich und Weiblich hat zur Erschaffung eines neuen Wesens geführt, und die Ankunft des Kindes ist ein greifbarer Teil der Seelenreise. Die Mutter kann sich dieser magischen Zeit am besten hingeben, wenn sie sich in einer intimen und familiären Umgebung befindet und die Menschen um sich hat, die sie liebt und um sich haben möchte. Ihre Entscheidung über den Ort der Entbindung, ihre Position und die Möglichkeit einer Schmerzerleichterung sollte respektiert und das Eingreifen so gering wie möglich gehalten werden. Die Geburt mag für manche wie eine chaotische und schmutzige Angelegenheit erscheinen. Jedoch werden, wenn ihre Heiligkeit gewahrt wird, die praktischen Umstände zur Bühne, auf der das Wunder geschieht.

Die Begrüßung des Neugeborenen, wenn Eltern und Kind glücklich Kontakt aufnehmen und ihre Seelen einander liebend erkennen und sich verbinden, sollte idealerweise möglichst ungestört sein.

In der bewegenden und sehr persönlichen Geschichte *Benjaya's Gifts* von M'haletta und Carmella B'Hahn wird über eine von den Eltern bestimmte Geburt berichtet. Sie fand in einem Geburts-Wasserbecken statt, das der Ehemann an dem heiligen Platz in Carmellas Haus vorbereitet hatte. Ausgewählte Freunde, Familienangehörige und zwei Hebammen waren anwesend. Die Spiritualität des Ereignisses, die erhöhte Bewusstheit der Mutter und die Ehrfurcht, mit der das Kind begrüßt wird, sind in so einfühlsamen Details geschildert, dass es dafür kaum einen besseren Bericht geben könnte.

Adoption

Adoption hat mich immer interessiert. Ich habe mich gefragt, wie es sein mag für eine Mutter, die ihr Kind gehen lässt, für ein Elternteil, das das Kind bekommt, und besonders für das Kind, das adoptiert wird. Erst kürzlich kam die Wirklichkeit zu mir nach Hause, da wir jetzt drei wunderbare Kinder in der Familie haben, die durch Adoption zu uns kamen. Dieses Wunder hat mein Herz und meinen Geist noch mehr für diese Vorgänge geöffnet.

Dass Frauen diese Kinder geboren haben und auf einer spirituellen Ebene bereit waren, alles Nötige zu tun, damit diese Kinder schließlich zu Eltern gegeben werden konnten, die sich nach ihnen sehnten, das ist ein spirituelles Phänomen, das mich mit Ehrfurcht und Dankbarkeit erfüllt. Welche Vereinbarung diese Kinder mit ihren leiblichen Müttern und Vätern haben, geht mich nichts an, und welche Vereinbarung sie mit ihren Adoptiveltern haben, wird sich zur rechten Zeit zeigen. Aber dass sie die Wahl getroffen haben, zu kommen und in einer neuen Familie geliebt und versorgt zu werden, unser Leben zu verändern, uns Liebe zu bringen und Menschen die Freude der Elternschaft zu ermöglichen, die das anders nicht hätten erleben können, das grenzt ans Wunderbare.

Manchmal ist ein adoptierter Mensch unglücklich, dass seine leibliche Mutter die Trennung zugelassen hat. Aber die gemeinsame spirituelle Beteiligung aller drei – Kind, Ursprungsfamilie und Adoptivfamilie – ist erstaunlich. Das adoptierte Kind kann als ein spirituell entwickelter Botschafter angesehen werden, der einen ungewöhnlichen Weg nahm, um noch mehr Leben zu berühren als die meisten von uns.

Was für ein großes Geschenk für alle.

KINDHEIT

Kindheit ist die natürliche Fortsetzung von Schwangerschaft und Geburt. Die Bindung zwischen Mutter und Kind vertieft sich weiter, und sie machen miteinander fortlaufend verschiedene physiologische, psychologische und spirituelle Erfahrungen. Von dem Augenblick an, in dem die Mutter ihr neugeborenes Kind hält, es an ihre Brust nimmt und jeden Zoll seines Körpers erforscht, sind sie in einer gemeinsamen ekstatischen Erfahrung verbunden, indem sie einander – Haut an Haut – mit Berührung, Blick, Geruch, Geräusch und Geschmack erfreuen. Dieses intime Zusammenspiel gleicht nur dem Liebesspiel, das im Idealfall der Empfängnis vorausging.

Das menschliche Kind braucht in seinem langen Prozess der Entwicklung von Unabhängigkeit und Reife mehr Liebe und Fürsorge als die Kinder jeder anderen Spezies. Das abhängige Kind mag Vernachlässigung am Lebensbeginn physisch überleben, aber ohne die Liebe und Fürsorge eines Erwachsenen, zu dem es eine

Bindung entwickeln kann, wird der wachsenden Persönlichkeit oft irreparabler Schaden zugefügt. Solcher Schaden kann sehr wohl Teil des Planes sein, den die Seele für diese Lebensreise gewählt hat. Aber unser Ziel als Eltern, Individuen und Gesellschaft muss es sein, für Unterstützung und Pflege unserer Kinder zu sorgen, während sie lernen, wer sie sind, ein wahres Bewusstsein ihrer selbst entwickeln und erfahren, was es heißt, zu lieben und geliebt zu werden.

Liebe hilft dem Baby zu gedeihen, und Berühren, Halten und Liebkosen sind genauso wichtig, wenn nicht wichtiger, als Nahrung. Babies, die massiert werden, wachsen und entwickeln sich kräftiger als andere. Die Kindheit erlaubt die Erfüllung des gemeinsamen Bedürfnisses von Müttern, Babies zu bemuttern, und von Babies, bemuttert zu werden. Neue Mütter brauchen vielleicht Unterstützung, damit sie diese wichtige Zeit in unser aller Leben zu einem heilsamen Anfang gestalten können. Das LEBEN wird uns in Form von Liebe und Frieden reichlich belohnen.

Wenn Geburt und Kindheit für dich keine Zeit des Friedens, der Liebe und der Begeisterung war, sei es für dich als Elternteil oder als Kind, dann möchtest du diese Zeit vielleicht noch einmal besuchen und Liebe, Vergebung und Heilung zu allen Beteiligten schicken. Lies noch einmal den Abschnitt über deine Wahl beim Eintritt in die Welt (Kapitel 4). Die Meditation am Ende des Kapitels mag dir dabei helfen.

DIE VERANTWORTUNG DER ELTERNSCHAFT

Von allen Erfahrungen in Kindheit und Adoleszenz hat das Familienleben die nachhaltigste Auswirkung. Dabei spielt es eine besonders große Rolle, wie viel Zeit Eltern direkt im Kontakt mit ihren Kindern verbringen. Statistiken zeigen, dass die Wahrscheinlichkeit von Schwangerschaft in der Adoleszenz, von Gewalt, Missbrauch und Kriminalität bei jungen Menschen steigt, wenn die Väter im Leben ihrer Kinder nicht vorhanden sind. Kinder, deren Eltern mit ihnen über Rauchen, Drogen- und Alkoholmissbrauch gesprochen haben, geraten seltener in derartige Probleme. Beziehungen und Rollenvorbilder in der Familie helfen nicht nur bei der Charakterentwicklung des Kindes, sondern haben auch Langzeitwirkungen auf Themen wie Partnerwahl, Fähigkeit zum Erfolg, Selbstachtung und Selbstvertrauen. Wenn natürliche Rivalitäten, Konflikte und Streit nicht durch Liebe und Zuneigung, Gespräche und Verständnis gemildert werden, dann kommt es zur Verminderung des Selbstbewusstseins, der Persönlichkeitsstärke und der Bereitschaft der Kinder, sich und ihre Botschaft in die Welt zu bringen.

Im Idealfall treffen wir eine bewusste Entscheidung, Eltern zu werden, und versprechen damit, für unsere Kinder da zu sein, wie schwer das auch immer werden mag, und die Verantwortung als Eltern zu respektieren – sie zu lieben, zu schützen, zu lehren und zu führen und ihr physisches, emotionales und spirituelles Wohlbefinden zu sichern. Dies alles, während das wunderbar kraftvolle Wesen im Körper unseres Kindes sich zu erinnern beginnt, wer es wirklich ist, und bis sein physischer Rahmen stark genug ist, um sich selbst zu schützen. Wenn unsere Kinder uns für ihren Schutz und ihre Führung gewählt haben, dann ist dies eine solche Ehre, dass wir großen Respekt vor dieser Aufgabe haben sollten, und auch vor uns selbst, die wir für diese Aufgabe ausgewählt worden sind.

Das Kind lernt von der Außenwelt, was Liebe ist. Nicht einfach ein Wort, das gesprochen oder vermieden werden kann, sondern ein dauernder Seinszustand – bedingungslos, unterstützend und grenzenlos. Dennoch ist es eine Liebe, die stark und weise genug ist, um Grenzen zu setzen. In dem Film über Helen Keller, *The Miracle Worker*, gibt es einen ergreifenden Moment, als ihre Lehrerin feststellt, dass Helens größte Behinderung nicht ihre Taubheit und Blindheit ist, sondern die Liebe ihrer Mutter, die aus Mitleid und Sentimentalität ihrem Verhalten keine Grenze setzt.

Elternschaft ist ein großes spirituelles und psychologisches Abenteuer, voller Vielfalt, in dem wir gleichzeitig Beobachter,

Mitreisende, Schüler und Partner sind. Dabei ist jede Stufe wieder neu herausfordernd, bis wir schließlich erkennen, dass unser Kind erwachsen ist. Elternschaft schließt auch ein, unseren Kindern zu helfen, ihr eigenes Potenzial zu erkennen. Sie auf den Weg zu bringen, damit sie gesunde, verantwortliche und unabhängige Erwachsene werden, dabei sicher in der Wahrnehmung ihrer eigenen Kraft und mit einem Gefühl dafür, welche spirituellen Wesen sie sind. Während das Kind heranreift, werden die Eltern herausgefordert durch die Veränderungen in ihrem eigenen Leben und durch die sich entwickelnde Spiritualität. Die Eltern-Kind-Beziehung ist immer dynamisch und komplex. Während wir versuchen, gute Eltern zu sein, sind wir oft noch mit unserem eigenen verwundeten inneren Kind beschäftigt, das nach Liebe, Versorgung, Zuneigung, Fürsorge und Intimität verlangt.

Darüber hinaus bekommen wir weder eine Karte noch ein Lehrbuch – obwohl es genug Literatur über das Thema gibt, geschrieben von Leuten wie mir, die auch ihre Fehler gemacht und hoffentlich daraus gelernt haben. Unser hauptsächlicher Führer ist, was wir selbst als Kinder erlebt und in anderen Familien beobachtet haben.

Jede Kultur, jede Religion und jede Gemeinschaft hat ihre eigenen Erwartungen in Bezug auf Elternschaft, und in jeder Familie gibt es Traditionen, die bestimmen, wie Eltern und Kinder miteinander umgehen. Ein italienischer Vater wird eine völlig andere Art haben, seine Liebe zu zeigen, als ein schottischer. Eine jüdische Mutter verhält sich anders zu ihrem Kind als eine chinesische Mutter; und die afrikanische Kultur, die einem Kind erlaubt, noch spät in der Nacht am Feuer zu sitzen und alten Stammesweisheiten zu lauschen, bringt ein anderes Kind hervor als das, das zu einer festen Zeit ins Bett muss und nicht in erwachsene Unterhaltung eingeweiht wird. Obwohl wir uns glücklicherweise weit von den Zeiten entfernt haben, als man Kinder sehen, aber nicht hören sollte, gibt es immer noch große Unterschiede darin, wie weit ihre Äußerungen willkommen geheißen werden.

Ob es eine feste Kernfamilie gibt oder ein ausgedehntes Familiensystem, in dem sich Verwandte die Versorgung der Kinder teilen, ein grundlegender Faktor untermauert doch meist das Ganze: Eltern haben auch im Auf und Ab des Lebens eine starke und dauerhafte Liebe zu ihren Kindern. Mütter schützen ihre Kinder wie eine Tigerin ihr Junges schützt. Es gibt zahlreiche erstaunliche Berichte über heldenhafte Kraft und Mut im Angesicht einer Gefahr, in der es um die Sicherheit unserer Kinder geht. Viele Eltern sind bereit, das Gesetz zu übertreten und, wenn nötig, für ihre Kinder zu sterben. Aber das war vielleicht nicht immer so!

Alle Eltern machen Fehler. Das gehört einfach dazu, wenn wir von unseren Kindern lernen und sie von uns. Liebe wird den Kindern im Allgemeinen helfen, über unsere Fehler hinwegzukommen und ihnen ein Gefühl der Sicherheit geben, wenn sie sich aus der Abhängigkeit der Kindheit zur vollen Reife des Erwachsenseins entwickeln.

Wie Jean Paul Sartre sagte, haben unsere Eltern oft schon vor der Empfängnis entschieden, wer wir sein werden. Es ist nicht leicht, auf dem schmalen Grat zwischen Führen und Grenzen-Setzen zu wandeln, ohne sich in die Entwicklung der Psyche einzumischen. Das Wort »Psyche« kommt vom griechischen Wort für Schmetterling und bezeichnet ein Geschöpf, das eine Metamorphose und Verwandlung durchläuft. Die große Verantwortung der Elternschaft ist es, zurückzutreten und zu beobachten, wie der Schmetterling sich entfaltet, ihn sanft zu halten, ihm sorgfältig zu dienen und wachsam zu sein, dass wir ihn weder verletzen noch seine einzigartige Schönheit missachten in dem Versuch, ihn zu etwas anderem zu machen, als er ist.

Wenn es keine elterliche Liebe zu geben scheint

Wenn wir auch erwarten, dass Eltern ihre Kinder mit tiefer Hingabe lieben, so geschieht das doch nicht immer. Kinder wurden und werden immer noch für materiellen Gewinn benutzt und Erfahrungen unterworfen, die sie verletzen und verkrüppeln. Wir müssen

nicht weit in die Vergangenheit schauen zu einer Zeit, als Kindestötung fast allgemein üblich war, besonders wenn Kinder missgebildet oder unehelich waren oder aus einer Mehrlingsgeburt stammten. An manchen Orten werden auch heute noch Kinder, besonders Mädchen, ausgesetzt oder systematisch getötet.
Es ist schwer zu sagen, warum die Dinge sich geändert haben. Die Akzeptanz und Verfügbarkeit der Empfängnisverhütung, die Möglichkeit einer sicheren Abtreibung und die Nachfrage nach Adoptionen haben manche Frauen von der Angst vor einer ungewollten Schwangerschaft entlastet. Ich habe keinen Zweifel, dass die Kindestötung manchmal aus Not und zum vermeintlich Besten eines Kindes geschah, das sonst die mageren Vorräte der Familie belasten und dann doch sterben würde. Leider ist Kindesmissbrauch – physisch, emotional und sexuell – immer noch viel zu verbreitet. Es gibt keinen Anlass für Selbstzufriedenheit.

Wir sollten all jenen Liebe zukommen lassen, die Gefangene eines Pakts sind, der Missbrauch einschließt, und darum bitten, dass beide Seiten möglichst bald daraus entlassen werden und Frieden und Vergebung finden mögen. Sie verdienen auch unsere Dankbarkeit, weil sie uns zeigen, wie wir uns verändern müssen.

ELTERN ALS VORBILDER

Das Wichtigste im Leben eines Kindes ist die Familie. Ob wir uns dessen bewusst sind oder nicht, als Eltern sind wir die ersten Vorbilder für unsere Kinder – eine Verantwortung, die nicht leicht genommen werden sollte.

Lehren sollte ein liebevolles Mitteilen von Ideen sein, ein heilender Austausch, den sowohl Lehrer als auch Schüler genießen. Wenn nicht auf beiden Seiten Freude herrscht, dann solltest du vielleicht deine Lehrmethode überprüfen. Es kann im Verhalten deines Kindes, in der Art eurer Beziehung und in euer beider Gefühl zueinander viel verändern, wenn du deinem Kind aufmerksam zuhörst und ruhig und gelassen sprichst, so dass es dich versteht, und Details erklärst, ohne dabei herablassend zu sein.

Die wirkungsvollste Art des Lehrens geschieht durch das Beispiel. Wenn wir als Eltern ehrlich, integer und bereit sind, uns gegebenenfalls zu entschuldigen, und mutig und voller Vertrauen, so ermutigen wir unser Kind, sich auch so zu verhalten. Welche Art von Liebe wir lernen und besonders, wie wir diese Liebe zeigen, hängt sehr stark davon ab, wie wir von unseren Eltern behandelt worden sind. Wenn du auf Zuneigung deines Kindes mit Bestätigung in Form von Lächeln, Lob und Umarmung reagierst, so wird das Kind lernen, dass das der Weg ist, seine Liebe zu zeigen. Vorwurf oder Zurückweisung lehrt es, seine Zuneigung weniger oder auf andere Art zu zeigen.

Wenn wir rauchen, Alkohol trinken, unseren Partner beschimpfen, fluchen oder zu hart arbeiten, geben wir eine wichtige Botschaft über erwachsenes Verhalten. Jungen, die sehen, wie der Vater die Mutter schlägt, wachsen in der Meinung auf, so sollten sich Männer verhalten. Aus demselben Grund wählen Mädchen, die solches Verhalten miterleben, später oft Partner, die ihnen dasselbe antun.

Die meisten von uns möchten ihren Kindern positive Vorbilder anbieten. Aber die rebellische Natur der Jugend führt manchmal dazu, dass unsere Kinder gegen alles opponieren, was wir versucht haben, ihnen vorzuleben und sie zu lehren. Was wir sind, scheint sie nur dazu zu bringen, zu definieren, was sie nicht sein wollen. Für Eltern, die ihr Bestes getan haben, um ihre Kinder zu lieben, zu versorgen und zu unterstützen, kann die Zurückweisung und Erniedrigung sehr qualvoll sein, wenn ihre Kinder sich gegensätzlich zu dem verhalten, was sie sie gelehrt haben. Diese Rebellion ist eine natürliche Phase der Adoleszenz und reguliert sich meistens von allein, wenn wir erwachsen werden und zu unseren Wurzeln zurückfinden.

Dr. Dorothy Law Nolte zeigt zum Beispiel, dass Kinder, die mit Kritik aufwachsen, zu verurteilen lernen, während Kinder, die mit Ermutigung aufwachsen, zu vertrauen lernen. Toleranz lehrt Geduld, Lob lehrt Wertschätzung und Akzeptanz lehrt Liebe.

BIST DU ALS ELTERNTEIL GUT GENUG?

Eltern zu sein, ist nicht leicht. Wie sehr wir uns auch nach unseren Kindern gesehnt haben, wie gut unsere Absichten waren oder wie viele Bücher wir über das Thema gelesen haben – erst wenn wir Kinder haben, wissen wir, wie es wirklich ist, nämlich dann, wenn es keine Theorie mehr ist und nur noch wir allein verantwortlich sind für dieses neue Leben. Wir haben unser eigenes Gepäck, unseren eigenen Schmerz und unsere eigene Unsicherheit, und wenn wir warten wollten, bis wir das alles gelöst haben, wäre es meist zu spät, um Kinder zu haben! Also ist das Beste, das wir tun können, so gut wie möglich zu lernen, gelassen zu bleiben, zu meditieren, um Führung zu bitten, zu beten – und dann die Ärmel hochzukrempeln und weiterzumachen.

Wenn wir anstreben, gute Eltern zu sein, werden wir mit ein wenig Glück gut genug sein.

Aber auch wenn du nicht weiter weißt mit ungestüm durchs Haus tobenden Kindern, oder wenn du mit einem Jugendlichen kämpfst, den du so wenig verstehst, dass du manchmal kaum glauben kannst, dass er wirklich dein Kind ist, auch dann gibt es die Möglichkeit, etwas zu verändern, um dein Leben klarer und gelassener zu gestalten.

Regel Nummer eins ist, jeder erdenklichen Situation immer aus einer Haltung der Liebe zu begegnen – und das schließt ein, dich selbst zu lieben und für dich zu sorgen. Ich weiß, dass es schwer ist, Liebe auszustrahlen, wenn jemand jede Regel zu brechen scheint, die du je versucht hast aufzustellen. Wenn er dich anschaut, als ob du überhaupt nicht verstehen könntest, was es heißt, ein Teenager zu sein, und dich beschuldigt, der schlechteste Vater oder die schlechteste Mutter der Welt zu sein; aber auf lange Sicht ist es das Einzige, was wirkt.

Wenn die Erziehung deiner Kinder für dich zu einem richtigen Kampf wird:, warum suchst du dir dann nicht Hilfe, anstatt dir selbst die Schuld zu geben? Es ist eine lohnenswerte Übung, Brücken zwischen uns und unseren Kindern bauen zu lernen, und es ist niemals zu spät, damit anzufangen.

BEMUTTERN

Welche Verantwortung eine Mutter hat! Vom Augenblick der Geburt an werden viele Lebenserfahrungen unseres Kindes von diesen ersten Tagen beeinflusst. Nicht nur das, sondern unsere Gefühle werden oft die des Kindes bestimmen. Wenn wir entspannt und glücklich sind, sind es unsere Kinder meist auch. Aber wenn wir aufgeregt und deprimiert, wütend und voller Angst sind, dann werden die unangenehmen Schwingungen, die wir in die Welt schicken, von unseren Kindern aufgenommen – und sie verhalten sich entsprechend. (Das gilt genauso für Väter!)

Häufig klagen überlastete und unglückliche Mütter über das Verhalten ihrer Kinder – sie schlafen nicht, sind frech, überaktiv und ungehorsam. Manchmal sind sie richtig erschrocken, wenn ich ihnen deutlich mache, dass das Verhalten der Kinder wahrscheinlich nicht die Ursache, sondern die Folge der Schwierigkeiten der Mutter ist. Wir müssen uns unserem eigenen Schmerz stellen und das Problem lösen, wenn der Schmerz nicht auf unsere Kinder übergehen soll.

Die Bindung zwischen Mutter und Kind ist so stark und dauerhaft, dass sie oft auch schädlich und destruktiv sein kann.

Wessen Ärger ist es eigentlich?

Als meine Kinder Teenager waren, durchlebte ich eine besonders unglückliche Zeit. Ich war reizbar und machte es auch für sie schwer. Eines Tages setzte ich mich hin und beobachtete, was geschah, und dann sagte ich ihnen, wenn ich wieder einmal so unvernünftig sein sollte, dann sollten sie mir sagen: »Mama, das ist nicht unser Ärger!«

Als mein Sohn tatsächlich das erste Mal den Mut hatte, das zu sagen, als ich wieder einmal in voller Rage war, war ich so erschrocken, dass ich sofort mein Verhalten stoppte. Auch wenn ich nicht gern daran erinnert wurde, so machte es mich doch darauf aufmerksam, dass ich es war, die ihr Leben verändern musste, da meine Unzufriedenheit sich auf uns alle auswirkte.

Ich hätte mir nur gewünscht, ich hätte es ihnen schon früher gesagt!

Die Mutter-Tochter-Bindung hält das Kind oft so fest, dass die Entwicklung zu echter Autonomie behindert wird. Töchter lernen von ihren Müttern zu lieben, zu versorgen und enge Beziehungen zu halten. Aber wenn die Tochter ihre wahre Identität herausfinden will, muss sie sich von der Mutter lösen. In diesem Trennungsprozess kann es eine für beide schmerzhafte Phase geben, in der die Tochter ihre Mutter als negatives Vorbild sieht, um sich selbst zu befreien. Ich erinnere mich daran, dass es eine sehr schmerzvolle Zeit war, als meine Tochter, die mir immer sehr nah und liebevoll verbunden war, entschied, dass ich die Ursache all ihrer Probleme sei und unsere Beziehung radikal verändert werden müsste. Da ich in dieser Zeit selbst mit meiner eigenen Unsicherheit kämpfte, war die von mir empfundene Zurückweisung ganz besonders schmerzhaft. Aber sie hatte recht, und diese einseitige Unabhängigkeitserklärung begründete eine neue Grundlage für unsere Bindung, die jetzt tragend, nah und voller Liebe ist.

Während Mütter und Töchter bei ihrem Übergang von Mutter und Kind zu zwei Erwachsenen kämpfen, haben Mütter und Söhne andere Probleme. Als erste Frau im Leben unserer Söhne haben wir immer einen besonderen Platz. Aber wenn wir diesen ersten Platz aufgeben, kommen oft Kontrolle betreffende Themen an die Oberfläche und können zu Problemen führen. Wir kennen alle den Spruch, dass keine Frau gut genug für unsere Söhne sein könne (meine Schwiegertochter ist es!), aber in Wirklichkeit meinen wir, dass keine so gut für ihn sein könnte, wie wir selbst. In welche schwierige Position bringt das alle anderen! Und welche Arroganz von unserer Seite!

Bemuttern, für viele ganz natürlich, kann dennoch schwer sein. Ich hoffe, diese Feststellung wird viele Frauen von ihrem Schuldgefühl befreien, dass sie sich niemals als die grenzenlos liebende Mutterbrust gefühlt haben, die sie sein zu müssen glaubten. In den frühen Jahren der Mutterschaft wird unser Leben als Frau häufig vergessen und vernachlässigt. Wenn du dir plötzlich deiner Gefühle von Ärger und Groll gegenüber deinem Kind bewusst wirst, dann ist es an der Zeit, einen Schritt zurückzutreten und dir genau anzuschauen, welche deiner eigenen Bedürfnisse unerfüllt sind und was du dafür/dagegen zu tun gedenkst.

WAS FÜR EINE MUTTER HATTEST DU?

Wenn du auch vielleicht keine Mutter bist, so hat doch jeder von uns eine Mutter gehabt. Vielleicht bist du leider so früh von deiner leiblichen Mutter getrennt worden, dass du wenig Erinnerung an sie hast. Aber die meisten von uns haben irgendeine Art von Bemutterung erfahren, und viele Frauen haben eine Mutterrolle übernommen, auch wenn sie keine eigenen Kinder hatten. Die Bemutterung, die wir erfahren haben, prägt uns für unser Leben und betrifft indirekt alle unsere anderen Beziehungen. Sieh dir das Beispiel von Rebecca an.

Mutter, meine »beste Freundin«

Rebecca war sechsunddreißig. Sie war einsam und deprimiert, nachdem sie wieder eine Beziehung beendet hatte, die aussichtsreich schien, aber ihr nicht gab, was sie brauchte. Sie war eine schöne junge Frau und stand in einer drei Jahre dauernden Beziehung mit einem jetzt 39-jährigen Mann, der ihr sozial und intellektuell ebenbürtig war, ähnliche Interessen hatte, mit dem sie Spaß und Humor und eine gute sexuelle Beziehung genossen hatte. Dennoch war sie diejenige gewesen, die die Beziehung beendet hatte, und sie war ärgerlich und verwirrt in ihrem inneren Konflikt darüber, was sie jetzt tun sollte. Sie vermisste ihn und wollte ihn sehen, sagte aber, sie hätte entschieden, dass es besser wäre, jetzt zu gehen, weil ihr etwas gefehlt hatte, von dem sie nicht genauer sagen konnte, was es war.

Obwohl sie eine intelligente Frau war, schien Rebecca wenig Gefühl dafür zu haben, wer sie wirklich war, was sie sich wünschte oder wo sie im Leben hingehen wollte. Wenngleich sie eine gute und befriedigende Arbeit hatte und ziemlich erfolgreich war, besaß sie wenig eigene Meinungen über die Welt im Allgemeinen, über ihr Leben oder über ihre Möglichkeiten. Das Einzige, worüber sie mit Leidenschaft sprach, war ihre Beziehung zu ihrer Mutter.

Ihre Eltern führten eine schwierige Ehe, so lange sie sich erinnern konnte. Sie und ihre Mutter waren immer sehr eng verbunden gewesen, gegenseitige Vertraute, und sie erklärte, ihre Mutter sei ihre beste Freundin. Sie sprachen über alle wichtigen Entscheidungen, über Freundschaften und Beziehungen miteinander.

Rebecca hatte sich nie von ihrer Mutter abgegrenzt und war oft passiv in ihrer Beziehung. Sie betrachtete ihre Mutter nicht nur als ihre beste Freundin, sondern sah in ihr fast eine Heilige. Sie bekannte, eine sehr enge spirituelle Bindung zu ihrer Mutter zu haben und hatte nie ihren eigenen Stil von Weiblichkeit unabhängig von ihrer Mutter entwickelt.

Spontan sagte sie, sie würde für ihre Mutter sterben und jeden töten, der sie verletzen würde.

Ihr grundlegendes Unglück rührte daher, dass sie die Liebe aller anderen, seien es Freunde, Kollegen oder Partner, mit dem Maßstab ihrer Liebe zu ihrer Mutter maß – und dabei jeder andere den Kürzeren zog. Als wir herauszufinden versuchten, was wirklich in ihren Beziehungen mit Männern geschah, wurde offensichtlich, dass sie nach einer wunderbaren leidenschaftlichen Honeymoon-Phase desillusioniert war, wenn sie und ihr Partner die üblichen Konflikte und Diskussionen begannen, um die Machtverteilung in der Beziehung zu klären und anschließend zu einem normalen liebevollen Zusammenleben zu finden. Da solche Gewöhnungspro-

zesse oft im dritten und vierten Jahr auf ihrem Höhepunkt sind, brachen ihre Beziehungen zu dieser Zeit gewöhnlich ab – manchmal auch früher, abhängig von der Standhaftigkeit ihres Partners. Sie wurde deprimiert und wütend, trauerte der Honeymoon-Phase nach, glaubte, dass der Mann, der versichert hatte, sie zu lieben, dies nicht mehr tat, weil er ihr nicht die bedingungslose Liebe gab, die ihre Mutter immer für sie hatte. Die Desillusionierung führte zu Vorwürfen und zum Ende der Beziehung.

Dieses Muster hatte sich in jeder Beziehung wiederholt, und jedes Mal hatte die Mutter, ihre liebende beste Freundin, schon auf sie gewartet, um die Scherben aufzusammeln. Was sie allerdings nicht tat, war, ihre Tochter mit dem Offensichtlichen zu konfrontieren, dass nämlich Rebecca selbst die Hauptursache für das Scheitern all dieser Beziehungen war.

Dieser Stil des Bemutterns als »beste Freundin« kann oft lähmend sein, nicht nur für die Tochter, sondern für jeden, der das Pech hat, sich in sie zu verlieben.

Ein Versuch, der Rebecca und ihrer Mutter helfen sollte einzusehen, dass die notwendige Veränderung in ihrer primären Beziehung stattfinden musste, wurde mit Empörung und dem noch festeren Zusammenschluss beider quittiert, der sie beide regelrecht strangulierte. Rebeccas Fähigkeit, andere Menschen in ihrem Leben wertzuschätzen, musste angesprochen werden. Sie hatte nette Männer weggeschickt, die gut zu ihr passten, und die, hätten sie nur eine Chance gehabt, ausgezeichnete Lebenspartner hätten werden können. Rebeccas Mutter musste sich ein neues Leben getrennt von ihrer Tochter aufbauen. Rebecca musste anerkennen, dass es nicht ihre Aufgabe war, die beste Freundin ihrer Mutter zu sein.

Es brauchte eine weitere Beziehung und ein weiteres gebrochenes Herz, bis Rebecca bereit war, sich den wirklichen Ursachen zu stellen. Neue Grenzsetzungen gegenüber ihrer Mutter waren nötig, um diese zu ermutigen, neue Freunde zu finden, mit denen sie reden und bei denen sie sich über die Fehler von Rebeccas Vater beklagen konnte. Rebecca musste mit dem Schuldgefühl zurechtkommen, ihre Mutter »ihrem Schicksal zu überlassen, ohne dass diese je-

manden zum Reden gehabt hätte«. Nach einigen Versuchen, Rebecca als beste Freundin und Vertraute zurückzugewinnen, nahm ihre Mutter schließlich selbst einige Beratungstermine in Anspruch und begann, sich mit ihrem Leben und ihren Eheproblemen auf viel konstruktivere Art zu beschäftigen. Endlich war Rebecca frei, um realistischer auf ihr Leben und ihre Beziehungen zu schauen und Verantwortung für ihre Entscheidungen zu übernehmen.

Wenn wir mit unseren Kindern wetteifern, führt das dazu, dass sie sich niemals gut genug fühlen, und bringt sie dazu, mit anderen zu rivalisieren. Überbehütung lähmt ihre Fähigkeit, aus ihrer eigenen Erfahrung zu lernen und wieder aufzustehen, wenn sie fallen. Manchmal kommen nach schmerzlichen Lebensereignissen gerade diejenigen Erwachsenen nicht zurecht, die infolge ihrer Überbehütung kaum Fähigkeiten zur Bewältigung von Schwierigkeiten erworben haben, die ihnen im normalen Auf und Ab des Lebens helfen würden. Jedoch besteht auch die Gefahr, zu weit in die andere Richtung zu gehen, ihnen zu wenig Unterstützung und Schutz zu geben, so dass sie sich wertlos und verlassen fühlen und Schwierigkeiten haben, für sich selbst oder andere zu sorgen.

Cathy hatte ein anders Problem:

Stellvertretend das Leben der Mutter leben

Sie war, ein einsames deprimiertes Mädchen, noch keine zwanzig Jahre alt. Sie hatte sich aus einer brillanten Karriere als Turnerin und einem möglichen Platz in der Olympiamannschaft zurückgezogen. Aber mehr noch: Sie hatte sich vom Leben zurückgezogen. Sie hatte seit ihrem sechsten Lebensjahr trainiert und wenig soziale Kontakte besessen, da ihre Freundinnen nur aus dem Kreis derer kamen, die dieselbe strapaziöse Welt des Turnsports teilten. Als sie zu mir kam, hatte sie das Sprechen eingestellt, und ihre Kommunikation mit der Welt bestand darin, sich selbst zu verletzen, indem sie ihre Arme aufritzte. Sie nahm keinen Blickkontakt zu mir auf. Ihre Eltern waren offensichtlich sehr um ihre Tochter besorgt,

obwohl der maßgebliche Gesprächsbeitrag ihrer Mutter darin bestand, mir klarzumachen, was für eine wunderbare Sportlerin Cathy gewesen war und was für eine Tragödie es sei, dass sie sich von einer so vielversprechenden Karriere zurückgezogen habe.
Wochenlang war das Einzige, was Cathy mir bei ihren Sitzungen anbieten konnte, ihre Anwesenheit. Sie stand oft am Fenster, mit dem Rücken zu mir, und schaute hinaus. Eines Tages hinterließ sie schließlich ein Gedicht auf meinem Schreibtisch. In diesem Gedicht war all ihre verinnerlichte Angst, Scham und Schuld ausgedrückt. Sie konnte ihre Gefühle nur äußern, indem sie sich schnitt, wenn sie es nicht mehr aushalten konnte und zu explodieren glaubte.
Mein Herz blutete für sie, als sie mir offenbarte, wie sehr sie versucht hatte, den Verlust ihrer Mutter auszugleichen, die eine Läuferin gewesen war, welcher der internationale Erfolg versagt geblieben war.
Sie hatte die Trauer und den Verlust ihrer Mutter geteilt und ihr eigenes junges Leben geopfert, damit ihre Mutter stellvertretend durch sie leben und die Freuden des Erfolgs haben konnte. Sie hatte den Geschichten ihrer Mutter über ihre Hoffnungen und Fantasien zugehört und war sich sehr früh bewusst geworden, dass es ihre Aufgabe war, für ihre Mutter die Anerkennung zu erwerben, die diese nicht selbst erreicht hatte.
Als sie in der Lage war zu sprechen, fanden wir gemeinsam heraus, dass ihr seit ihrer Kindheit klar war, dass sie den Ehrgeiz ihrer Mutter nicht wirklich teilte. Aber jeder vorsichtige Hinweis darauf, dass sie keine Turnerkarriere anstrebe, führte zu noch leidenschaftlicherem Drängen ihrer Mutter und bei Cathy zu noch mehr Schuldgefühlen, sie würde die Mutter im Stich lassen. Mittlerweile wusste sie überhaupt nicht mehr, wer sie wirklich war und was sie wollte. Am Ende hatte sie sich zurückgezogen und sich selbst verletzt, um dem erbarmungslosen Druck zu entkommen. Es war ein Privileg, mit Cathy und ihrer Mutter zu arbeiten, die, als sie das Problem verstanden hatte, akzeptierte, dass Cathys Glück viel wichtiger war als irgendein oberflächlicher Erfolg. Schritt für Schritt begann sie, eine gute Beziehung zu Cathy aufzubauen, in

der diese sich zum erstem Mal dafür wertgeschätzt fühlte, wer sie war, und nicht dafür, was sie leisten konnte.

Zu lernen, eine gute Mutter zu sein, ist ein fortlaufender Prozess, in dem wir unsere Liebe hinsichtlich unserer Bedürfnisse und der unserer Kinder immer weiter verfeinern und präzisieren. Einen der besten Wegweiser, was wir tun oder lassen sollten, bietet uns der Blick auf die Beziehung zu unserer eigenen Mutter. Wenn wir Glück haben, war unsere Bemutterung »gut genug«. Wir konnten erfahren, dass unsere Mutter nicht perfekt ist und wir es auch nicht sein müssen. Wir konnten Bewältigungsstrategien lernen, indem wir den normalen Wechselfällen des Lebens ausgesetzt waren. Ob wir ein selbstsicherer, uns selbst vertrauender Erwachsener werden, kompetent, aber nicht perfekt, selbstbestätigend, aber weder unterwürfig noch aggressiv, beruht zu einem Teil auf dem Temperament, zu einem großen Teil aber auch auf unserer spirituellen Entwicklung, die größtenteils in den Händen unserer Eltern lag.

VÄTERLICHE EINFLÜSSE

Die Erwartungen an Väter haben sich in den letzten fünfzig Jahren so stark verändert, dass viele damit zu kämpfen haben, dass das Vorbild, das ihre Väter ihnen gegeben haben und das oft »gut genug« zu sein schien, jetzt für ihre Partner, ihre Kinder oder die Gesellschaft nicht mehr akzeptabel ist. So haben viele Männer noch weniger Orientierungshilfe von ihren Vätern, als die Mütter sie haben, wenn sie sich bemühen, ihre Kinder gut zu betreuen.

Wenn ich auf die vier Männergenerationen in meinem Leben blicke, kann ich deutlich sehen, wie die Dinge sich verändert haben. Mein Großvater väterlicherseits arbeitete und versorgte die Familie. Man gehorchte ihm, und der Respekt vor ihm grenzte an Angst. Mein Vater war der Ernährer, der uns unterstützte und liebte, aber in vieler Hinsicht zurückgezogen war. Zärtlichkeit gab es von ihm nur an unseren Geburtstagen und am Weihnachtsmorgen, wenn er uns küsste. Aber seine Liebe zu meiner Mutter war immer so offensichtlich für mich, dass ich mich darin einbezogen und versorgt fühlte. Kein Wunder, dass ich einen Ehemann wählte, der etwas introvertiert und zurückgezogen war. Er ist ein guter Mann, dessen Liebe für mich niemals in Frage stand – ähnlich wie die meines Vaters für meine Mutter. Sein Stil, Vater zu sein, war offener als der meines Vaters, folgte aber doch ähnlichen Grundzügen, wenn er auch, wie mein Vater, mit der Zeit weicher und schließlich ein sehr liebevoller, aktiver und aufmerksamer Vater wurde. Meinen Sohn als Vater zu sehen, ist etwas ganz anderes: Er erfreut mein Herz durch seinen offeneren und ausgeglichenen Stil. Er ist liebevoll, spielerisch und zärtlich und lässt in meinem Enkel keinen Zweifel aufkommen, dass er geliebt wird.

Unser erstes Modell für Männlichkeit ist für Söhne und Töchter der Vater. So trägt er die Verantwortung dafür, den Rahmen für spätere Erwartungen, Verhaltensweisen, Entscheidungen und Beziehungen zu setzen. Manche Töchter möchten jemanden heiraten, der genauso ist wie ihr Vater, und sie tun es. Manche möchten genau das Gegenteil, aber wählen dennoch einen wie den Vater; andere wiederum wählen jemand ganz anderen. Söhne eifern entweder den Vätern nach und werden eine jüngere Version von ihnen, auch wenn sie geschworen haben, nicht so zu werden, oder sie werden so anders wie nur möglich. Was immer die Eltern vorgelebt haben, ist meist ein lebenslanges Vermächtnis, und auch wenn es manchmal einige Zeit in Anspruch nimmt, das Muster herauszufinden, ist es doch fast unveränderlich da.

DER »BESTE VATER DER WELT«

Elaine war eine unglückliche Frau mit unzufriedenen, gerade erwachsenen Kindern, die ihre Hilflosigkeit, Hoffnungslosigkeit und ständige Klagen über Krankheit und Schwäche sowie ihre Unfähigkeit, damit fertig zu werden, satt hatten. Sie hatten seit der Kindheit ihre märtyrerartige Manipulation durchschaut, und keiner fiel mehr darauf rein. Sie waren ärgerlich und ungeduldig, sympathisierten mit ihrem Vater und verloren mit jeder weiteren Episode ihres pathetischen Verhalten mehr und mehr den Kontakt zu ihrer Mutter. Nachdem wir abgeklärt hatten, dass es keine organischen Gründe für ihre Erschöpfung und Schwäche gab, machten wir uns an die Arbeit, um ihren Hintergrund zu erforschen.

Ihr *Daddy*, wie sie ihn immer noch nannte, war ein wunderbarer Mann gewesen. Er war alles für alle gewesen – fähig, stark, ein guter Ernährer und immer da. Er hatte seine Familie geschützt und alles kontrolliert, einschließlich der Freunde und des Ehepartners seiner Tochter. Diese heftige Überbehütung hatte nicht nur Elaines emotionales Wachstum behindert, sondern sie auch hilflos und ängstlich gemacht, ständig auf der Suche nach jemandem, der sie beschützen würde, weil ihr das Leben Angst machte und sie selbst nicht glaubte, damit fertig zu werden. Sie war niemals als Frau gereift und fühlte sich immer noch wie das kleine Mädchen, das sie immer gewesen war. Sie erwartete Versorgung und Schutz von ihrem Mann und in gewissem Maße auch von ihren Kindern. Glücklicherweise hatte der Vater als Partner für sie einen starken, klaren, fähigen Mann ausgesucht, der gut für seine Kinder gesorgt hatte, sich aber nun eine Frau wünschte, die eher ein ebenbürtiger Partner war als ein weiteres Kind.

Es war eine schmerzhafte Reise für sie, als sie sich den emotionalen Hintergründen stellen musste. Gleichzeitig bekam sie viel liebevolle Ermutigung. Schließlich gelang es ihr, erwachsen zu werden und in sich selbst Fähigkeiten und Talente zu entdecken, die bis in ihre frühen vierziger Jahre ungenutzt in ihr geschlummert hatten.

Auf sich selbst angewiesen, hätte Elaine vielleicht ebenso gut einen Tyrannen als Ehemann gewählt, der ihr gesagt hätte, was sie zu tun und wo sie hinzugehen und der ihr feste Lebensregeln gesetzt hätte.

Frauen mit einem perfekten »besten Vater der Welt« neigen, wie Rebecca mit ihrer Mutter als »beste Freundin«, zu Schwierigkeiten, einen Partner zu finden, der dem Vater das Wasser reichen kann. Aber sollten sie doch einen finden, so kommt es vor, dass sie unterwürfig und servil werden und blinde Hingabe an ihren Partner entwickeln. Eine Ehe mit einem Mann, der »gut genug« ist, wird dagegen häufig durch ständige Vergleiche mit dem Vater der Frau belastet, wobei der Ehemann immer nur als Zweitbester abschneidet.

Väter, die wie Tyrannen regieren, haben am ehesten Kinder, die entweder ähnliche Partner wählen und unterwürfig werden – unter dem Pantoffel stehende Ehemänner oder unterdrückte Frauen – und ihren Kindern unterwürfiges Verhalten vorleben, oder sie werden selbst Tyrannen mit geringer Chance auf eine ebenbürtige liebevolle Partnerschaft. Manche solcher Partner verzichten auf die Verantwortung, Eltern zu werden, aus Sorge, sie könnten in die Fußstapfen ihres Vaters treten.

Der »Tyrann«-Vater

Vincent und Rachel waren an dem Punkt sich zu trennen, als sie mich aufsuchten. Rachel beschwerte sich darüber, dass Vincent es ablehnte, Verantwortung für ihre drei Kinder zu übernehmen, kaum einmal mit ihnen spielte oder mit ihnen allein war und insgesamt wenig zu ihrer Erziehung beitrug. Peter, ihr Elfjähriger, hatte Verhaltensprobleme in der Schule, und zu Hause war es für Rachel schwierig, mit ihm umzugehen; aber er idolisierte Vincent trotz des spärlichen Kontaktes zwischen ihnen. Damit goss er für Rachel noch Öl ins Feuer, wenn sie verzweifelt versuchte, die Wohnung in Ordnung zu halten, ihrer Vollzeitarbeit nachzugehen und Ehefrau und Mutter zu sein. Sie ärgerte sich über Peter und war eifersüchtig, dass er so an Vincent hing, während die ganze Last der Kinderversorgung an ihr hängen blieb. Sie räumte ein, dass sie reizbar und feindselig gegenüber Vincent wurde, und obwohl sie ihn liebte, glaubte sie, dass es besser wäre, sich für eine Weile zu trennen, als sich weiterhin gegenseitig das Leben durch endlose Streitereien zu vergiften.

Aus ihren persönlichen Geschichten wurde deutlich, dass Vincent aus einer Familie kam, in der der Vater streng über seine Frau und seine Söhne herrschte, ohne Diskussionen oder Argumente zuzulassen, und sich oft zu Drohungen und manchmal auch zu Gewalttätigkeiten hatte hinreißen lassen. Aus Angst, er könnte ähnlichen Schmerz in seine eigene Familie hineintragen, hatte Vincent überkompensiert und sich aus der aktiven Elternrolle zurückgezogen und war gleichzeitig auch ein passiver Ehemann geworden. Er musste lernen, seinen Schmerz aus der Vergangenheit gehen zu lassen, seinem Vater zu vergeben und die Rolle als Vater seiner Kinder und unterstützender Ehemann für Rachel zu übernehmen.

Wer in der eigenen Kindheit sehr eingeschränkt und seiner Spontaneität beraubt worden ist, wird oft selbst ein rigider Elternteil, unfähig, seinen Kindern auf gemeinsamem Boden zu begegnen und abweichende Meinungen zu tolerieren.

Das Muster wiederholen

Das war das Problem von Thomas in seiner Beziehung zu seinem 15-jährigen Sohn, mit dem er ständig im Konflikt stand, verstrickt in einen Machtkampf, in dem es keinen Sieger geben konnte. Er hatte die Absicht, die Weltsicht seines Sohnes zu erweitern, ihn zur Bildung einer eigenen Meinung und zur Entwicklung guter Werte zu ermutigen, damit er ein unabhängiges, selbstständiges Individuum werden könnte. Aber seine eigenen Erfahrungen und Verletzungen machten das oft unmöglich. Erst als er bereit war, auf seine eigene Jugend zu schauen, konnte er erkennen, dass er Aspekte seiner Beziehung zu seinem dominanten Vater wiederholte. Da erst konnte er nachgeben und seinem Sohn die Freiheit lassen, seine eigene Ethik, Integrität und Verhaltensmaßstäbe zu entwickeln. Er hatte vergessen, wie sehr er darunter gelitten hatte, keine modische Kleidung tragen und sein Haar nicht in modischer Länge haben zu dürfen, und war bestürzt, als ich ihn fragte, was überhaupt wichtig wäre. Was konnte so wichtig sein, dass es ihn daran hinderte, die guten Eigenschaften seines Sohnes zu sehen? Sein großes Leid bestand darin, dass er glaubte, sein Vater hätte die seinen niemals gesehen.

Wie Bemutterung, so ist auch väterliche Versorgung nicht immer leicht. Oft braucht es alle verfügbare Energie, sich mit den eigenen Persönlichkeitsproblemen, den eigenen Lebensthemen und dem verwundeten inneren Kind zu beschäftigen. Und dann gibt es da das Problem, ein Vater zu sein, wenn du eigentlich selbst noch ein Junge bist. Wie die Mütter, sind auch die meisten Väter gerade »gut genug«. Sie sind nicht perfekt, denn sie machen Fehler. Sie sind menschlich, aber sie zeigen liebevolle Fürsorge, Schutz, Stärke und Verlässlichkeit.

FALLGRUBEN DER ELTERNSCHAFT

Ich bin in einige dieser Fallgruben gestürzt, als ich meine eigenen Kinder großgezogen habe, und es tut mir herzlich leid. Wenn wir doch zurückgehen und es anders machen könnten! Wenn du ein Elternteil bist, erkennst du dich vielleicht hier wieder oder siehst dich vielleicht als leidendes Kind – oder vielleicht beides. Sei nicht streng zu dir selbst oder irgendjemand anderem, sondern erkenne, dass einige dieser Spiele durch die Jahrhunderte wie Familienerbstücke weitergegeben worden sind. Jedes von ihnen kann in Ordnung gebracht werden, und der erste große Schritt dazu ist oft, sie zu erkennen und nicht mehr mitzuspielen.

Bestrafung, Verantwortlichkeit und Vorwurf

Das Konzept der Bestrafung widerspricht der Förderung von Lernen und Wachstum ganz und gar, stattdessen macht es die Dinge nur schlimmer. Es gibt immer einen Weg, die Wahrheit zu schützen, ohne die Position des anderen anzugreifen und ihm Vorwürfe zu machen. Das ist in Beziehung zu unseren Kindern genauso wie in anderen Beziehungen. Schließlich möchten wir selbst auch lieber so behandelt werden. Die goldene Regel: »Handele so, wie du behandelt werden möchtest«, gilt auch für Verhandlungen mit unseren Kindern. Möchten wir wirklich physisch oder geistig angegriffen werden, wenn wir etwas nicht erreicht oder es auf eine

Weise getan haben, die anderen nicht gefällt? Wäre es in Ordnung für uns, allein in einen Raum eingeschlossen zu werden, ohne zu verstehen, was wir falsch gemacht haben? Oder würden wir es vorziehen, dass uns jemand ohne Verurteilung erklärt, wie wir es anders machen könnten, und uns einen besseren Weg zeigt?

Wenn wir das Prinzip der Bestrafung für unsere Kinder akzeptieren, werden wir es wahrscheinlich auch für die ganze Welt akzeptieren. Schaue auf die tragischen Konsequenzen. Manche rechtfertigen noch immer die Todesstrafe, und es wird immer noch Krieg geführt. Das Konzept ist dasselbe, nur der Maßstab ist anders. Wenn wir unseren Kindern einen besseren Weg beibringen können, mit Irrtümern in der Beurteilung umzugehen, dann könnte vielleicht Frieden sein – bei uns zu Hause und weltweit. Einen Angriff zu verweigern, vermindert Widerstand und Gegenangriff. Wir haben kein Recht, ein Urteil zu fällen oder Rache zu üben. Das Konzept der Bestrafung unterstellt, dass wir dieses Recht und das Monopol hätten zu wissen, was richtig ist.

Bestrafung zeigt immer, dass es einen Vorwurf gibt. Aber Schuldzuweisungen sind ein bequemes Konzept. Leider ist aber die Infrastruktur vieler Individuen und ganzer Familiensysteme darauf aufgebaut. Wenn einer der Sündenbock ist, kann jeder andere frei atmen. Während wir in Wirklichkeit alle an der Verantwortung teilhaben, wenn die Dinge falsch zu laufen scheinen, können wir uns entscheiden abzuwarten, anderen Vorwürfe zu machen und selbstgerecht zu sein, oder auf die Lektion schauen, die es zu lernen gilt. Wenn du alles als ein gleichzeitiges Lehren und Lernen, Geben und Nehmen ansehen kannst, dann kannst du in jeder Situation Dankbarkeit empfinden. Das Leben ist so viel einfacher, wenn wir uns selbst immer wieder auf die Frage besinnen »Was kann ich daraus lernen?« Wenn ich etwas lerne, dann ist jemand mein Lehrer gewesen, und ich kann Dankbarkeit empfinden und keinen Vorwurf. Nur wenn du die Gaben, die du bekommst, anerkennst und Dankbarkeit zeigst, kannst du wirklich bedingungslos lieben. Unsere Kinder sind vielleicht unsere größten Lehrer. Darum ist Bestrafung für das, was sie uns lehren, unangemessen, fehl am Platz und bremst ihre Spontaneität. Sie müssen Verantwortlichkeit und Verlässlichkeit gelehrt bekommen, aber Bestrafung hat in dieser Art des Lernens keinen Platz.

Etikettierung

Hüte dich vor Etikettierungen. Auch wenn sie gut gemeint sind, sind sie gefährlich. Unsere Kinder zu etikettieren hinsichtlich dessen, was sie können oder nicht können, wie sie aussehen oder wie sie sich verhalten, kann lebenslange selbsterfüllende Prophezeiungen in Gang setzen. Es führt zu Erwartungen oder deren Fehlen, und es kann lange dauern, bevor jemand die Situation neu bewertet.

Ich habe eine Freundin, die unglaublich schön und sehr intelligent ist. Aber als Kind wurde sie immer als die Niedliche gesehen, und in anderen Bereichen wurde weniger von ihr erwartet. Es kostete sie einige Zeit, bis sie dieses Etikett loswerden und als gescheit und ehrgeizig und ihre Meinung als solide und hörenswert anerkannt werden konnten. Etiketten kategorisieren und distanzieren, stecken einen Menschen in eine Schublade und verleiten uns dazu zu denken, wir wüssten, was darin ist, ohne auch nur einen Blick hineinzuwerfen.

Stelle dir vor, was passiert, wenn ein Kind als *langsam* etikettiert wird. Nicht nur klebt das Etikett an dem Kind, das sich selbst dann als langsam wahrnimmt, sondern die Gefühle derer, die mit dem Kind zu tun haben, werden in gewissem Ausmaß vorbestimmt. Mitleid oder Enttäuschung können einen offenen Zugang verhindern, der den Genius des Kindes sichtbar machen könnte. Mitleid und Enttäuschung können auch verhindern, dass das Kind als wertvoll und ebenbürtig angesehen wird, anstatt als jemand, mit dem man Nachsicht haben muss. Es gibt zu viele außerordentliche Dinge, die dein Kind dich lehren und mit der Welt teilen kann, als dass du ihm ein Etikett aufkleben solltest. (Das gilt auch für das Etikettieren von jedem anderen, einschließlich dir selbst!).

Der beste Freund sein

Rebeccas Geschichte zeigte diese Fallgrube. Es gibt sie manchmal auch zwischen Vätern und Söhnen. Viele Jungen sind zu früh mit Alkohol und gewalttätigen oder sexuellen Videos in Berührung gekommen, weil ihre Väter ihre besten Kumpels sein wollten und deswegen keine angemessenen Grenzen gesetzt haben. Unsere einzigartige und ehrenvolle Position als Eltern zu erkennen – die einzige Mutter und der einzige Vater, den unsere Kinder je haben werden – kann uns helfen, eine angemessenere Position einzunehmen und die Rolle des besten Freundes anderen Menschen zu überlassen.

Vertraute

Es mag so scheinen, als ob du niemanden hast, um über deine Probleme zu reden, außer eines deiner Kinder. Das muss nicht so sein. Du kannst immer jemanden finden, der geeigneter ist und außerdem einen objektiveren Blick hat als dein Kind. Es ist unfair und missbräuchlich, deinen Kindern Informationen zu geben, die sie noch nicht verarbeiten können, ihre Gedanken über ihren anderen Elternteil zu vergiften oder von ihnen zu erwarten, dass sie erwachsene Lasten tragen sollen, mit denen du selbst nicht fertig wirst. Bitte finde professionelle Hilfe oder einen Freund, mit dem du aufarbeiten kannst, was immer du aufarbeiten möchtest. Wenn du das als Kind erlitten hast (auch als erwachsenes Kind) oder immer noch erleidest, dann könntest du vielleicht den Mut aufbringen, deiner Mutter oder deinem Vater zu sagen, dass du ihre Probleme nicht mehr hören willst und dich dafür entschuldigen. Gleichzeitig vergibst du ihnen, dass sie dich in der Vergangenheit auf diese Weise benutzt haben. Die beste Hilfe, die du ihnen geben kannst, ist, diesen Weg, der niemals zu einer wirklichen Gesundung führen kann, zu versperren und sie in Richtung auf professionelle Hilfe anzustoßen. Es mag sein, dass es für deine Eltern am leichtesten ist, mit dir zu sprechen, und vielleicht magst du die besondere Nähe, die es in eure Beziehung zu bringen scheint und die dir ein Gefühl der Besonderheit gibt, aber das heißt nicht, dass es euch gut tut.

Stellvertretend durch unsere Kinder leben

Wir alle möchten, dass es unseren Kindern gut geht und sie bekommen, was sie sich wünschen. Um das zu erreichen, müssen wir uns bewusst sein, dass das, was sie sich wünschen, sich manchmal sehr von dem unterscheidet, was wir uns für sie wünschen. Viele Menschen sind in ihrem Leben unglücklich, weil sie sich in Positionen befinden, die ihnen nicht zusagen, zum Teil deswegen, weil sie die Erwartungen erfüllt haben, um ihren Eltern zu gefallen. Wenn du deine Kinder nach deinem Plan in eine Form presst, entgehen dir viele der Überraschungen, die du nur erleben kannst, wenn du ihnen die Freiheit gibst, zu sein, wer sie sein wollen, und nicht, wer du meinst, dass sie sein sollen. Wenn du das Gefühl hast, dass dir das passiert ist, halte inne, schaue genau auf dein Leben und nimm wahr, ob die Regeln und Wünsche, nach denen du lebst, wirklich deine eigenen sind. Es ist niemals zu spät, um Dinge zu verändern – aber denke gut darüber nach und mache kleine Schritte, wenn nicht deine Intuition dir sagt, dass radikalere Veränderungen der Weg sind. Vielleicht magst du mit einem Vertrauten darüber sprechen (möglichst nicht mit den Eltern, denen du es recht machen wolltest), bevor du dich entscheidest.

Bevorzugung

Alle Kinder sind verschieden. Manche sind uns ähnlich, und vielleicht fühlen wir eine besonders enge Bindung zu ihnen. Vielleicht bist du lieber mit der Tochter zusammen als mit dem Sohn, weil du mit ihr leichter reden kannst. Aus welchem Grund auch immer, unsere Gefühle können uns dazu bringen, eines unserer Kinder zu bevorzugen. Pass auf! Das führt oft zu heimlicher Verbrüderung mit ihm oder ihr auf Kosten der anderen Kinder. Wenn du dich auf den Favoriten stützt, schaffst du eine missbräuchliche Situation nicht nur für die anderen Kinder, sondern auch für den Favoriten selbst. Wenn du an ihn andere Erwartungen richtest und andere Grenzen setzt, wird er von den Geschwistern und den Freunden ausgegrenzt und kann Verhaltensprobleme entwickeln.

Mangel an Intimität zwischen den Eltern

Wenn es in deiner Ehe oder mit deinem Partner ein Problem mit Intimität gibt, dann ist es deine Aufgabe, dies zu klären, anstatt eines (oder mehrere) deiner Kinder hineinzuziehen, um dich von dem Druck zu entlasten. Manchmal werden Kinder regelrecht als menschliche Schilde benutzt, um Situationen abzuwehren, in denen man ehrlich mit seinen Gefühlen sein müsste. Wenn Intimität (nicht unbedingt sexueller Art, sondern in Form von Behaglichkeit, Trost und Gesellschaft, die der Partner einem im Idealfall gibt) ein Problem ist, muss man sich damit eher behutsam auseinandersetzen, als dem auszuweichen. Für ein Kind, das in dieser Weise benutzt wird, kann das lebenslange Konsequenzen haben, weil die entstehende Verstrickung mit dem Elternteil es daran hindert, seine eigenen Bedürfnisse nach Intimität frei zu entwickeln und geeignete Partner für die Erfüllung dieser Bedürfnisse zu suchen.

Das Gewehr laden

Häufig wird ein Elternteil, sagen wir der Vater, beschuldigt, ein grober Tyrann zu sein oder insgesamt ein schlechter Kerl, während der andere Elternteil als sanft und freundlich gesehen wird. Aber oft handelt der »schlechte Kerl« auf Grund von Informationen, die ihm der andere gegeben hat. In solchen Fällen erzählt der »nette« Elternteil, in diesem Fall die Mutter, dem anderen Dinge, die ein Eingreifen erfordern, und zieht sich dann zurück und überlässt dem Partner die Auseinandersetzung mit dem Problem. Der »gute Kerl« bastelt die Kugeln und lädt das Gewehr, damit der Partner es abfeuert und die Schmutzarbeit macht. Das Resultat ist, dass ein Partner mehr und mehr an den Rand rückt, während der andere verehrt und bemitleidet wird, weil er einen so schrecklichen Partner hat. Das ist nicht nur ein Abgeben von Verantwortung, sondern es ist auch unehrlich, schwach, manipulativ und regelrecht feige. Habe den Mut, ehrlich mit den Dingen umzugehen, anstatt deine Kinder zu lehren, herumzuschleichen und Geschichten zu erzählen und jemand anderen zu finden, der unangenehme Dinge für sie erledigt.

Heimliches Verbünden

Es ist empfehlenswert und wünschenswert, wenn wir uns in unsere Kinder einfühlen, aber wenn wir mit ihnen sympathisieren, führt das oft (wie mit jedem anderen auch) zum nächsten Schritt des heimlichen Verbündens. Wir machen Zugeständnisse, haben andere Erwartungen und geraten allmählich in einen unehrlichen Umgang, in dem wir beide wissen, dass wir nicht wahrhaftig sind, aber wir vermeiden und ignorieren das und bleiben in unserer Fantasiewelt.

Gary hörte, wie seine Mutter seinem Lehrer erzählte, er habe seine Hausaufgaben nicht gemacht, weil er sich nicht wohlgefühlt habe. Sowohl er als auch seine Mutter wussten, dass das eine Lüge war. In ihrem Wunsch, ihn um jeden Preis zu schützen, bringt sie ihm bei zu lügen, und sie beweist, dass sie selbst nicht vertrauenswürdig ist. Keiner von beiden kann dem anderen mehr trauen, denn insgeheim wissen beide, dass keiner ehrlich ist. Das legt den Samen für unehrlichen und manipulativen Umgang auch in anderen Bereichen. Wenn du den Mut hast, die Themen freundlich und offen anzusprechen, so gibst du deinem Kind ein Beispiel für liebevollen und ehrlichen Umgang miteinander. Das wird dein Kind dazu führen, ein Erwachsener voller Selbstvertrauen und Selbstrespekt zu werden, der im Einklang mit seiner Integrität lebt.

Abhängigkeit

Obwohl wir gewöhnlich unsere Kinder als abhängig von uns ansehen, ist es in Wirklichkeit oft der Erwachsene, der abhängig ist. Manchmal haben wir einen verborgenen Plan in Bezug auf die Kinder: Wir wollen, dass uns jemand liebt und für uns sorgt. Aber das führt zur Verwirrung bezüglich der Rollenstruktur in der Familie und zu Widersprüchen, wenn die Eltern plötzlich wieder die Führung übernehmen wollen. Zu diesem Zeitpunkt ist die elterliche Autorität bereits untergraben, und niemand weiß mehr, wo eigentlich die Führung liegt. Wenn du Probleme mit Abhängigkeit hast, ist es an der Zeit, sie zu lösen. Denke daran, was für ein Vorbild du deinem Kind gibst. Wenn du einen abhängigen Elternteil hast und nicht schon in dem Alter bist, in dem wir natürlicherweise die Rollen tauschen und beginnen, für unsere Eltern zu sorgen, dann ist es notwendig, dass du auf deine eigenen Bedürfnisse schaust und dich aus einer ungesunden und vielleicht lähmenden Situation befreist.

Überbehütung / Verhätschelung

Überbehütung tritt auf, wenn Eltern ihre eigenen Ängste nicht gelöst haben. Sie projizieren diese auf ihre Kinder, flößen ihnen Ängstlichkeit und das Gefühl der Zerbrechlichkeit und Hilflosigkeit ein und verhindern, dass die Kinder Bewältigungsstrategien entwickeln, die sie für ihr weiteres Leben mit seinem Auf und Ab dringend benötigen. Wenn Kinder niemals fallen dürfen, lernen sie nicht, selbstständig wieder aufzustehen. Wenn sie nicht ihre eigenen Fehler machen dürfen, sind sie nicht auf das Leben vorbereitet. Habe den Mut, dich zurückzuhalten. Halte die Luft an, wenn es sein muss, aber lasse sie stolpern und selbst ihr Gleichgewicht wiederfinden. Das gilt für Schwierigkeiten, in die sie sich selbst bringen. Zu oft sehe ich Menschen, die nie gelernt haben, mit Geld umzugehen, weil ihre Eltern immer ihre Schulden bezahlt haben. Oder andere, die nicht die Wahrheit sagen, weil ihre Eltern Dritten gegenüber für sie gelogen haben, um sie vor der Schuldisziplin zu schützen, vor Auseinandersetzungen mit dem Gesetz oder davor, in Bagatellstreitigkeiten ihren Mann zu stehen. Diese Art der »Liebe« ist schädlich, und man kann sich fragen, wessen Schmerz solche Eltern zu vermeiden versuchen – den der Kinder oder ihren eigenen. Meistens ist es der letztere. Kinder müssen lernen, dass wir in der realen Welt leben. Die Dinge sind nicht immer so, wie wir sie gerne hätten. Wir müssen lernen, damit umzugehen und, wo immer wir stehen, nach dem Positiven Ausschau zu halten. Elterliche Geduld ist unterschiedlich, je nach dem Gefühlszustand und dem Ausmaß an Stress, und Kinder müssen lernen, damit fertig zu werden. Wenn wir den Kindern nicht alles geben, was sie gern hätten, hilft ihnen das, solche Bewältigungsstrategien zu entwickeln.

Wenn Eltern ihren eigenen Schmerz haben

Wenn Ärger oder Wut häufig die Kommunikation mit deinem Kind bestimmen oder du häufig überreagierst, dann suche nach ungelöstem Schmerz in deiner eigenen Vergangenheit.

Janet geriet regelmäßig in Wut über das Verhalten ihres sechsjährigen Sohnes Tom, stellte Anforderungen an ihn, die er nicht erfüllen konnte, kritisierte ihn und rastete aus, meistens verbal, aber gelegentlich auch physisch. Obwohl sie ihr eigenes Verhalten hasste und sich Sorgen über die längerfristigen Auswirkungen auf Tom machte, konnte sie es nicht stoppen. Schuldgefühle und Scham ließen sie sich noch unglücklicher fühlen. Sie konnte erkennen, dass etwas in Toms Verhalten einen tiefen Schmerz in ihr selbst anrührte, wusste aber nicht, was es war. Er war zum Sündenbock geworden für alle ihre Enttäuschungen und ihren Ärger und Schmerz darüber, dass sie sich von ihrem Vater nie geliebt gefühlt hatte. Sie erwartete Aufmerksamkeit und väterliche Liebe von ihrem Ehemann und in gewissem Maße auch von Tom. Sie fragte ihn, ob er sie liebte, und erwartete manchmal Zärtlichkeit von ihm in Gegenwart seiner Freunde. Sie war sich nur zum Teil der ernsthaft missbräuchlichen, inzestuösen Natur ihrer »Liebe« bewusst und brauchte nachhaltige Hilfe, um ihre alten Probleme zu klären, zu reifen und eine angemessenere Form der elterlichen Fürsorge zu entwickeln.

Mangel an Vertrauen und Glauben

Kinder entwickeln ihr Selbstvertrauen hauptsächlich deshalb, weil wir an sie glauben. Auch das Gegenteil davon funktioniert jedoch. Je mehr wir uns aufregen, desto mehr vermitteln wir ihnen die unbewusste Botschaft, dass sie unfähig sind. Auf lange Sicht glauben sie das und trauen sich nicht mehr, für sich selbst zu sprechen, weil ihnen der Glaube fehlt, dass sie der Welt etwas zu geben haben. Wenn du auf die Fähigkeiten deines Kindes vertraust, so kann es auch selbst auf sich vertrauen. Doch nicht nur das: Es kann sich auch frei fühlen zu denken, eine Meinung zu formulieren und alles zu werden, was es sein kann. Wenn du beginnst, dein Kind so zu sehen, wie es wirklich ist – der kraftvolle Geist, der einen Weg in die Zukunft gehen wird, den du nicht gehen kannst – dann könntest du dich dafür öffnen, dass dieses Wesen dich viel lehren kann. Unsere Kinder tragen die Menschheit auf einer neuen Woge weiter und lassen uns zurück. Wir sind nur die Unterstützung, auf die sie sich hoffentlich verlassen können, während sie sich selbst auf diese Aufgabe vorbereiten. Wenn wir es aus dieser Perspektive betrachten, sehen wir unsere Kinder in einem ganz neuen Licht. Wir sind gegenseitig voneinander abhängig. Unsere Verantwortung ist es, sie so weit wie möglich zu achten, um ihnen auf ihrem Weg zu helfen und sie nicht mit unseren Wünschen zu belasten. Wir dürfen sie auch nicht vorwärtstreiben, denn wir kennen ihren Plan nicht, und wir sind nicht eingeweiht zu wissen, wer sie wirklich sind. Obwohl wir auf einer spirituellen Ebene meistens alte Freunde sind, die einander lieben, haben wir das vergessen und sind einfach Menschen. Wir können sie unterstützen, ihnen helfen und zulassen, dass sie werden, wer sie wirklich sind, während wir zurücktreten und in Ehrfurcht zuschauen.

JUNGEN WERDEN JUNGEN, MÄDCHEN WERDEN MÄDCHEN SEIN

Es gibt keinen Ersatz für verbale Kommunikation, aber oft können Kinder ihre Gefühle nicht ausdrücken und zeigen uns stattdessen, was los ist. Sie agieren ihre Gefühle aus (oder sie richten sie nach innen). Einige Erwachsene haben dasselbe Problem! In der Adoleszenz reagieren Jungen und Mädchen verschieden und teilen ihre Schwierigkeiten auf unterschiedliche Art mit – oder sie entscheiden sich dafür, sie gar nicht mitzuteilen.

Jungen agieren ihre Probleme oft aus, indem sie straffällig, unbändig, laut und grob werden, kämpfen, trinken und Drogen nehmen. Mädchen werden manchmal als weniger unruhig wahrgenommen, und ihre Schwierigkeiten werden nicht gesehen oder ignoriert, weil sie sie mehr nach innen ausleben. Während Jungen Ärger und Vorwürfe in die Welt schleudern, entwickeln Mädchen eher Selbstvorwürfe und Selbstbestrafung. Während Jungen sich in Banden bewegen, sind Mädchen eher in Cliquen, obwohl der Gruppendruck auf beide einwirkt. Nur die Unnormalen (im wahren Wortsinn – die, die anders sind als die Norm) haben den Mut, anders zu sein, und können so den anderen ausgeliefert sein.

Als Heranwachsender anders zu sein, kann sehr schmerzhaft sein, und wer diese Unterschiede leben kann, zeigt Stärke und Mut, den anzuerkennen und zu loben weise wäre. Eltern versuchen sich inzwischen in dem Drahtseilakt zwischen Schutz, dem Setzen von Grenzen und dem Lockerlassen der Zügel. Indem sie ein bisschen nachgeben und ein bisschen fordern, halten sie die Zügel sanft, aber fest, während sie beten!

Umarmungen

Ich liebe alle Menschen, die zu mir kommen – aktive professionelle Liebe – und nach einiger Zeit ergibt es sich, dass wir unsere Sitzungen mit einer Umarmung am Beginn und beim Abschied umrahmen.

Eine Patientin stellte am Anfang ihrer Sitzung fest, besonders schön an meinen Umarmungen sei, dass ich niemals zuerst loslasse.
Ein paar Wochen später bemerkte ich, dass Oprah Winfrey mit einem ihrer Gäste darüber sprach, wie kleine Verhaltensänderungen zu großen Veränderungen in unserem Leben führen können. Sie lasen einen Brief von einer Frau vor, die berichtete, sie habe sich entschlossen, niemals zuerst loszulassen, wenn sie ihre Kinder umarmte. Daraufhin ereigneten sich überraschende Dinge. Nicht nur, dass die Umarmungen viel länger anhielten, als sie sich je hatte vorstellen können, sondern sie wurden auch viel häufiger, und alle Beziehungen im Haushalt verbesserten sich.
Magst du das ausprobieren?

DURCH DIE AUGEN EINES KINDES SEHEN

Kinder bringen Geschenke wie Liebe, Unschuld, Einfachheit und Freude. Sie sind unsere größten Lehrer. Sie kommen wie wir, um das zu erfahren, was ihre Seele für diese Lebenszeit gewählt hat. Aber als ewige spirituelle Wesen, die wieder in menschlichen Körpern festgehalten sind, müssen sie auch lernen, den Schmerz der Beschränkung zu überwinden – und sie müssen ihre menschlichen Lektionen lernen.

Sie erforschen die Welt im Spiel, nutzen die ganze Umgebung als Lehrer und nutzen ihre geistigen und persönlichen Begabungen, um verantwortliche Menschen zu werden, welche die Verhaltensregeln innerhalb ihrer eigenen Integrität befolgen, während sie sich nach und nach erinnern, wer sie sind und schließlich ihre eigene Göttlichkeit erkennen.

Es ist nicht die Aufgabe eines Kindes, Vater oder Mutter für seine Eltern zu sein oder als Vertrauter, als Eheberater oder als Stellvertreter im intimen Lebensbereich der Eltern zu fungieren.

Kinder kommunizieren ursprünglich aus einer Position der Unschuld (den Rest lernen sie von uns!). Unschuld ist ein Zustand der Weisheit: Er kann kein Böses wahrnehmen. Wenn wir versuchen zu sehen, was Kinder von ihrem unverdorbenen Standpunkt aus tun, können wir viel lernen. Wenn wir uns selbst auch für erfahrener und wissender halten mögen und glauben, wir müssten deswegen respektiert werden und könnten Gehorsam erwarten, so ist doch unsere Sichtweise durch jahrelange Verwirrung, durch falsche Botschaften und durch unsere Neigung zur Manipulation verdorben worden. Unsere Fähigkeit, die Dinge so wahrzunehmen, wie sie wirklich sind, ist oft beeinträchtigt durch Zweifel und Enttäuschung, Desillusionierung, Angst und Zynismus. Durch die Augen unserer Kinder können wir die Welt wieder so sehen lernen, wie sie wirklich ist. Wir versuchen oft, die Kinder dazu zu bringen, dass sie die Welt mit unseren Augen sehen. Sollten wir nicht lieber versuchen, die sanfte Weisheit und einfache Schönheit der Welt durch die Augen unseres Kindes zu sehen?

Unsere Eltern als Menschen sehen

Ich erinnere mich an einen besonderen Augenblick, als ich, schon erwachsen, meinen Vater das erste Mal als Mann sah und nicht mehr so sehr als Elternteil. Zum ersten Mal sah ich den Erwachsenen, der ein kleiner Junge in einer Familie mit vierzehn Kindern gewesen war, und fragte mich, wie das wohl gewesen sein mochte. Wie mag es für ihn als Jugendlicher gewesen sein? Was mögen seine Träume und Wünsche gewesen sein, und wie viele davon gingen verloren, als er seine Familie verlassen musste, um Soldat zu werden? Wie mag es gewesen sein, als er sich in meine Mutter verliebte? Wie hatte sich ihr Leben als Paar entwickelt, und wie war es zerbrochen, als er im Krieg eine schwere Kopfverletzung erlitt? Von diesem Augenblick an, in dem ich meinen Vater das erste Mal als Mann sah, trat ich manchmal einen Schritt zurück und schaute auf meine beiden Eltern als Menschen und nicht nur als Vater und Mutter. Ich beobachtete, wie sie aufeinander reagierten, was sie sagten und wie sie ihre Liebe füreinander zeigten. Ich sah, wie oft sie sich missverstanden und sich einer über den anderen ärgerte, und ich sah, wie leicht es gewesen wäre, sich anders zu verhalten. Aber vor allem lernte ich zu verstehen, wie und warum sie sich so verhielten, wie sie es taten, weil ich ihren Schmerz, ihre Freude und ihre Sorgen verstand, nämlich als die von zwei Menschen, die zusammenkamen, zwei Kinder hatten und als Eltern ihr Bestes gaben. Nimm dir einen Augenblick Zeit und betrachte deine Eltern als Menschen. Denke an all die Probleme und Fallgruben, denen sie gegenüberstanden, und verstehe, wie schwer es gewesen sein mag, »gute Eltern« zu sein. Vielleicht fühlst du auf nie gekannte Weise eine Woge von Verständnis, die den Weg für Liebe und Mitgefühl frei gibt. Versuche, sie als Kinder zu sehen, und dann nimm sie in dein Herz und liebkose sie, was auch immer sie getan haben und welche Fehler sie von Zeit zu Zeit gemacht haben mögen.

DER VERGANGENHEIT VERGEBEN

Die Vergangenheit ist vergangen, und wir leben mit den Folgen von allem, was uns widerfahren ist. Wenn deine Kindheit traurig und einsam war, geprägt von Missbrauch oder Vernachlässigung, dann muss es einen Schwall widerstreitender Gefühle geben, die du entweder schon bewältigt hast oder mit denen du noch kämpfst. Warum auch immer, es war, wie es war, und wir müssen jetzt der Vergangenheit vergeben und weiter vorwärtsgehen.

Wenn du das Glück einer guten, tragfähigen Kindheit hattest mit Tagen voller Lachen und sonnigem Himmel, dann sei dankbar und schicke einen liebenden Gedanken zu den Menschen, die dafür gesorgt haben.

Vielleicht beginnst du zu sehen, dass du eine Wahl getroffen hast, bevor du hierher gekommen bist, und du und deine Eltern in gewisser Weise gleichberechtigte Partner waren, die gegenseitig ihr Leben geformt haben. Wenn du aus irgendeinem Grund von deinen Eltern getrennt wurdest, so besteht doch eine Seelenverbindung zwischen euch, und sie wird immer da sein. Du kannst ihnen, wenn du möchtest, Liebe senden, Heilung oder einfach Licht.

Die folgende Meditation wird dir hoffentlich helfen, die Vergangenheit zu heilen. Wenn du darüber mehr lesen möchtest, wird »Chakras – Tore zum Herzen« dir helfen.

Affirmation

Ich schicke Liebe und Licht zu meinem Kind-Selbst und Heilung zu der Zeit und den Ereignissen meiner Kindheit. Ich nehme jetzt alles aus dieser Zeit auf, das zu lernen ich gekommen bin, und ich lasse das Bedürfnis, meine Kindheit mit mir zu tragen, los. Ich lasse sie mit Liebe und Dankbarkeit gehen.

Wenn deine Kindheit schmerzhaft war

Wenn deine Kindheit schmerzhaft war oder du Ärger oder Wut gegen deine Eltern empfindest, dann folge der Meditation, so weit du kannst, und wiederhole sie, so oft du magst. Wenn du dich irgendwann überwältigt fühlst, dann bringe deine Aufmerksamkeit zurück zu deiner Atmung und erde dich, bevor du in den Raum zurückkommst. Vielleicht ist es eine gute Idee, jemanden bei dir zu haben, wenn du dich diesem Thema mit Befürchtungen näherst. Nimm dir Zeit. Nichts kann dich jetzt verletzen. Sei dir bewusst, dass du sicher und geschützt bist und diese Meditation nicht machen musst, wenn du nicht wirklich bereit bist. Du bestimmst hier und bist die wichtigste Person in dieser Arbeit. Fühle dich geliebt und gehalten, bevor du beginnst.

Meditation

Gehe zu deinem sicheren Platz und mache es dir bequem. Richte deine Aufmerksamkeit auf deine Atmung, wie in den früheren Meditationen. Atme Frieden und Ruhe ein und lasse Spannung, Angst, Ärger oder Schmerz gehen. Atme bewusst und langsam.

Atme Licht ein, das dich heilt, tröstet und hält. Sei dir bewusst, dass du geschützt bist und nichts dir schaden kann. Atme sanft und langsam. Erlaube dir, im Frieden und im Licht gehalten zu sein.
Jetzt lasse dich in der Zeit zurückgleiten, weiter und weiter zurück zur Zeit vor deiner Geburt. Du wirst die Ereignisse deiner Kindheit nicht fühlen: Gleite an ihnen vorbei und zurück zu jener Zeit. Gehe noch weiter zurück, bis du in einer Zeit lange vor deiner Empfängnis bist. Sei dir deiner selbst bewusst als eines kraftvollen, freien Geistes, nicht durch einen menschlichen Körper eingeengt, frei, frei. Von diesem Platz aus lasse dich alles beobachten.
Sieh das Mädchen, das deine Mutter werden sollte. Beobachte sie aus einiger Entfernung und sieh, wer sie wirklich ist und wie sie damit umgeht, eine junge Frau zu werden. Versuche zu sehen, warum du sie als deine Mutter gewählt hast. Bleibe ein wenig in der Beobachtung, bis du das Gefühl hast, du kennst sie eher als ein menschliches Wesen denn als deine Mutter. Behalte sie in deinem Bewusstsein, aber richte deine Aufmerksamkeit jetzt auf den Jungen, der dein Vater werden sollte. Beobachte auch ihn. Lerne ihn kennen, während du beobachtest, wie er beginnt, sich zu dem jungen Mann zu entwickeln, der deine Mutter treffen wird.
Beobachte sie beide mit Mitgefühl. Nimm dir Zeit und bleibe, so lange du möchtest. Beobachte diese beiden Menschen mit Liebe und Mitgefühl.
Dann bewege dich sanft in der Zeit vorwärts, über den Zeitpunkt deiner Empfängnis hinaus zu den Augenblicken vor deiner Geburt.
Sieh dich selbst, wie du dich vorbereitest, Neues zu erfahren, zu wachsen und zu lernen. Mache dir bewusst, dass du als ein kraftvolles Wesen alle notwendigen Fähigkeiten hattest, um mit allem umzugehen, was das Leben für dich bereithalten würde. Du bereitest dich vor, in deinen menschlichen Körper einzutreten. Deine physische Geburt war nicht der Anfang, sondern die Fortsetzung dessen, wer du bist. Gehe ganz sanft vor… Erlaube

dir, deine Geburt mitzuerleben, ohne Schmerz, nur mit Freude und Staunen… Beobachte die Ereignisse deiner Geburt, ohne Schmerz zu fühlen, du siehst einfach, wie die Bühne für dein menschliches Leben bereitet wird. Wie auch immer die Umstände waren, sie waren genau richtig für den Beginn deiner Lebensreise, um dir alles zu geben, was du für den Anfang brauchtest… Fühle jetzt eine Welle von Liebe und Mitgefühl für deine Mutter und für deinen Vater, der dich in die Welt gebracht hat, um deinen Weg fortzusetzen. Atme Liebe und Frieden in diese Zeit und zu den Menschen dieser Zeit. Fühle die Liebe, mit der du gehalten wurdest, die sowohl menschlich als auch göttlich war. Fühle die Verbindung, die dich für immer gehalten hat. Erkenne, dass die von dir gewählten Eltern diejenigen waren, die die von dir gestellten Aufgaben erfüllen konnten, um dir auf deiner Reise für diese Lebenszeit zu helfen. Betrachte ihr Ringen. Sieh, dass sie in allem, was geschah, ihr Bestes taten und deine Bedürfnisse für deine Reise erfüllten. Erlaube dir, dich über allen Schmerz zu erheben. Atme Frieden und Liebe in die Ereignisse und zu den Menschen jener Zeit. Öffne dein Herz und lasse einen Strahl pinkfarbenen liebenden Lichtes um dich herum, durch dich selbst und durch deine Eltern scheinen. Was immer geheilt werden muss, lasse es jetzt heilen. Alles, was du in Bezug auf deine Geburt und deine Kindheit gefühlt hast, kann mit einem Atemzug geheilt werden.

Nimm dir Zeit. Dann lasse dich aus deiner Beobachterposition deine Kindheit betrachten… Erhebe dich über allen Schmerz… nichts kann dich jetzt verletzen… Beobachte einfach mit Mitgefühl, Liebe und Gelassenheit… Sieh, wie jeder seine Rolle gespielt hat… Lasse die Beziehungen zwischen dir und deinen Eltern heilen… Atme Liebe in die Beziehungen hinein und dann lasse sie sanft gehen…

Wenn du deinen Eltern noch irgendetwas sagen möchtest, dann tue es jetzt, und lasse jede Antwort einfach in deinen Geist hineinfließen. Lasse Frieden sein… lasse Verständnis sein… lasse Liebe sein…

Atme… atme Licht und Liebe in dich hinein und durch dich hindurch… lasse sie Glanz um dich verbreiten… Fühle ihre Wärme und ihre heilende Kraft… Sei dir bewusst, dass du ganz bist…
Wenn du so weit bist, lasse deine Eltern aus deinem Blickfeld verblassen und konzentriere dich auf dich selbst… Sieh dich wieder als das kraftvolle Wesen, das in dem Körper des Kindes Wohnung genommen hat… Mache dir deine Stärke bewusst… Mache dir deine Kraft bewusst… Mache dir bewusst, dass du alles hast, was du brauchst, und mehr… Mache dir bewusst, dass du genau dort bist, wo du sein musst, um alles zu erreichen, was du dir vorgenommen hast… Fühle, wie du heil wirst… Sei bereit, weiterzugehen.
Wenn du bereit bist, beginne sanft, in deinen physischen Körper zurückzukommen… Atme tief… Lasse dein Herz sich so weit schließen, wie es für dich angenehm ist, und schließe, eines nach dem anderen, deine Chakras… Lasse dein Wurzel-Chakra geöffnet, um dich mit der Erde zu verbinden… Fühle deine Finger und Zehen… komm zurück zu einem Platz hinter deinen geschlossenen Augen, und wenn du so weit bist, öffne die Augen. Strecke dich ein wenig und trinke etwas Wasser. Wenn du so weit bist, schreibe, was immer du möchtest, in dein Tagebuch.

Kapitel 6

Brüder und Schwestern

Vergebung nimmt fort, was zwischen deinem Bruder und dir steht.
Es ist der Wunsch, dass du mit ihm vereint seist und nicht getrennt.

Frances Vaughan und Roger Walsh

Mit »Brüder und Schwestern« sind diejenigen gemeint, die durch Blut, Tradition, Sitte und Berufung verbunden sind, und im weiteren Sinne alle, die das Menschsein mit uns teilen. In diesem Kapitel möchte ich auf die Beziehungen mit unseren leiblichen Geschwistern eingehen. Im nächsten Kapitel werden wir Freundschaften untersuchen, die in gewisser Weise als selbst gewählte Bruderschaft und Schwesternschaft angesehen werden können. Oft halten sie uns zärtlicher und fester, als Blutsbande es je könnten.

Beziehungen mit Brüdern und Schwestern sind Ursprungsbeziehungen – Beziehungen also, in die wir hineingeboren sind – und sie sind genauso wichtig für unsere Persönlichkeitsbildung wie die zu den Eltern. Sie beeinflussen unser Verhalten gegenüber Freunden, Kollegen, Autoritätspersonen und sogar unsere Wahl des Ehepartners. Geschwister sind in vieler Hinsicht unsere ersten Partner: Beim Spielen, wenn wir lernen, mit den Eltern umzugehen oder mit äußeren Einflüssen zurechtzukommen. Sie sind eine Schule für Intimität und Zusammenarbeit. Geschwisterbeziehungen können zärtlich, voller Liebe, Nähe und Schönheit sein und sind dann unser ganzes Leben lang eine Quelle für Lust, Freude und Vergnügen. Aber manchmal ist es nicht so.

Schmerzhafte Beziehungen, die von einem gestörten Kräfteverhältnis innerhalb der Familie herrühren, können zu verwirrenden Konflikten mit anderen führen und beeinträchtigen unsere Fähigkeit, gut im Leben zurechtzukommen. Eifersucht und Rivalität, die mit unseren Brüdern und Schwestern begonnen haben, sind unbequeme Begleiter, die unser Leben jahrelang beeinträchtigen, bis wir sie verstehen, heilen und gehen lassen. Manchmal scheint es, dass wir Freunde wählen, die unseren Brüdern und Schwestern überhaupt nicht gleichen, aber beim genaueren Hinsehen finden wir doch eine Ähnlichkeit, die uns zueinander geführt hat und uns jetzt im Weg steht.

Zu klären, warum wir uns gegenüber unseren Geschwistern so fühlen, wie wir uns fühlen, ist ein wichtiges Thema im Prozess des Erwachsenwerdens, aber es geht weit darüber hinaus. Wie wir uns gegenüber unseren Geschwistern fühlen, kann sich darauf auswirken, wie wir unsere Kinder aufziehen und welche Drehbücher wir für sie schreiben. Wenn wir nicht aufpassen, können generationsübergreifende Konflikte entstehen.

Wie alle Beziehungen in unserem Leben, sind auch die mit unseren Geschwistern nicht zufällig. Man sagt, dass wir unsere Verwandten nicht aussuchen, aber wir wählen unsere Freunde. Tatsächlich wählen wir sie alle. Wer keine Geschwister hat, bedauert oft das Alleinsein. Wer Geschwister hat, wünscht sich oft, ein Einzelkind gewesen zu sein. Wie auch immer – es ist, wie es ist, und es gibt in der von uns gewählten Familie viel zu lernen und zu entdecken.

WAS DIE LIEBE ZWISCHEN BRÜDERN UND SCHWESTERN STÄRKT

Allgemein wird erwartet, dass Brüder und Schwestern einander lieben, und natürlich tun wir das mindestens auf einer Ebene, da wir sie, genauso wie unsere Eltern, gewählt haben, um unsere Kindheit gestalten zu helfen. Aber manchmal sind Beziehungen schwierig, und die Liebe scheint in Aufruhr und Schmerz verlorenzugehen. Selbst wenn Brüder und Schwestern sich ihrer Liebe bewusst sind, kann die Ausgestaltung dieser Liebe für jedes Kind sehr unterschiedlich sein und sich sehr ungleich darstellen.

Es gibt viele Stufen in der Entwicklung dieser Liebe und viele Faktoren, die sie beeinflussen:

- die Gesundheit der Familie
- die Erwartungen der Eltern
- die Beziehung der Eltern zueinander
- das angeborene Temperament der Kinder
- die innere Stärke der Kinder
- die Größe der Familie
- die Reihenfolge der Geburt
- das Geschlecht der Kinder
- die Altersunterschiede der Kinder
- die Anwesenheit oder Abwesenheit der Eltern

Die älteste Tochter, die eine »kleine Mutter« für ihren jüngsten Bruder wird, scheint viel tiefere Gefühle für ihn zu haben als für die anderen Geschwister. Brüder und Schwestern haben ihre Lieblinge, genauso wie manche Eltern. Zwei Kinder können ein Bündnis bilden, das ein drittes Kind ausschließt. Wie wir sehen werden, haben Kinder, die frühzeitig in einer Ehe geboren werden, eine andere Geschichte als die später Geborenen, und das kann ihre Entwicklung und ihre Fähigkeit, einander zu lieben, beeinflussen.

Auch der zeitliche Abstand zwischen den Geburten von Kindern ist bedeutsam. Wenn zum Beispiel ein weiter Abstand zwischen der Geburt des ersten und eines weiteren Kindes besteht, oder wenn die Altersspanne der Kinder in einer Familie groß ist, dann sind die Kinder in Bezug auf die Entwicklung ihres Chakra-Systems getrennt. Wenn beispielsweise ein jüngeres Kind geboren wird, während das Ältere in der Entwicklung seines Herz-Chakras ist (zwölf bis sechzehn Jahre), so wird seine Reaktion auf das neue Kind anders sein, als wenn das ältere Kind noch in der Entwicklung seines Solarplexus (acht bis zwölf Jahre) ist und sich vielleicht ein Machtkampf entwickelt. Wenn Kinder sehr kurz nacheinander geboren werden, zum Beispiel wenn das zweite noch in der Entwicklungszeit des Wurzel-Chakras (unter drei Jahre) des ersten Kindes geboren wird, können andere Probleme entstehen. In diesem Fall kämpft das ältere Kind noch mit Überlebensthemen und mag sich durch die Ankunft eines jüngeren Geschwisterchens bedroht fühlen.

Bei Zwillingen oder Mehrlingen zeigen sich andere Themen. Über diese besondere Situation sprechen wir später.

Wir alle haben Probleme – das ist Teil des Menschseins. Auch in gesunden Familien gibt es ein Auf und Ab. Aber man muss eingestehen, dass einige Familien einfach besser zu funktionieren scheinen als andere. Darum werden sie oft als *funktionale Familien* bezeichnet. Bevor wir uns anschauen, was schieflaufen kann, ist es vielleicht gut, uns anzuschauen, wie eine solche Modell-Familie aussehen könnte. Natürlich kann deine Familie sehr glücklich gewesen sein, auch wenn sie dieser überhaupt nicht gleicht – und das ist gut so. Wenn deine jetzige Familie anders ist, aber glücklich, dann freue dich darüber.

WENN DIE FAMILIE GESUND IST

Mama und Papa sind glücklich miteinander und, ebenso wie die Kinder, gesund. Jeder ist sich der Liebe zwischen ihnen allen bewusst. Auch wenn sie von Zeit zu Zeit streiten, so sprechen sie doch immer darüber, was falsch gelaufen ist, bringen es in Ordnung, und vielleicht lachen sie nachher darüber. Sie alle wissen, dass sie einen sicheren Halt haben, zusammengehören und füreinander da sind, wenn irgendetwas schiefläuft. Sie verbringen wertvolle Zeit miteinander, essen und spielen zusammen, aber jeder hat auch Freunde außerhalb der Familie.

Die Eltern setzen liebevoll Grenzen, und auch wenn die Kinder diese manchmal übertreten, so respektieren sie sie doch insgesamt. Manchmal kämpfen sie und haben kleine Eifersüchteleien und Rivalitäten, aber in Wirklichkeit mögen sie einander und schließen die Reihen, um sich im Notfall gegenseitig zu schützen.

Da sie sich zu Hause sicher und verwurzelt fühlen, kommen sie gut mit ihren Altersgenossen und mit Lehrern zurecht und erfüllen ihre Aufgaben voller Vertrauen und gut. In der Adoleszenz experimentieren sie vielleicht ein bisschen mit Verhaltensweisen, die ihren Eltern nicht gefallen, aber insgesamt wissen sie, was richtig und akzeptabel ist. Sie entwickeln sich zu guten Bürgern mit eigenen Familien. Sie lernen, gute, verlässliche Erwachsene zu sein mit guter Selbstachtung und gutem Selbstwertgefühl, wie es ihre Eltern und die anderen Erwachsenen, die sie kennen und achten, vorgelebt haben.

Jeder von ihnen weiß, dass sie miteinander über die guten, aber auch über die weniger guten Dinge in ihrem Leben sprechen können. Sie können Probleme offenbaren und darüber diskutieren, weil sie wissen, dass die Familie zu ihnen steht, auch wenn sie nicht immer mit ihren Entscheidungen einverstanden ist. In der ganzen Familie herrscht gegenseitiger Respekt. Besondere Tage werden fröhlich miteinander gefeiert, und es gibt Freude, Lachen und offensichtliche Liebe. In Kummer und Trauer halten sie zusammen, unterstützen und trösten einander. Keiner fühlt sich verurteilt, und es gibt gegenseitigen Respekt. Wenn sie in die Außenwelt gehen, tragen sie ein fast sichtbares Band um sich herum, das sagt: »Wir sind eine Familie.« Sie haben eine feste Grundlage für ihr ganzes weiteres Leben.

Man könnte sagen, dass diese Seelen zusammenkamen und wenig voneinander zu lernen hatten, aber einander viel Fürsorge und Liebe geben konnten.

Klingt das wie deine Familie? Wenn ja, ist es großartig. Aber wenn nicht, verzweifle nicht. Wenn du nicht so glücklich warst, gibt es immer da, wo du jetzt bist, Möglichkeiten der Heilung.

DIE WENIGER GESUNDE FAMILIE

Manche Familien sind mit einer solchen Fülle von Schmerzen und Problemen belastet, dass es den Familienmitgliedern schwerfällt, sich mit einer leichten und glücklichen Grundhaltung aufeinander zu beziehen. Die Familie funktioniert einfach nicht besonders gut – deswegen werden solche Familien oft als dysfunktional bezeichnet. In Wirklichkeit funktioniert jeder so gut er kann und tut alles, was er glaubt, tun zu können.

Mutter und Vater kommen möglicherweise aus Familien, wo es ähnliche Probleme gab, und geben auf die einzige Art, die sie kennen, ihr Bestes, um zu überleben. Aber ihr innerer Schmerz mag zu einem Verhalten führen, das nicht dazu beiträgt, jedem zu einem offenen und direkten Umgang miteinander zu verhelfen. Die Aufgabe, Kinder großzuziehen, und manchmal sogar das einfache Zusammenbleiben, ist mehr, als sie bewältigen können.

In dieser Familie sind die Beziehungen etwas verworren, die Kommunikation fließt nicht frei, und jeder ist von dem Schmerz auf unterschiedliche Weise betroffen. Chronischer Stress, Krankheit und Unglück fordern ihren Tribut, und Alkoholismus, Drogensucht, Gewalt, Missbrauch, Vernachlässigung, Kriminalität und Trennung sind oft Teil des Gesamtbildes. Die Kinder der Familie sind zwangsläufig durch den Mangel an Sicherheit und die fortlaufenden Schwierigkeiten verletzt (meistens nicht mit Absicht), und ihre emotionale und spirituelle, manchmal auch ihre physische Entwicklung ist dementsprechend behindert.

Manchmal fungieren die Kinder als Eltern füreinander. Manchmal sind sie Eltern für ihre Eltern. Manchmal werden sie zeitweise außerhalb der Familie versorgt. Aber insgesamt sind sich die Kinder viel mehr der Lage bewusst, als die Eltern glauben, und sie versuchen zu helfen, indem sie verbergen, heucheln, für ihre Eltern lügen, aufeinander aufpassen oder jede andere Abwehrstrategie ins Spiel bringen, die ihnen einfällt. Die Rollen geraten durcheinander, und da Sicherheit – oder vielmehr der Mangel daran – ein großes Thema ist, halten die Kinder sich oft an allem Erreichbaren fest, um nicht unterzugehen. Während einerseits die Bindungen oft so dürftig sind, dass Familienmitglieder leicht getrennt werden, so werden andererseits manchmal die Bindungen im Überlebenskampf so eng, dass sie eine normale Entwicklung strangulieren.

Da wir als Kinder lebensnotwendig auf unsere Eltern angewiesen waren und der schlimmste Schrecken darin bestand, von den Eltern physisch oder emotional verlassen zu werden, waren wir bereit, alles in unserer Macht Stehende zu tun, um die Beziehung zu unseren Eltern um jeden Preis zu schützen und ihre Erwartungen zu erfüllen, wie krank oder destruktiv sie auch immer sein mochten. Wir manipulieren unsere eigene Entwicklung, indem wir uns im Wetteifern um die wenige erreichbare Aufmerksamkeit auf die sich ständig ändernden elterlichen Emotionen einstellen und gleichzeitig versuchen, im Gleichgewicht zu bleiben. Es überrascht nicht, dass in diesem Umfeld schiefe Beziehungen entstehen und wir unsere Reaktion auf das Chaos mit unseren Brüdern und Schwestern ausleben, wobei wir häufig die natürliche Liebe und die Beziehungen, die wir hätten haben können, verspielen. Normale Eifersüchteleien und Rivalitäten können in tief sitzenden Hass, Neid und Groll umschlagen. Abhängig davon, welche Abwehrstrategie wir gewählt haben, um das Chaos zu überleben, entwickeln wir ein charakteristisches Muster, das sich im Erwachsenenleben fortsetzt und nicht nur unsere erwachsenen Geschwisterbeziehungen zerstört, sondern auch die Beziehungen außerhalb der Familie mit Freunden, Partnern und Kollegen.

Schuld, Scham und Selbstachtung

Wenn du eine schmerzvolle Familie hattest, leidest du vielleicht unter Schuldgefühlen und Scham, fühlst dich verurteilt und kritisiert und hast Schwierigkeiten, Veränderungen zu bewältigen.
Häufig werden Schuldgefühle und Scham verwechselt oder als synonym angesehen. Schuld ist ein schmerzhaftes Gefühl des Bedauerns über etwas, das wir getan haben, aber wir wissen, dass es uns nicht zu einem schlechten Menschen macht. Scham ist ein schmerzhaftes Gefühl uns selbst gegenüber, das aus geringer Selbstachtung und dem Gefühl, wenig wert zu sein, entsteht. Gesunde Selbstachtung kommt von innen und bleibt erhalten, auch

wenn wir Ärger, Schuld oder Schmerz fühlen oder kritisiert werden. Wenn du wenig Selbstachtung hast, fühlst du dich vielleicht wertlos und beschuldigst dich selbst für Dinge, die außerhalb deiner Kontrolle liegen. Aber vielleicht hast du dich so sehr gegen die Verwirrung, die du in deiner Kindheit erlebt hast, gewehrt, dass deine Selbstachtung in die andere Richtung gegangen ist: Du hast das Gefühl, nichts sei jemals dein Fehler, und du findest es hart anzuerkennen, dass du, wie jeder andere, Fehler machen kannst, und dass das in Ordnung ist.

Die Entwicklung des Chakra-Systems kann auf jeder Ebene gestört sein, wenn die Probleme in der Familie durch die ganze Kindheit hindurch anhalten. Das hat zerstörerische Auswirkungen auf die sich entwickelnde Persönlichkeit. Als Erwachsene haben wir vielleicht Schwierigkeiten, verbindlich zu sein oder Bindungen einzugehen, wir werden leicht co-abhängig oder haben Probleme mit Intimität.

Spirituell gesehen, kommen Mitglieder dysfunktionaler Familien zusammen und haben viel zu lehren und voneinander zu lernen. Sie klären alte Verbindungen miteinander, zahlen alte Schulden zurück und erfüllen alte Vereinbarungen und Versprechen.

Verzweifle nicht! Die gute Nachricht lautet: Wenn wir uns erst einmal bewusst sind, was vor sich geht und warum, können wir anfangen, unseren Schmerz zu heilen und die Beziehungen, die sich festgefahren und wund anfühlen, zu verändern. Natürlich müssen wir uns erinnern, dass wir nur uns selbst ändern können und manchmal der Partner in einer Beziehung nicht so aktiv arbeiten möchte, wie wir selbst. Aber dennoch kannst du bis zu einer gewissen Ebene eine Lösung erreichen, wie wir später noch sehen werden.

Besondere Zeiten – besonderer Schmerz

Die meisten von uns haben Erinnerungen an besondere Zeiten, auf die wir glücklich zurückschauen können und über die wir bei Familientreffen plaudern oder die wir unseren Kindern erzählen können. Aber wenn deine Familie nicht glücklich und gesund war, dann waren vielleicht Ferien und Geburtstage besonders schmerzhafte Zeiten. Unglückliche und wütende Menschen können sich kaum entspannen und es genießen, mehr Zeit als gewöhnlich miteinander zu verbringen. Wenn die Tage vorher und nachher voller Missstimmung sind, kann man auch kaum ein gelungenes Fest feiern. Vielleicht waren die Mahlzeiten mit Streit und Ärger verbunden, vielleicht wurde das Schlafengehen verzögert, um elterlichen Vorwürfen zu entgehen, oder du hast deine Geschwister umarmt und dich in Schlaf geweint. All das führt zu Verzerrungen im spirituellen und emotionalen Wachstum. Solche Disharmonie in der Familie vergiftet fortgesetzt das weitere Leben und füllt es mit Schmerz und Unruhe, wenn man sich nicht den Ursachen stellt und sie heilt.

Aber wirkliche Heilung ist möglich, wenn du bereit bist, die Regeln zu durchbrechen, mit denen du aufgewachsen bist. Diese besagen meistens: Sprich mit niemandem außerhalb der Familie, vertraue niemandem außerhalb der Familie und erzähle niemals jemandem, was wirklich los ist.

Das macht Angst. Daher erfordert es Mut, daran zu arbeiten – aber es lohnt sich.

GESCHWISTERRIVALITÄT ÜBERWINDEN

Auch in gesunden Familien können Schwierigkeiten zwischen Brüdern und Schwestern vorkommen, aber sie können durch einfühlsamen Umgang gering gehalten werden. Wie bei den Fallgruben der Eltern, die wir im letzten Kapitel betrachtet haben, kannst du dich in beide Seiten – Eltern und Kind – hineinversetzen, und bitte behandele dich selbst und jeden anderen mit Güte und Mitgefühl. Du hast, wie jeder andere auch, dein Bestes getan im Rahmen deines Verständnisses, deines Wissens und deiner Entwicklung. Also vergib, wenn du kannst. Die Meditation am Ende des Kapitels mag dir helfen.

Hier sind ein paar einfache Vorsichtsmaßnahmen, die Eltern einführen können, um Geschwisterrivalität und Neid zu verringern:

- Verteile Arbeiten gleichmäßig zwischen den Kindern (und besonders zwischen Jungen und Mädchen), und achte darauf, wenn einem Kind unangemessene Verantwortung zufällt. Oft verhält sich ein Kind über-verantwortlich, und das entwickelt sich zu einem lebenslangen Muster. Wenn alle die gleiche Verantwortung und die gleichen Chancen haben, gibt es weniger Bevorzugung und Neid. Auch schützt es Mädchen davor, sich als zweitklassige Wesen, den Männern unterlegen, zu fühlen. Gleichheit fördert ihre Selbstachtung.
- Erkenne ihre Individualität und freue dich darüber. Gleich angezogene Kinder mögen niedlich aussehen, aber vielleicht hassen sie es, nicht ihren eigenen Stil ausdrücken zu dürfen. Unterschiede in Begabungen und Neigungen sollten respektiert werden. Der Ärger darüber, seiner Individualität beraubt zu werden, richtet sich meist gegen das Geschwisterkind, dessen Bedürfnisse erfüllt wurden.
- Sei dir ihrer unterschiedlichen Art, sich zu geben, bewusst, und achte auch auf das, was sie vielleicht nicht aussprechen. Obwohl Frauen zu einem eher verbalen Zugang zum Leben neigen, sind Mädchen mehr nach innen gerichtet als Jungen und teilen die Intensität ihres Schmerzes und ihrer Angst selten mit. Dadurch können ihre Selbstzweifel und die Ernsthaftigkeit ihrer Probleme übersehen werden. Mädchen zeigen ihre Gefühle, indem sie depressiv werden und Probleme wie Essstörungen entwickeln, während Jungen mehr »ausagieren«.
- Miss ihrer Zukunft gleiche Bedeutung bei. Das begabte akademische Kind braucht die Unterstützung seiner Eltern für seine

Zukunftspläne, aber vielleicht braucht das weniger gebildete Kind noch mehr Aufmerksamkeit und Hilfe, um sein Potenzial auszuschöpfen.

- Sei dir ihrer unterschiedlichen Entwicklungsgeschwindigkeit bewusst. Jungen mögen in ihrer Entwicklung hinter den Mädchen zurückliegen, aber auch Mädchen können sich in einem anderen Tempo entwickeln als ihre Schwestern. Das gilt auch für die sexuelle Entwicklung. Ein Kind wegen seiner Flachbrüstigkeit zu hänseln, während das andere erblüht, ist grausam und kann zu Minderwertigkeitsgefühlen führen, die bis in das Erwachsenenleben bestehen bleiben.
- Verbringe gleich viel Zeit mit ihnen, um das zu tun, was sie individuell wollen. Es ist schwierig, jedem Kind individuelle Zeit zu geben, besonders in einer großen Familie, aber es ist gut genutzte Zeit. Ich kenne eine Familie, die miteinander jeden Sonntagvormittag Rollschuhlaufen und Dienstagabend zum Schwimmen geht. Das hört sich gut an? Ja, außer dass ein kleines Mädchen, Trudi, nicht sportlich interessiert ist und lieber malen würde. Sie hat selten Gelegenheit, das mit Mama oder Papa zu tun, obwohl sie gute Eltern sind, die viel Zeit mit ihren Kindern verbringen. Trudi ist schon neidisch auf ihren Bruder und ihre Schwester, und wahrscheinlich erzählt sie das ihren Eltern nicht. Ihr Ärger wird sich möglicherweise gegenüber ihren Geschwistern zeigen, die sie schon necken, weil sie sie aufhält, wenn sie mit ihren Rollschuhen hinfällt.
- Schenke jedem die gleiche Aufmerksamkeit. Wenn ein Kind fähig und verlässlich ist und wenig Probleme bereitet, geht man leicht in die Falle, dem anderen mehr Aufmerksamkeit zu schenken.

Miranda war immer extrem neidisch auf ihre ältere Schwester Bethany, die häufig in Schwierigkeiten geriet und immer Hilfe von den Eltern bekam. In der Schule, bei der Arbeit und später in ihrer Ehe brauchte Bethany nur zu jammern, und schon war sie im Zentrum der Aufmerksamkeit. Bethany konnte verhindern, dass die

Eltern an Mirandas Schulaufführung teilnahmen, indem sie krank wurde. Sie konnte sicherstellen, dass jedes Weihnachtsfest und jeder Geburtstag durch ihre Dramen verdorben wurde. Sie bekam Geld »geliehen«, um wiederholt ihre Schulden zu bezahlen. Sie konnte ihre Mutter dazu bringen, bis Mitternacht mit ihr zu telefonieren, um das jüngste Ehedrama zu besprechen – und so immer weiter. Gelegentlich lobt ihre Mutter Miranda, weil sie ihr niemals Schwierigkeiten bereitet habe, aber Miranda hat ihren Groll niemals ausgesprochen, weil das eine zusätzliche Belastung für die Eltern wäre, die sich sowieso schon die Haare raufen über Bethany. Beide Schwestern können keine Nähe zueinander entwickeln, zum einen wegen Mirandas Groll über das unfaire Maß an Beachtung, das Bethany zugestanden wurde, und zum anderen, weil Bethany so hilflos und abhängig ist, dass Miranda es in ihrer Nähe nicht aushält. Miranda hat wenig Geduld mit anderen Menschen, die in Schwierigkeiten sind, und obwohl sie gesund und unabhängig ist, wünscht sie sich manchmal, sie wäre weniger stark und wohlerzogen gewesen, denn dann hätte sie mehr bekommen.

- *Stufe kein Kind als »perfekt« ein, und glaube auch nicht, es brauche daher wenig Aufmerksamkeit. Das gibt den anderen das Gefühl, schlechter und weniger geliebt zu sein. Sie entwickeln weniger Selbstachtung und Selbstvertrauen, was wiederum den Abstand zwischen ihnen und dem »perfekten« Kind weiter vergrößert. Sie reagieren dann mit Ärger, Neid und sogar mit Hass. Die Bedürfnisse des »perfekten« Kindes werden möglicherweise auch nicht erfüllt, weil es versuchen wird, seine Position zu halten und seine Probleme verleugnet.*
- *Beachte die Bedürfnisse eines einzelnen Mädchens zwischen Jungen. Häufig werden ihre Bedürfnisse als weniger wichtig angesehen, und sie wird vielleicht wütend aufwachsen, sich Männern untergeordnet fühlen und Beziehungen wählen, in denen sie unterwürfig ist und sich benutzen lässt. Möglicherweise erzieht sie als Erwachsene ihre Töchter auf die gleiche Weise. Natürlich kann die Situation auch umgekehrt sein. Die einzige*

Tochter wird vielleicht wie eine Prinzessin behandelt, und die ganze Familie ist in sie vernarrt, weil sie niedlich und süß ist. Dieses Mädchen wird vielleicht eine Primadonna-Prinzessin, die von jedem erwartet, dass er für sie sorgt, und die unsinnige Erwartungen an Freunde, Partner und Kollegen richtet.

- *Achte auf den überbehütenden Bruder. In allerbester Absicht und mit viel Liebe können ältere Brüder ihre jüngeren Geschwister behindern, indem sie sie zu sehr beschützen, ihre Kämpfe austragen (oft ganz wörtlich) und Schwestern von normalen Erfahrungen mit Jungen abhalten, weil sie denken »niemand fasst meine Schwester an«. So ein Bruder wird Schwierigkeiten haben, weil er seiner Partnerin und seinen Kindern gegenüber überbehütend sein wird und ihr Wachstum erstickt.*
- *Bekomme keinesfalls ein Kind, damit das ältere einen Bruder oder eine Schwester hat. Solche Arrangements rächen sich meist, da beide Kinder wegen der ihnen zugewiesenen Rollen und der auf sie gerichteten Erwartungen unzufrieden sind.*
- *Bekomme keinesfalls ein weiteres Kind, um die Ehe zu retten, um einen Partner zu halten, der sonst gehen würde, oder um das Verhalten eines Partners unter Kontrolle zu bringen, zum Beispiel ihn zu veranlassen, mit dem Trinken aufzuhören. Das bürdet dem Kind einen ganzen Schwall von Erwartungen auf. Das jüngere Geschwisterkind wird vielleicht später von den anderen als dasjenige angesehen, das sie alle zu weiteren Jahren des Elends verurteilte, als sie schon beinahe frei waren.*
- *Ersetze keinesfalls ein älteres Kind durch einen Neuankömmling.*
- *Befreie die Familie von Mythen. Wenn Kindern beigebracht wird, in der Außenwelt über das, was in der Familie vorgeht, zu lügen, dann wachsen sie mit Misstrauen gegeneinander auf und gegenüber allen, denen sie im späteren Leben begegnen. Diskretion ist eine Fähigkeit, die sie brauchen; aber wenn sie lernen, für ihre Eltern zu lügen, um das Chaos zu schützen, dann werden sie unfähig, irgendjemandem zu vertrauen. Diese Kinder rebellieren entweder und gehen weg, oder sie bleiben und spielen*

mit und bilden eine neue Generation von Co-Abhängigen, die ihre Scham verbergen und niemals sie selbst sein können.

- *Sei achtsam, was bei dir zu Hause passiert. Inzest kommt häufiger vor als gedacht. Das wird als ein besonderes Thema im Anhang 1 behandelt.*
- *Sei dir dessen bewusst, dass es ganz natürlich ist, wenn du heftig auf die Kinder reagierst, die ähnliche Persönlichkeitszüge haben wie du selbst. Obwohl es natürlich ist, ist es vielleicht nicht gut für das Kind oder für die anderen und kann Rivalität zwischen ihnen säen.*
- *Schränke das Hänseln ein. Man sagt, dass es so etwas wie gutes Hänseln nicht gibt. Obwohl leichtes Necken Kindern helfen kann, ihre Toleranz und ihren Sinn für Humor zu entwickeln und sich selbst nicht so ernst zu nehmen, entwickelt es sich oft zu grausamem Spott, manchmal bis hin zur Misshandlung. Das Ergebnis kann eine Schwächung des Selbstvertrauens sein, häufig verbunden mit Angst oder Phobie, ganz abgesehen von der begleitenden Wut, die entweder verinnerlicht oder ausgespielt wird.*
- *Beende Kämpfe. In manchen Familien mögen Kämpfe Teil des groben und unbeherrschten Lebens sein, aber einige Erwachsene, die ich als Klienten sehe, sind von älteren Geschwistern grausam geschlagen und von den Eltern nicht vor dieser Misshandlung geschützt worden. Es ist wichtig, dass Eltern kein Kind in den Augen des anderen abwerten, indem sie den Eindruck vermitteln, dass es schutzbedürftig sei. Das vergrößert die Kluft zwischen ihnen und führt zu Komplexen, die sich auch auf Beziehungen außerhalb der Familie ausweiten. Aber Kämpfe müssen mit Selbstverständlichkeit unterbrochen werden. Bevorzugung kann ein Elternteil dazu bringen, gegenüber dem Verhalten des bevorzugten Kindes blind zu sein. Dann wird dieses Kind Amok laufen und die anderen terrorisieren – mit schlimmen Folgen für die Entwicklung aller Geschwister.*

Alte Verbindungen

Wir haben schon kurz über Reinkarnation und frühere Leben gesprochen. Wenn du ein bisschen mehr über diesen Aspekt deiner gegenwärtigen Beziehungen mit Brüdern und Schwestern und natürlich auch anderen wichtigen Personen in deinem Leben lesen willst, dann wird dich Anhang 2 interessieren.

DIE MUSTER UNSERER KINDHEIT DURCHBRECHEN

Es scheint verrückt, aber als Erwachsene stehen wir unter dem Zwang, das zu wiederholen, was uns verletzt hat. Dabei suchen wir aktiv die Menschen aus, mit denen wir die alten Muster wieder ausspielen können. Natürlich tun unsere Partner es oft ebenfalls.

Wenn du aus einer problematischen Familie kommst, bist du wahrscheinlich nachlässig geworden gegenüber unangemessenem Verhalten deiner Brüder und Schwestern und deiner Eltern. Vielleicht hast du Schwierigkeiten mit Grenzen – deinen eigenen und denen anderer Menschen. Als Erwachsene wählst du wahrscheinlich Partner, die deinem gegengeschlechtlichen Geschwister oder deinem gegengeschlechtlichen Elternteil ähnlich sind, und du wirst in einem wiederholten Muster wieder und wieder verletzt, bis eine große Krise dich zwingt, Hilfe zu suchen. Du tust dich vielleicht auch dann noch schwer, Hilfe anzunehmen. Du wirst wahrscheinlich unangemessenes Verhalten anderer entschuldigen, während du den Schmerz auf dich nimmst und dir manchmal die Schuld gibst für Dinge, die außerhalb deiner Kontrolle liegen. So lässt du dich benutzen und missbrauchen. Vielleicht findest du auch heraus, dass du alle anderen für Dinge beschuldigst, die in Wirklichkeit in deiner Verantwortung liegen. Du magst anderen ermöglichen, krank zu bleiben, indem du für sie Lügen erzählst und damit in klassischer Weise abhängig wirst. Vielleicht bist du sogar erschrocken, weil du dich in der Lage findest, anderen, einschließlich deinen Kindern, einiges von dem anzutun, was dir angetan worden ist, was aber niemals an deine Kinder weiterzugeben du geschworen hattest.

Oft fallen Kinder innerhalb der Bruder-Schwester-Gruppe in ein besonderes Verhaltensmuster. Vielleicht erkennst du dich und deine Brüder und Schwestern in den folgenden Beschreibungen, die für die Einschätzung nützlich sind, welche Stärken und Schwächen du vielleicht als Erwachsener hast und woran du arbeiten möchtest, um die Dinge zu verbessern. Die Fallgeschichten, von denen einige mindestens zwei Generationen überspannen, zeigen, wie weitreichend die Konsequenzen sein können. Vielleicht findest du auch Parallelen zu mehr als einer Gruppe.

Einige Familien erscheinen von außen ganz »normal«. Aber wichtiger ist, wie die Kinder das Geschehen wahrnehmen und wie sie darauf reagieren. Deine Gefühle, wie immer sie jetzt sein mögen, sind gültig. Bitte fühle dich nicht schlecht in Bezug darauf, wie du auf deine Vergangenheit reagierst. Wenn du anschaust, wie deine Gefühle entstanden sind und wie sie jeden Bereich deines Lebens durchdrungen haben, wirst du sehen, wie sie sich zu verändern beginnen.

Das verantwortliche Kind

Dieses Kind, oft das erstgeborene, neigt dazu, seine Brüder und Schwestern und jeden anderen zu organisieren. Es kann andere dazu bringen, das Notwendige zu tun, und ist kompetent, verlässlich, unabhängig und ein guter Führer. Jedoch hatte es zumeist kaum Zeit zu spielen und ein Kind zu sein, und es scheint schon immer ein »kleiner Erwachsener« gewesen zu sein. Als Erwachsene rfährt es fort, für alles und jeden zu sorgen und kann gönnerhaft, herrschsüchtig und übergriffig sein, indem es sich um anderer Leute Probleme kümmert, ob die das wollen oder nicht. Es kümmert sich nicht viel um Gefühle und mag es nicht, wenn jemand ihm zu helfen versucht. Es kann distanziert und ein wenig unnahbar sein, während es untergründig verzweifelt auf Anerkennung wartet. Erinnert dich das an jemanden, den du kennst?

Hayley wurde ungeplant ein Jahr nach der Heirat von Tim und Jane geboren, und die ganze Familie war begeistert – das erste Kind des Paares und das erste Enkelkind in beiden Familien. Als ihr Mutterschaftsurlaub vorbei war, begann Jane wieder zu arbeiten, und Hayley wurde in einer örtlichen Krippe versorgt.
Drei Jahre später wurde Thomas nach einer sorgfältig geplanten Schwangerschaft geboren. Tim war überglücklich, einen Sohn zu haben. Inzwischen war er befördert worden, und Jane hörte auf zu arbeiten, um zu Hause bei den Kindern zu sein. Sie hatte die Möglichkeit, in Teilzeitarbeit zurückkehren, wann immer sie wollte. Hayley blieb in der Vorschule, die sie jetzt besuchte und wo sie glücklich war.
Weder Tim noch Jane waren auf die plötzliche Veränderung in Hayleys Verhalten vorbereitet. Während sie bisher ein selbstbewusstes Kind war, verschlechterten sich jetzt ihre Leistungen in der Vorschule. Zu Hause verhielt sie sich klammernd und verlangte ständig Aufmerksamkeit. Janes Geduld wurde auf die Probe gestellt durch Hayleys Wutanfälle, wenn sie nicht ihren Willen bekam, und sie beantwortete Hayleys Verhalten mit Entrüstung. Auf der anderen Seite war Thomas ein lächelndes, zärtliches, ruhiges und leicht zu pflegendes Baby, das im Zentrum der Aufmerksamkeit stand. Obwohl Tim sich bewusst bemühte, die Kinder gleich zu behandeln, war es offensichtlich, dass Thomas sein Augapfel war.
Mit fünfunddreißig, drei Jahre nach dem Zerbrechen ihrer vier Jahre andauernden Ehe, wurde Hayley abhängig von Tranquilizern. Kurz nachdem sie und ihr Mann sich getrennt hatten, entwickelte sie Panikattacken, weswegen ihr Arzt ihr Tranquilizer verschrieben hatte, von denen sie jetzt abhängig war. Sie stellte fest, dass ihr Ex-Ehemann ein Schwächling war, der nicht mit beiden Beinen im Leben stand. Er hatte immer versucht, ihr zu gefallen und sie zufriedenzustellen, war ehrlich und großzügig, aber sie machte ihn wegen dieser Eigenschaften, die viele Frauen geliebt hätten, lächerlich.

Hayley war eine schwierige Frau. Verbissen unabhängig, herrschsüchtig und aggressiv, versuchte sie nicht nur unsere Sitzungen zu kontrollieren, sondern sogar mein Verhalten in der Sitzung. Was auch immer ich vorschlug, sie beanspruchte, es schon zu wissen. Es schien, dass sie schon entschieden hatte, dass ich ihr nicht wirklich helfen konnte. Dennoch kam sie weiterhin.
Hayley reagierte heftig auf jeden, der irgendwie hilflos erschien, und so sammelte sie um sich Menschen, die von ihr abhängig waren und die sie kontrollieren und herumschubsen konnte. Schließlich hasste sie sie gerade für die Charakterzüge, die sie zunächst angezogen hatten. Was Männer betraf, so wusste sie, dass sie es ihnen schwer machte. Erst als wir über ihre Beziehung zu ihrem jüngeren Bruder sprachen, wurde die Ursache ihrer Probleme schließlich deutlich. Ihr ganzes Verhalten änderte sich, und ihre Abneigung gegen ihn wurde offensichtlich. Sie erinnerte sich, wie aufgeregt sie war, einen kleinen Bruder zu bekommen, und wie es war, ihn zum ersten Mal zu sehen und anzufassen. Aber sie erinnerte sich genauso lebhaft, wie sie sich ausgestoßen gefühlt hatte. Seine Streiche und Erfolge waren für die Eltern immer wichtiger gewesen als ihre. Er war vernarrt in seine ältere Schwester, während sie wenig Zeit für ihn hatte. Je mehr er versuchte, ihr zu gefallen, desto mehr Verachtung fühlte sie.
Mit neunzehn hatte sich Thomas dazu bekannt, schwul zu sein. Tim war sichtbar schockiert und enttäuscht. Jane sagte, sie könne das niemals akzeptieren. Hayley sprang in die Bresche und diskutierte mit ihren Eltern über das, was sie als Familientragödie ansahen, und sie bot Thomas die Unterstützung, um die er gebeten hatte. Für kurze Zeit waren sie sich nahe. Hayley fühlte sich nützlich und hatte die Kontrolle, aber sie war immer noch ausgeschlossen von dem Leiden der anderen drei. Sie war so erfolgreich als Familienmediator, dass beide Eltern nach einigen Monaten ihre Einstellung änderten, das Unausweichliche zu akzeptieren begannen und Thomas wieder in den Familienverband aufnahmen. Wieder fühlte sich Hayley an den Rand gedrängt, während der gutaussehende, immer lächelnde, charmante Thomas wieder auf seinem Sockel

stand und ihre Eltern nicht nur bereit waren, seine Freunde zu Hause zu begrüßen, sondern sogar einwilligten, seinen Geliebten zu treffen. Sie fühlte sich krank und konnte ihre Eifersucht kaum zurückhalten. Sie war wütend auf ihn und noch mehr auf sich selbst.

Der Mann, den Hayley heiratete, war groß, gut aussehend, lächelnd und begierig zu gefallen. Erst jetzt konnte sie sehen, wie ähnlich er ihrem Bruder in vieler Hinsicht war. Sie räumte ein, dass sie ihn die meiste Zeit ihrer kurzen Beziehung kontrolliert hatte, und war zutiefst erschrocken, als er den Mut besaß, sie zu verlassen. Ihre verbissene Unabhängigkeit war erschüttert, und die Angst, verlassen zu sein, die sie seit der Geburt von Thomas eigentlich immer gefühlt hatte, kam jetzt an die Oberfläche.

Sie musste sich jetzt der Eifersucht stellen, die sie immer geleugnet hatte, und sie musste akzeptieren, dass es nicht das Verschulden von Thomas war, als der Junge geboren zu sein, den sein Vater idolisierte, und eine sonnige Persönlichkeit zu haben, die jeder liebte. Hayleys Ärger galt eigentlich ihren Eltern, aber wenn sie ihnen das gesagt hätte, riskierte sie weitere Ablehnung und weiteren Verlust. Eine Familiensitzung gab ihr die Möglichkeit, den anderen zu erzählen, wie sie sich all die Jahre gefühlt hatte. Sie hatten sie immer als unabhängig, Zärtlichkeit ablehnend und verschlossen wahrgenommen. Jane hatte sich nach Nähe zu ihr gesehnt, hatte schließlich den Mangel an Nähe akzeptiert und durch die Liebe für die femininen Seiten ihres Sohnes ersetzt. Thomas, der seine Schwester seit langem mit Bedauern aufgegeben hatte, war begierig, mit ihr die Art von Beziehung zu haben, die er sich immer gewünscht hatte, und sie entschlossen sich, einige Zeit getrennt von den Eltern miteinander zu verbringen, um einander besser kennenzulernen. Es war nicht leicht für Hayley, ihr Kontrollbedürfnis loszulassen, und Thomas musste sie daran erinnern, dass er erwachsen war, ein Leben nach seiner Wahl führte und sie als Schwester und nicht als Ratgeber wollte. Für Hayley bedeutete die erneuerte Beziehung zu ihrer Familie die Begegnung mit Intimität, die sie viele Jahre lang immer beiseite geschoben hatte. Aber indem sie sich damit auseinandersetzte, wurde sie weicher und akzeptierte ihre eigene Weiblichkeit auf eine Art, wie sie es niemals vorher getan hatte. Ihre Tendenz, in Beziehungen die Jägerin zu sein, ließ nach, und ihre Männerwahl änderte sich. Ihre Angst und Panik ließen nach, und sie berichtete, dass sie nicht nur ihren Bruder und ihre Eltern gefunden hatte, sondern auch sich selbst.

DAS KIND ALS TRÖSTER

Dieses Kind kümmert sich um die emotionalen Bedürfnisse von jedem. Es ist wie ein kleiner Therapeut – annehmend, warm und empathisch. Als guter Zuhörer lindert es die Schmerzen und Enttäuschungen seiner Geschwister. Später, als Erwachsener, kümmert es sich immer um anderer Leute Beziehungen, Verletzungen und Verluste, während es selbst selten jemandem von seinen eigenen Problemen erzählt. Es stellt die Bedürfnisse aller anderen vor seine eigenen und hat Schwierigkeiten, die Grenzen anderer zu achten. Von Zeit zu Zeit fühlt es sich deprimiert, verletzt und vernachlässigt, weil seine Bedürfnisse selten erfüllt werden, aber es schiebt diese Gefühle zur Seite und fährt fort, sich um alle anderen zu kümmern. Manchmal wünscht es sich das Mitgefühl anderer, aber es fürchtet, sich in deren Augen herabzuwürdigen, wenn es ehrlich über seine eigenen Schwierigkeiten sprechen würde. Auf jeden Fall argumentiert es, dass eine Hilfe, um die es bitten müsste, nichts wert sei.

Mary war mit neunzehn eines dieser erwachsen gewordenen Tröster-Kinder. Sie fühlte sich verletzt und verwirrt nach einer Auseinandersetzung mit ihrer Zimmergenossin, von der sie sich jetzt getrennt hatte. Sie verstand nicht ganz, was passiert war, aber in der Rückschau nahm sie wahr, dass in den letzten Monaten eine zunehmende Spannung zwischen ihnen entstanden war.
Sie und ihre Freundin Angela waren so gut miteinander ausgekommen, dass sie sich am Ende des ersten Studienjahres entschlossen hatten, aus dem Studentenwohnheim auszuziehen und eine gemeinsame Wohnung zu nehmen. Mary war begeistert und tat ihr

Bestes, um für alles zu sorgen, und als Angela etwas irritiert wirkte, verstärkte sie ihre Bemühungen. Vor ein paar Monaten hatte es eine kleinere Auseinandersetzung gegeben, als Mary ungefragt ein Hemd von Angela anzog, weil sie glaubte, sei seien so enge Freundinnen, dass das in Ordnung sei. Seitdem hatte sie versucht, es Angela recht zu machen, indem sie immer mehr machte. Vor kurzem wollte sie Angela überraschen, indem sie ihr Zimmer sauber machte, während Angela unterwegs war. Sie war sehr erschrocken, als Angela statt mit Freude mit Bestürzung reagierte und ihr sagte, sie brauche niemanden, der für sie sorge, und sie dann bat, ihr Zimmer nicht mehr zu betreten. Daraufhin hatte Angela entschieden, dass sie nicht mehr zusammen wohnen sollten. Mary war verzweifelt.

Mary war in einer Familie aufgewachsen, in der die meiste Zeit Chaos herrschte, mit unglücklichen Eltern, die sehr oft stritten, weil der Vater viel trank. Ihre Mutter klagte häufig, sie sei müde und wolle sich ins Bett legen, manchmal mehrere Tage hintereinander. Mary, als zweites Kind, aber älteste Tochter, hatte gelernt, sich um die vier jüngeren Kinder zu kümmern und sicherzustellen, dass es so wenig Unruhe wie möglich gab, um die Mutter zu entlasten.

In einer so großen Familie gab es wenig Platz und wenig Rückzugsmöglichkeit. Es war nicht ungewöhnlich, dass Mary und ihre Schwestern und sogar ihre Mutter die Kleider abwechselnd anzogen, und Mary ahnte nicht, dass das Fehlen von Grenzen, das sie für normal hielt, für andere Leute nicht akzeptabel war.

Was sie als freundliches und fürsorgliches Verhalten in ihrer engen Freundschaft mit Angela ansah, war in Wirklichkeit aufdringlich. Noch dazu hatte Angela Mary bei mehreren Gelegenheiten gesagt, dass sie ihr Verhalten nicht akzeptieren könne, und hatte ihr Grenzen gesetzt, die Mary einfach ignorierte. Tatsächlich missverstand sie Angelas Botschaften und verdoppelte ihre Bemühungen, ihr zu gefallen. Angela wünschte sich eine gegenseitig respektvolle Beziehung zu ihrer Freundin und Mitbewohnerin, und Marys Verhalten, das erträglich war, solange sie getrennt wohnten, wurde in der Intimität des gemeinsamen Wohnens unerträglich.

Wenn du dich in Marys Verhalten ein wenig selbst erkennst, kannst du vielleicht darüber nachdenken, ein bisschen mehr darauf zu achten, was andere wirklich wollen, anstatt dich auf Vermutungen zu verlassen. Vielleicht hast du selbst eine Toleranz für unangemessenes Verhalten entwickelt und kannst nicht verstehen, warum andere es aufdringlich finden. Obwohl du vielleicht wütend warst, wenn ein Elternteil ins Zimmer kam und das TV-Programm wechselte, ohne Rücksicht darauf, dass du schon ein Programm ansahst, tust du jetzt vielleicht unbewusst dasselbe. Wie Mary, bist du vielleicht erschrocken, wenn andere eine solche Überschreitung ihrer Grenzen zurückweisen.

Es wird dir helfen, wenn du lernst, Grenzen angemessen zu setzen und die Rechte anderer anzuerkennen. Gleichzeitig kannst du deine eigenen selbstbestätigenden Fähigkeiten entwickeln und deine warmherzigen und liebevollen Gaben aufrechterhalten, mit denen du auf natürliche Weise die Welt förderst.

Das angepasste Kind

Du hast vielleicht in einer verwirrenden Situation zu Hause nicht gefragt, was los ist, sondern hast einfach den Mund gehalten und bist so gut wie möglich durchgekommen. Angepasste Kinder scheinen nicht wahrzunehmen, was wirklich um sie herum vor sich geht. Sie machen keinen Ärger, sondern tun, was ihnen gesagt wird, und passen sich wie Chamäleons der Situation an. Sie schalten emotional ab, verlieren sich in Büchern, Tagträumen oder kreativen Tätigkeiten. Ihre Phantasie ist oft ihr bester Freund. Als Erwachsene leben sie vielleicht ein bisschen in einer Phantasiewelt, was sie dazu bringt, die Wahrheit auszuschmücken oder auch Lügen zu erzählen, ohne dass ihnen bewusst ist, inwiefern das andere verletzen könnte. Sie treiben dahin, stimmen allem zu, was andere wollen, ohne je nachzufragen, Bilanz zu ziehen oder Stellung zu nehmen. Sie sind freundlich, wehren sich nicht gegen Verletzung, Verwirrung oder Schmerz und finden sich manchmal in unerwarteten Situationen wieder und wundern sich, wie sie dahin gekommen sind. Verantwortlichkeit ist nicht gerade ihre Stärke.

Lasst uns sehen, wie Toby an den Punkt kam, an dem er Hilfe brauchte.

Toby war ein warmer und sensibler, körperlich attraktiver junger Mann und angehender Künstler. Die Mädchen umschwärmten ihn, und irgendwie waren ihm die Dinge aus der Hand geglitten. Er wusste nicht recht, wie es passiert war, aber er fand sich in Beziehungen mit zwei Mädchen gleichzeitig wieder. Es war nicht das erste Mal, dass ihm das passierte, und es endete immer damit, dass alle, auch er selbst, verletzt waren.

Als Kind war er am liebsten allein, aber er erinnerte sich daran, dass er mit seiner jüngeren Schwester im Bett kuschelte und ihr mit einer Taschenlampe unter der Bettdecke Geschichten erzählte, wenn sie aufgeregt war, weil ihre Mutter nicht wie versprochen gekommen war, um sie zuzudecken. Toby hatte sich zu einem wahrnehmungsfähigen, empathischen und kreativen jungen Mann entwickelt, aber er konnte schlecht Grenzen setzen und angemessen »Nein« sagen. Er bezog seine Selbstachtung vorwiegend aus seiner Kreativität, was die Mädchen besonders zu bewundern schienen.

Als ihm die Ähnlichkeit in seinem Verhalten gegenüber seiner Schwester und gegenüber den Mädchen, die sich von ihm angezogen fühlten, bewusst wurde, ging ihm ein Licht auf. Er war brüderlich liebevoll und hilfsbereit und teilte seine Kreativität mit ihnen, aber als junge erwachsene Frauen verstanden sie sein Verhalten als etwas anderes und waren natürlich aufgebracht, wenn sie sahen, dass er sich auch anderen gegenüber ähnlich verhielt. Seine »Hilfe« war verführerisch und seine Umarmungen führten zu sexuellen Begegnungen und Andeutungen einer Verbindlichkeit, die er nicht meinte. Erst als es das zweite Mal geschah, begann er in Erwägung zu ziehen, dass er selbst die Ursache der Verwirrung sein könnte.

Weder Toby noch Mary hatten gesunde Erfahrungen gemacht, auf die sie ihre Wahl und ihre Entscheidungen hätten stützen können.

Wenn du irgendeinen Aspekt deines Verhaltens in ihren Geschichten gespiegelt siehst, dann solltest du immer wieder innehalten und dein Verhalten überprüfen. Versuche, dich in deinen Körper einzustimmen und deine Gefühle wahrzunehmen. Ein Unbehagen zeigt, dass etwas nicht in Ordnung ist. Wenn du dich fragst, wodurch dieses Gefühl in dir hervorgerufen wird, wirst du schnell erkennen, ob dein Verhalten angemessen ist. Überprüfe, ob genügend gegenseitiger Respekt zwischen dir und anderen vorhanden ist, und versuche, gesunde Grenzen zu setzen, die diesen Respekt erzeugen. Mit deinen Freunden und deiner Familie offener und ehrlicher über deine Schwierigkeiten zu sprechen, mag helfen, aber sei damit auch ein wenig vorsichtig. Vor allem finde heraus, was wirkliche Liebe ist, denn unbeabsichtigt könntest du ein Feuer entfachen, das dich und andere gleichermaßen verletzt. Wenn du dich von deinen Schuldgefühlen befreien kannst, als Kind nicht alles richtig gemacht zu haben, so wird es dir helfen, das auch jetzt nicht immer wieder zu versuchen. Es ist nicht deine Aufgabe, alles in der Welt in Ordnung zu bringen.

Der Sündenbock

Das »Sündenbock-Kind« ist vielleicht das Mutigste von allen. Es beschenkt die ganze Familie mit einer Entschuldigung dafür, die wirklichen Probleme nicht anzuschauen, denn es ist wütend, häufig in Schwierigkeiten und beugt seinen Rücken, um die Schläge für die ganze Familie in Empfang zu nehmen. Es zeigt, dass die Situation in der Familie schmerzhaft ist und nicht nur das Kind, sondern die ganze Familie Hilfe braucht, aber oft tut es das so indirekt, dass seine wirkliche Botschaft nicht verstanden wird. Es hat Angst, würde das aber nie zugeben. Es ist verwirrt, behauptet aber vielleicht, den vollen Durchblick zu haben. Es sehnt sich verzweifelt nach liebevoller Aufmerksamkeit, weist sie aber augenscheinlich zurück und zieht oft sowohl zu Hause als auch in der Schule und auf der Straße das Gegenteil an. Als Erwachsener mag es Schwierigkeiten mit der Impulskontrolle haben und seine Empfindsamkeit mit Alkohol, Drogen oder Gewalttätigkeit überdecken. Es könnte noch immer nachtragend sein, weil es permanent damit beschäftigt war, die Probleme der Familie auszuagieren, als Unruhestifter gebrandmarkt sowie in der Schule zurückgewiesen wurde und niemals seine Fähigkeiten angemessen entwickeln konnte.

Jess war klug, hatte einen dreisten Humor und einen sicheren Blick für einen guten Deal. Er hatte einen ausgeprägten Geschäftssinn und hätte finanziell abgesichert sein können. Die Frauen liebten ihn, und er schien Freunde zu haben. Außerdem war er kokainabhängig.
Sein Bruder Damian, drei Jahre älter als er, hatte alles: Einen guten Job in der Stadt, ein schickes Auto, eine teure Wohnung und viele Freundinnen. Da sie die einzigen beiden Kinder einer gut situierten Familie waren, bekamen sie alle nur denkbaren materiellen Güter. Sie besuchten beide dieselbe Privatschule, wo Jess, wie er zugab, eher den Clown spielte, als sich um das Lernen zu kümmern. Mit fünfzehn begann er, zusammen mit seinen Freunden Marihuana auszuprobieren, und als er beim Verkauf von mit Marihuana versetzten Zigaretten an jüngere Schüler erwischt wurde, wurde er höflich gebeten, die Schule zu verlassen. Er fiel zu Hause in Ungnade und verbrachte einige Jahre in der örtlichen öffentlichen Schule, wo er wegen seines Oberklassenakzents gehänselt wurde.
Als er um Hilfe bat, war er einunddreißig und hatte ein ernsthaftes Drogenproblem. Obwohl ihre Beziehung seit vielen Jahren angespannt war, hatte er Damian angerufen und ihn um ein Treffen gebeten. Damian übernahm dann die Kontrolle über die Situation, vereinbarte einen Termin mit mir, holte Jess ab und brachte ihn in die Klinik.
Um seine Eltern nicht zu beunruhigen, wollte Damian auf gar keinen Fall, dass seine Eltern etwas von Jesses Drogenproblem erfuhren. Er würde sich um alles kümmern und sicherstellen, dass Jess zu seinen Terminen kommen und sich meinen Empfehlungen fügen würde. Er sprach über Jess, als ob dieser ein Kind wäre, und erwartete, dass ich dasselbe tun würde.

Tatsächlich brauchte Jess wenig Ansporn, um zu seinen Sitzungen zu kommen, auch wenn er anfangs lieber herumwitzeln als seine Schwierigkeiten ernst nehmen wollte.
Ihre Eltern waren immer sowohl beruflich als auch gesellschaftlich sehr beschäftigt gewesen, und die Kinder wurden die meiste Zeit von einer Nanny oder von Babysittern versorgt. Als Jess acht war, kam er einmal in das Schlafzimmer seiner Eltern und sah dort seine Mutter nackt mit einem Mann, den er als Onkel Derek kannte. Er wusste nicht einmal, ob sie ihn gesehen hatten, und er sprach niemals mit irgendjemandem darüber. Er begann jedoch damals, das Bett zu nässen.

Damian war immer der gute ältere Bruder, der in der Schule erfolgreich war, mit Gleichaltrigen und mit den Eltern gut zurechtkam, während er über Jess erbarmungslos spottete wegen seiner weniger guten Entwicklung und seines Bettnässens, und drohte, es den Freunden zu erzählen. Jess hatte immer eine geringe Selbstachtung und geringes Selbstvertrauen und fast keinen Sinn für Autonomie. Seine Hassliebe zu Damian, zu dem er gleichzeitig Nähe ersehnte und fürchtete, hatte sich inzwischen in einer Reihe von Abhängigkeiten wiederholt. Die Tatsache, dass Damian in die Bresche gesprungen war, als Jess zugegeben hatte, in ernsthaften Schwierigkeiten zu sein, brachte ihn in einen inneren Konflikt. Einerseits war es gut, seinen Bruder an seiner Seite zu haben, andererseits hasste er es, Damian erneut etwas in die Hand zu geben, was dieser gegen ihn verwenden konnte.

Mein erster Schritt war jetzt, seine Verabredung mit Damian loszuwerden, dass sie den Eltern nichts von seiner Drogenabhängigkeit sagen sollten. Das war eine Wiederholung der Situation mit dem Bettnässen, als Jess alles lieber tun wollte, als die Scham vor seinen Freunden zu erleben. Tatsächlich verhielten sich die Eltern unterstützend, als sie von Jess selbst über die Situation informiert wurden und erfuhren, dass er Hilfe bekam.

Die ganze Familie begann, ihre Beziehungen zu klären. Damian dachte, er hätte immer gut für seinen kleinen Bruder gesorgt, und Jess hätte Glück gehabt, denn er, Damian, hätte immer alles selbst machen müssen. Ihr Vater, der niemals wirklich für seine Söhne oder seine Frau präsent gewesen war, obwohl er sie alle liebte, dachte, die beiden Jungen wären gut zurechtgekommen. Er fühlte, er hätte das Beste für sie getan, indem er sie auf gute Schulen schickte, und er war auf sie beide gleich stolz. Er war zwar erschrocken, als Jess aus der Schule ausgeschlossen wurde, aber er war stolz darauf, wie Jess sich danach gefangen und den Abschluss erreicht hatte, wenn auch einige Jahre später, als eigentlich erwartet. Ihre Mutter schien überrascht, dass es ein Familienproblem gab. Sie war die jüngere Schwester von zwei Brüdern und war als Kind wenig beachtet worden. Sie hatte gute Schulnoten, saß gern ruhig und las, wenn die Männer über Politik oder Wissenschaft redeten, und jetzt liebte sie ihren Job in der Bibliothek, wo sie für die Bücher sorgen konnte, die sie fast wie Reliquien verehrte. Sie dachte, ihre Männer würden zurechtkommen, so wie die in ihrer Ursprungsfamilie, und alles wäre in Ordnung. Obwohl Jess in der Pubertät einige Probleme gehabt hatte, glaubte sie, er wäre da herausgewachsen. Sie hatte einen langjährigen lieben Freund, Derek, der sie oft begleitete, weil ihr Mann so beschäftigt war. Ihr Mann lächelte und sagte, Derek sei seit mehr als zwanzig Jahren wie ein Familienmitglied. Jess sagte nichts.

Jess begann schließlich, sich seine Abhängigkeit anzuschauen und sich selbst wertzuschätzen. Er war ein loyaler Sohn zu beiden Eltern und ein guter Bruder, der niemals ein Wort darüber zu irgendjemandem über seinen Kummer geäußert hatte, obwohl es alles in seinem Verhalten abzulesen war, wenn sich jemand die Mühe gemacht hätte, hinzuschauen.

Diese Dynamik zwischen dem Älteren und dem Jüngeren ist nicht ungewöhnlich. Manchmal gibt es so viel Feindseligkeit, dass es schwer ist, sie zu versöhnen.

Der Jüngere mag als Opfer von physischer oder emotionaler Drangsalierung stecken geblieben sein und das in Beziehungen mit Partnern, Kollegen und Freunden wiederholen. Manchmal wird das Kind, das drangsaliert worden ist, später zum Aggressor und greift zu Gewalt in der Ehe oder gegenüber seinen eigenen Kindern.

Erkennst du hier irgendetwas wieder? Wenn ja, sei freundlich mit dir selbst. Du hast vielleicht für lange Zeit deine Verletzung zugedeckt mit einem Verhalten, das du nicht magst. Es muss nicht so bleiben. Aber zu lernen, dein Leben ohne irgendeine Form von physischer oder emotionaler Anästhesie zu leben, ist anfangs nicht einfach. Versuche, mit jemandem darüber zu sprechen, wie verletzlich du dich fühlst, und lasse die gespielte Tapferkeit eine Weile beiseite. Wenn du sie ab und zu noch brauchst, um zu überleben, dann soll es so sein, aber gehe eine Verpflichtung ein, Schritt für Schritt anders zu leben, sonst verpasst du die Möglichkeit, dein Potenzial zu entwickeln und das glücklichere Leben zu führen, das du verdienst. Eine Warnung: Wenn Alkohol oder der Gebrauch von Drogen ein Teil des Problems ist, so hat vielleicht auch dein Partner inzwischen Schwierigkeiten, und es ist vielleicht nicht realistisch zu erwarten, dass er sich plötzlich ändert, weil du es tust. Vielleicht musst du an deiner Absicht festhalten und deine Ernsthaftigkeit beweisen, bevor wieder Vertrauen entstehen kann.

WIE DIE REIHENFOLGE DER GEBURT UNS BEEINFLUSST

Unsere Stellung in der Geschwisterreihe hat erhebliche Auswirkungen darauf, wer wir werden und wie wir unser ganzes Leben lang unsere Beziehungen gestalten. Das betrifft nicht nur unsere Beziehungen zu unseren Brüdern und Schwestern und zu unseren Eltern, sondern beeinflusst auch unsere Partnerwahl, unsere Erwartungen und die Art der möglicherweise daraus entstehenden Konflikte.

Der Erstgeborene

Elternschaft kommt nicht mit einer Gebrauchsanweisung. Der Erstgeborene ist ein lebendes Experiment für die Eltern. Mit diesem Kind lernen sie ihre Lektion, und natürlich machen sie Fehler, manchmal sind sie zu nachgiebig, aber oft ist es umgekehrt, und die Regeln werden erst bei den jüngeren Kindern weicher, in dem Maße, wie die Eltern in ihren Erwartungen realistischer werden. Das älteste Kind muss das Eis brechen und hat oft weniger Freiheit.

Wenn du ein erstes Kind warst, bist du vielleicht zu einer Zeit geboren, in der deine Eltern finanziell noch nicht so gut abgesichert waren und deswegen materiell weniger zur Verfügung stand. Vielleicht hat deine Mutter, wie die von Hayley, weiter gearbeitet und konnte dir weniger Zeit und Beachtung geben als später den jüngeren Kindern. Während das erste Kind vielleicht zu früh gekommen ist und auf eine Art abgelehnt wurde, war das zweite Kind vielleicht geplant und alles viel sorgfältiger vorbereitet. Aber es kann auch sein, dass du so sehnlich erwartet wurdest, dass du mit Beachtung und Aufwand überschüttet wurdest, wie das für die jüngeren Kinder nicht möglich war. Vielleicht warst du auch das erste Enkelkind und wirst immer einen Ehrenplatz haben, den kein später geborenes Kind erreichen kann.

Aber als Ältere hast du wahrscheinlich mehr Verantwortung getragen, und das könnte dich herrschsüchtig gegenüber den jüngeren Geschwistern gemacht haben, besonders wenn sie das gleiche Geschlecht haben. Wenn du ehrlich bist, siehst du vielleicht, dass du gern jedes Geschehen kontrollierst und um dich herum andere sammelst, die von dir abhängig sind. Hast du wenig Zeit für die Meinungen anderer? Unterschätzt du das Urteil anderer? Wirst du ärgerlich und eifersüchtig, wenn jemand anderer im Scheinwerferlicht steht? Oft konkurriert das ältere Kind mit dem jüngeren, besonders wenn der Abstand sich schließt und das jüngere auch die Fähigkeiten entwickelt, die bei dem älteren besonders bewundert worden sind. Das kann dazu führen, dass das ältere Kind sich wütend zurückzieht und es ablehnt, seinen Platz aufzugeben. Kennst du das?

Hayley versuchte unbewusst, ihr Problem mit ihrem jüngeren Bruder zu lösen, indem sie einen Mann heiratete, der ihm ähnlich war. Manchmal wählen zwei erstgeborene Kinder einander als Partner, weil sie dieselbe Erfahrung miteinander teilen und sich verstehen. Aber manchmal haben sie Schwierigkeiten, sich an eine gleichberechtigte Partnerschaft zu gewöhnen, weil jeder sich als Führer sieht.

Natürlich kannst du ein sehr glückliches ältestes Kind mit guten Beziehungen zu deiner ganzen Familie sein. Ich wünsche es dir. Aber wenn du leidest und schon seit vielen Jahren in alten Gefühlen von Ärger und Eifersucht gefangen bist, dann ist es Zeit, deinen Mut zusammenzunehmen und den Menschen in deiner Familie zu sagen, wie du dich wirklich fühlst. Bedenke, dass es nicht der Fehler deiner jüngeren Geschwister ist, wenn sie bekamen, was du vermisst hast, und dein Ärger eigentlich nicht ihnen gilt. Sorge für deine eigenen Bedürfnisse. Überspringe den Rest des Kapitels nicht, denn es ist wichtig für dich, zu verstehen, wie es wohl für deine jüngeren Brüder und Schwestern war.

Das jüngere Kind

Warst du das jüngste Kind in deiner Familie? Wenn ja, dann bist du vielleicht mehr verwöhnt worden und musstest weniger Verantwortung übernehmen. Wahrscheinlich identifizierst du dich mehr mit deinen Eltern als deine Brüder und Schwestern, und das entfremdet dich umso mehr von deinen älteren Geschwistern. Wahrscheinlich hat man dir immer gesagt, was du tun solltest und dich herumkommandiert. Vielleicht hast du deswegen ein Autoritätsproblem und Schwierigkeiten, Anweisungen zu befolgen oder in einem Team zu arbeiten, und bist etwas misstrauisch gegenüber Leitern, denen du dich unterlegen fühlst. Vielleicht bist du sehr zurückhaltend und verbirgst deine Fehler, weil du vor Kritik Angst hast. Manche jüngeren Kinder werden unaufrichtig und unehrlich.

Vielleicht hast du auch Schwierigkeiten, wahrzunehmen, wer du bist, und neigst entweder dazu, dich selbst sehr ernst zu nehmen (weil niemand es tat, als du ein Kind warst), oder umgekehrt niemals dich selbst oder irgendetwas sonst ernst zu nehmen, weil du so sehr gewöhnt bist, dass deine Meinung nicht beachtet oder übergangen wird.

Die Beziehung zu deinem ältesten Geschwister ist wahrscheinlich schwierig, wenn ihr das gleiche Geschlecht habt, wie bei Jess und Damian, oder wenn die Familiendynamik schon schwierig war. Das kann auch zu Schwierigkeiten mit Kollegen des gleichen Geschlechts führen. Wenn du dein älteres gleichgeschlechtliches Geschwister als Held angesehen und nachgeahmt hast, um in seine Fußstapfen zu treten, so kann es intensive Rivalität zwischen euch geben, die sich bis ins Erwachsenenleben fortsetzt, auch wenn das niemals ausgesprochen worden ist. Ihr solltet miteinander darüber reden!

Wenn du mit Groll, Abhängigkeit, Unterwürfigkeit oder Aggression, geringem Selbstwertgefühl und mangelndem Verantwortungsbewusstsein zu tun hast, dann ist es notwendig, darüber zu sprechen. Wenn du wütend, eifersüchtig und voller Groll bist, dass die älteren Kinder dem Elend ausweichen konnten, indem sie ausgezogen sind, und du diejenige warst, die zu Hause bleiben und weiterhin mit den Eltern umgehen musste, dann konfrontiere dich damit und beschäftige dich mit deinem Schmerz, anstatt zuzulassen, dass er weitere Bereiche deines Lebens beschädigt. Weiter unten gibt es einige Hinweise darauf, wie du das tun kannst.

Das mittlere Kind

Das Kind, das weder den besonderen Platz des Älteren hat noch den des »Babies«, fühlt sich manchmal verloren, verlassen und zurückgewiesen. Dieses Kind ist oft misstrauisch, mit geringem Selbstwertgefühl, geringem Selbstvertrauen und geringer Identität ausgestattet. Bist du das? Gelegentlich gibt es Bündnisse zwischen zwei Kindern, die ein anderes, häufig ein mittleres, ausschließen.

Das kann natürlich in jeder Kombination innerhalb der Geschwistergruppe vorkommen. Eltern müssen dafür sorgen, dass die Bedürfnisse dieses Kindes erfüllt werden, ohne dass überkompensierend co-abhängige Bindungen entwickelt werden. Mittlere Kinder neigen dazu, sich mit einem der Geschwister oder mit den Eltern zu identifizieren. Als Erwachsener ist das mittlere Kind oft sehr gesellig, abhängig von der Zustimmung von Partnern, Freunden und Kollegen. Aber es hat es auch leichter, mit Trennung umzugehen. Oft hat es ein besseres Gefühl für seine eigene Individualität.

Wenn du ein mittleres Kind bist, achte auf dein Verhalten gegenüber anderen und beachte, was du wahrnimmst. Findest du dich angeklammert am Rand von Gruppen? Machst du den Versuch, dich in die Unterhaltung anderer einzuklinken? Probierst du, andere dazu zu bringen, nette Dinge über dich und was du getan hast, zu sagen? Wenn das so ist, dann ist es Teil der Lösung des Problems, dir dessen bewusst zu werden. Gib dir selbst die Anerkennung, die du brauchst. Beginne deine eigenen Gespräche und nimm wahr, wie faszinierend du sein kannst. Du brauchst in Wirklichkeit niemand anderen, um dir zu sagen, dass du okay bist. Du bist es.

Das Einzelkind

Offensichtlich gibt es hier kein Problem mit Geschwistern, aber Einzelkinder sehnen sich oft nach ihnen. Wenn du ein Einzelkind bist, achte darauf, ob du in Beziehungen eher ein Elternteil als einen gleichrangigen Freund suchst. Wenn zwei Einzelkinder einander heiraten, haben sie manchmal Schwierigkeiten zu klären, wer für wen sorgt. Da sexuelle Konflikte zwischen Partnern, die keine gegengeschlechtlichen Geschwister hatten, häufig sind, können Einzelkinder, die einander heiraten, Schwierigkeiten in diesem Bereich haben. Wenn das ein Problem für dich ist, versuche mit deinem Partner zu sprechen, wie es sich für dich anfühlt, und findet heraus, wo die Stärken und Schwächen von jedem liegen. Vielleicht könnt ihr, bis du dich vollständiger fühlst, besondere

Zeiten verabreden (zum Beispiel einen Abend oder einen Sonntag), zu denen abwechselnd einer für den anderen sorgt. Achte darauf, dass es ausgeglichen ist und du für deinen Partner das tust, was er sich wünscht, und nicht, was du für gut für ihn hältst. Mit der Zeit werdet ihr eher dazu kommen, einander zu mögen, als für einander zu sorgen. Dein Ziel ist es, selbst dein eigener liebender Elternteil zu werden.

Zwillinge und Mehrlinge

Es ist spirituell wundervoll, wenn Seelen einander so sehr lieben, dass sie denselben Schoß miteinander teilen möchten. Es ist gut, das im Gedächtnis zu behalten, was auch immer später passieren mag. Manche Zwillinge sind einander sehr nah und emotional und spirituell so sehr verbunden, dass sie wissen, was im Leben des jeweils anderen vor sich geht, ohne dass sie darüber sprechen müssen. Manche haben telepathische Fähigkeiten, die aber üblicherweise auf den Zwilling beschränkt sind, wenn sie nicht weiter entwickelt werden. Manche Zwillingspaare verbringen einen großen Teil ihres Lebens zusammen und genießen die Nähe, die sie vor der Geburt hatten, und pflegen sie ihr ganzes Leben lang. Manche heiraten sogar ein anderes Zwillingspaar. Aber manche Zwillinge sind niemals glücklich, als Teil eines Duetts geboren zu sein, Geburtstage und andere Feste zu teilen, und sie haben das Gefühl, niemals etwas ganz allein machen zu können und immer um ihr Recht als Individuen kämpfen zu müssen. Eltern können helfen, indem sie nicht in die Falle tappen, sie gleich anzuziehen, zu erwarten, dass sie zusammen an die gleichen Orte gehen, die gleichen Freunde haben und alles auf die gleiche Weise tun. Ihnen die Wahl zu lassen und ihre Individualität zu feiern, kann helfen, die Rivalität auf ein Minimum zu beschränken. Es ist zu einfach, über sie als »die Zwillinge«, »die Mädchen« oder »die Jungen« zu sprechen, als ob sie als Paar kommen und immer so bleiben müssen.

Bei Mehrlingen vermehren sich die Segnungen und die Probleme, wenn auch Eltern von größeren Familien meistens eine Menge

Hilfe und Rat bekommen und vielleicht in gewisser Weise besser ausgestattet sind als die Eltern von Zwillingen.

MIT DEM ORDNEN BEGINNEN

Zu verstehen, wie die Familiendynamik nicht nur dich betroffen hat, sondern auch deine Brüder und Schwestern, kann dir helfen, dein Herz zu öffnen und mehr Mitgefühl zu haben. Aber auch das kann wahrscheinlich nicht den Schmerz auslöschen, den du jahrelang getragen hast. Manchmal kommen Geschwister beim Tod eines Elternteils oder einem anderen größeren Familienereignis zusammen und beginnen, nach der Nähe zu suchen, die ihnen in einem großen Teil ihres Lebens verlorengegangen ist. Wenn du dir jetzt bewusst bist, wie ein Problem mit einem Bruder oder einer Schwester deine anderen Beziehungen beeinträchtigt hat, dann ist es an der Zeit, es in Ordnung zu bringen, auch wenn du es schon viele Male vergeblich versucht hast. Es braucht Mut und manchmal schmerzliche harte Arbeit, die verknoteten Stränge zu entwirren, die uns verstrickt und stranguliert und gute Entwicklungen verhindert haben. Manchmal scheint Distanzierung und Kontaktabbruch die einzige Möglichkeit zu sein, mit dem Schmerz umzugehen. Aber das kann ein negatives Muster dafür werden, wie wir mit Beziehungen umgehen, und am Ende finden wir uns möglicherweise isoliert und einsam oder unser Weg wird allein von der Familie geprägt. Wir sind auf jeden Fall für immer an unsere Ursprungsbeziehungen gebunden, wie weit wir uns auch geographisch oder emotional entfernt haben mögen.

Mit gutem Willen auf allen Seiten können wir auf die Kindheit zurückschauen und sehen, was wirklich passierte. Was waren die individuellen Erfahrungen jedes Kindes? Richte deine Aufmerksamkeit auf eure unterschiedlichen Temperamente und wie unterschiedlich die Geschwister behandelt wurden, und erfahre, was deine Geschwister erlitten haben, das dir erst jetzt bewusst wird. Es ist nicht ausreichend, bloß festzustellen, dass ihr alle unter den gleichen Bedingungen aufgewachsen seid. Wenn du dich in einer schmerzhaften Beziehung zu einem Bruder oder einer Schwester befindest, behandele dich selbst (und sie) sanft, und Schritt für Schritt wirst du herausfinden können, was falsch gelaufen ist. Es kann eine Weile dauern, bevor du warme und liebevolle Gefühle entwickeln kannst. Wie Antoine de Saint-Exupéry es so treffend ausgedrückt hat, erwarte nicht, wenn du heute eine Eichel pflanzt, dass du morgen im Schatten eines Eichbaums sitzen kannst. Aber ihr habt es beide verdient, einen liebenden Bruder oder eine liebende Schwester zu haben. Warum solltest du dich also nicht bemühen herauszufinden, was du lernen wolltest, als du wähltest, in dieser Lebenszeit mit ihnen zusammen zu sein. Danach kannst du mit der kreativen Aufgabe fortfahren, eine liebevolle Beziehung zu haben. Es geht um einen viel größeren Einsatz als nur um die Geschwisterbeziehung selbst.

Es ist auch nicht fair, die Eltern zu beschuldigen für das, was zwischen dir und deinen Geschwistern falsch gelaufen ist. Deine Eltern haben an ihren eigenen Problemen gearbeitet, während sie sich gleichzeitig bemühten, gute Eltern zu sein. Dabei war die einzige Vorbereitung auf die Elternrolle ihre eigene Kindheit und die Erfahrungen, die sie in den Familien von Freunden machten.

WIEDER VERBINDUNG AUFNEHMEN

Wenn die Kommunikation zwischen dir und deinen Geschwistern abgebrochen ist, wie wäre es, mit einem Brief anzufangen? Anrufe sind manchmal zudringlich, weil sie keinem von euch beiden die Zeit geben, nachzudenken und durchzuatmen, bevor ihr mit dem Schmerz überflutet werdet, der zum Kontaktabbruch geführt hat. Einen Brief kannst du in aller Ruhe vorbereiten, und deine Schwester oder dein Bruder kann sich auch Zeit nehmen, ihn zu lesen und noch einmal zu lesen, bevor sie oder er sich zu einer Antwort entschließt. Natürlich können sie auch entscheiden, überhaupt nicht zu antworten, das ist ihr gutes Recht. Aber wenn du den Anfang gemacht hast, ohne ein bestimmtes Ergebnis zu erwarten, dann hat dein Herz schon begonnen, weicher zu werden und sich zu öffnen, und der Schmerz kann beginnen nachzulassen. Es ist wunderbar, wenn die andere Seite dir auf halbem Weg entgegenkommt, aber wenn der Schmerz für sie zu groß ist, wenn deine Geschwister entschieden haben, dass Abstand das einzig Erträgliche ist, wenn sie ihr Leben fortsetzen und ein bisschen Glück erreicht haben, dann musst du das respektieren und sie freilassen. Wenn du das tust, gibt es manchmal auf einer höheren Ebene eine Veränderung für euch beide, und das Universum eröffnet euch einen Weg, euch wieder zu finden.

Manchmal ist dies dasjenige, was in dieser Lebenszeit geschehen sollte. Wenn ihr beide zusammengekommen seid, um das Ende von etwas zu erleben, das lange früher begonnen hat, dann war vielleicht nicht vorgesehen, dass ihr in dieser Lebenszeit lange zusammen sein solltet. Die Verbindung ist abgeschlossen, die Lektionen gelernt, und ihr beide müsst eure getrennten Wege gehen. Wenn das für dich so sein könnte, dann schicke deinen Geschwistern Dankbarkeit und Liebe und lasse sie ihren Weg gehen. Das Wichtige ist, dass du eine Lösung für deinen Schmerz findest und für dein weiteres Leben akzeptieren kannst, dass die Dinge so sind, wie sie sind, und dass du nichts weiter tun kannst. An Groll und Ärger festzuhalten, verletzt dich selbst. Also bestätige dir selbst so oft wie möglich, dass du sie gehen lässt.

DARÜBER SPRECHEN

Wenn ihr beide noch miteinander darüber sprechen könnt, was schiefgelaufen ist und wie ihr euch fühlt, dann tut das. Versucht, einander Zeit und Raum zu geben, um ohne Unterbrechung zu sprechen, auch wenn es dich fast zur Verzweiflung bringt. Wenn einer von euch dazu neigt, die ganze Zeit zu beanspruchen, könnt ihr euch darauf einigen, dass jeder eine bestimmte Zeit bekommt. Eine andere Methode, die ursprünglich von den Ureinwohnern Amerikas genutzt wurde, ist der Sprechstab. Es muss kein Stock sein. Jedes kleine Objekt, wie eine Feder oder sogar ein Taschentuch, genügt. Die Person, die spricht, behält es, bis sie zu Ende gekommen ist, und jeder andere respektiert das und hört zu. Wenn der Sprecher fertig ist, wird der Stock auf den Boden gelegt, und wer als Nächster sprechen möchte, nimmt ihn und behält ihn, bis er fertig ist. Das mag sich merkwürdig anhören, aber es ist sehr wirksam, um Unterbrechungen zu verhindern.

Wenn es ernsthafte Schwierigkeiten und Trennung gegeben hat und du es erreichen konntest, dein Geschwister zu einem Treffen zu motivieren, dann sollte das eher an einem neutralen Ort stattfinden als in einer eurer Wohnungen, und zu einer Zeit, die beiden gut passt. Versuche dich vorzubereiten, indem du Groll und Ärger loslässt, bevor du zu dem Treffen gehst. Natürlich hast du ein Recht auf deine Gefühle, und wenn du voller Groll und Ärger bist, dann hast du deine Gründe. Aber deine Geschwister haben auch ihren Schmerz, und wenn sie nicht an dem Punkt sind, so viel Einsicht und Information zu haben wie du, dann ist es an dir, den Weg mit Liebe vorzubereiten. Nicht in einer überlegenen, anmaßenden oder arroganten Art, sondern mit Verständnis. Lies noch einmal, was mit deiner Aura passiert, wenn du wütend bist, und versuche, dich nicht mit dieser Energie zu umgeben, besonders da deine Geschwister sie sofort fühlen werden. Ihre Antennen sind von der gleichen Kindheit geprägt wie deine.

Manchmal ist es besser, einen Dritten zu dem Treffen dazu zu bitten, wenn beide sich darüber einig sind. Das sollte entweder jemand sein, der euch beide kennt und gleichermaßen mag – vielleicht ein Onkel, eine Tante oder ein gemeinsamer Freund – oder noch besser ein Therapeut. Seine Aufgabe ist es, zu beobachten, euch beide auf Linie zu halten, nicht Partei zu ergreifen, aber euch beiden zu spiegeln, was hier und jetzt zwischen euch vorgeht. Manchmal ist es auch nötig, euch zu helfen, in der Gegenwart zu bleiben und nicht zu dem Ärger zurückzukehren, der euch zuerst in diese Situation gebracht hat. Die Zeit, dich damit zu beschäftigen, wird hoffentlich kommen, wenn der Stachel durch ein neues Verstehen gezogen worden ist.

Sei dir klar über deine Motive. Willst du wirklich diese Beziehung in Ordnung bringen, oder suchst du erneut nach einem Forum, wo du deine Meinung sagen, Vorwürfe machen und Kindheitserinnerungen an Konflikte und Untaten des anderen erneut aufwerfen willst. Wenn du das willst, dann verschiebe die Begegnung, bis du diesen kindischen Wunsch geklärt und dich in Richtung von mehr Reife bewegt hast. Vielleicht ist es am allerwichtigsten anzuerkennen, dass ihr beide, aus welchem Grund auch immer, gemeinsam zu diesen Eltern gekommen seid, um voneinander zu lernen und einander etwas zu geben. Wenn ihr nur durch einen Elternteil verbunden seid, also Halbbrüder oder Halbschwestern seid, dann gilt dasselbe. Ihr habt einander gewählt und weist eine tiefe spirituelle Verbindung auf, auch wenn du das Gefühl hast, dass sie in dieser Lebenszeit niemals realisiert worden ist. Es kann sehr schmerzhaft sein, sich nach dieser Verbindung zu sehnen, wenn der andere sie nicht mehr will oder vielleicht niemals gewollt hat. Schau auch das mit Mitgefühl für euch beide an. Ja, du hast etwas verloren, und auch deine Schwester oder dein Bruder hat etwas verloren, indem sie/er dich nie wirklich hatte.

Die folgende Meditation kann immer genutzt werden, unabhängig davon, ob es Kontakt zwischen euch gibt oder nicht, ob ihr euch seht und jeden Tag kämpft, oder ob ihr euch seht, aber niemals wirkliche Verbindung habt. Vielleicht kannst du sie besonders dazu nutzen, dich für einen Kontakt vorzubereiten, wenn es bisher keinen gegeben hat oder er sehr schwierig war.

Was auch immer passiert, liebe dich selbst, sei offen für Veränderung und neues Wissen und Informationen, die du vorher nicht hattest, und sei voller Mitgefühl und Empathie für den anderen. Lasse alle Erwartungen los, löse dich von der Erwartung eines bestimmten Ergebnisses und nimm es leicht.

Bedürfnisse und Wünsche

Manchmal ist es schwierig, beide zu unterscheiden, besonders wenn wir lange Zeit in unserem Leben Mangel gelitten haben. Vielleicht wünsche ich mir einen neuen Mantel, oder ich möchte einen neuen Film sehen oder einen Abend mit einem Freund ausgehen. Aber meine Bedürfnisse sind, geliebt und versorgt zu werden (physisch, emotional und spirituell). Schutz, Licht und Wärme, sauberes Wasser und gutes Essen zu haben, der Welt auf irgendeine Weise zu dienen und ein Gefühl für meine Spiritualität zu haben. Wenn du aus einem schmerzvollen Hintergrund kommst, ist es nicht überraschend, dass du Bedürfnisse und Wünsche durcheinander bringst. Manchmal fühlst du dich vielleicht sehr bedürftig und abhängig oder heftig unabhängig und lieber bereit zu verzichten, als um das zu bitten, was du brauchst. Manchmal hast du vielleicht gar kein Gefühl dafür, was du benötigst oder was du dir wünschst. Oder vielleicht vernachlässigst du deine Bedürfnisse, weil du dich selbst schlecht fühlst, und nimmst dir nicht, was du dir wünschst. Auch wenn wir oft aus verschiedenen Gründen auf das verzichten müssen, was wir uns wünschen (und manchmal sind wir später froh darüber) so verdienen wir doch, das zu haben, was wir brauchen. Das bedeutet, dass wir in unserem inneren und äußeren Leben etwas verändern müssen, um sicherzustellen, dass unsere Bedürfnisse befriedigt werden.

Affirmation

Ich öffne mich mit Liebe und Vergebung der spirituellen Begegnung mit meiner gewählten Familie. Es gibt keine Trennung zwischen uns, und das Verstehen fließt auf der höchsten Ebene zwischen uns.

Meditation

Gehe an deinen sicheren Platz, atme tief und entspanne dich. Mit jedem Einatmen atme Frieden ein, und mit jedem Ausatmen lasse alles los, was noch als Angst, Vorwurf oder Negativität an dir hängt und deinen Frieden stört. Stelle dir vor, dass ein weißer Lichtstrahl dich umgibt und dich schützt.
Lasse Licht durch die Spitze deines Kopfes einströmen, und während du fühlst, dass du in einen veränderten Bewusstseinszustand hineingleitest, richte deine Aufmerksamkeit jetzt auf dein Herz.
Atme sanft in dein Herz hinein und lasse es sich mit smaragdgrünem Licht füllen. Sieh dein Herz-Chakra sich drehen und drehen und dich mit Liebe und Frieden füllen. Lasse das Licht durch deine Krone hereinströmen. Göttliches Licht und Liebe fließt herunter und füllt dein Herz. Genieße den Frieden, genieße die Liebe, und sei dir gewiss, dass du sanft und sicher gehalten bist und dir nichts geschehen oder dich verletzen kann.
Lasse vor dir deinen Bruder oder deine Schwester erscheinen. Sieh ihn oder sie als ein Kind, verletzlich und hilflos, wie sie damals waren, unabhängig davon, was zwischen euch geschehen ist. Erlaube dir, dich mit Mitgefühl für die Ereignisse in ihrem Leben zu öffnen, den Schmerz, die Traurigkeit, die Enttäuschungen oder die Angst, und wisse, dass ihr beide auf diesem selben Weg begonnen habt mit der Erwartung auf ein friedvolles Leben und eine Zukunft voller Liebe.
Habe Mitgefühl mit dir selbst in Bezug auf das, was zwischen euch geschehen ist. Lasse Liebe fließen um das Kind-Selbst deines Bruders oder deiner Schwester und halte sie in dem Licht.
Wenn du kannst, sende voller Liebe Vergebung für alles, was zwischen euch geschehen ist. Es gibt keinen Vorwurf, keinen Fehler... Lasse es gehen. Dieses Kind, das jetzt vor dir steht, ist die Verkörperung eines großen Geistes, genau wie du es bist. Du magst nicht wissen, was sie hierher gebracht hat, aber ihr habt

aus Liebe füreinander gewählt, dass sie mit dir sind und du mit ihnen bist. Obwohl die Liebe in dieser Lebenszeit verlorengegangen oder verzerrt worden sein mag, so ist sie doch auf der geistigen Ebene noch da. Fühle sie jetzt. Lasse auch deine Geschwister sie fühlen. Sei dir bewusst, dass es eine tiefe Verbindung zwischen euch gibt, die durch nichts, das hier geschehen ist, verletzt werden kann.

Atme Liebe in die Verbindung zwischen euch und sage alles, was du zu der Seele deines Bruders oder deiner Schwester sagen möchtest. Halte sie an diesem Platz voller Liebe, so lange du möchtest. Lausche allem, was sie dir sagen möchte. Lausche mit offenem Sinn und offenem Herzen, und lasse dich alle Botschaften empfangen, die sie senden möchten. Werde jetzt still, lasse die Botschaften und Einsichten einfach in deinen Geist eindringen und vertraue darauf, dass sie nicht auf deiner Einbildung beruhen, sondern real sind.

Bleibe, so lange du möchtest, und wenn du so weit bist, erlaube deinem Bruder oder deiner Schwester mit einem Atemzug voll Liebe, jetzt sanft zu verblassen und zu verschwinden, und du bleibst zurück und hast deine Liebe zu ihm oder ihr und ihre Liebe zu dir tief in deinem Herzen. Lasse dein Herz sich ein wenig schließen, halte das Licht und die Liebe und fühle, wann dein Herz-Chakra sich gerade richtig anfühlt.

Richte deine Aufmerksamkeit jetzt wieder auf deine Atmung, beginne, in deine Arme und Beine zu atmen, bis in die Zehenspitzen und die Fingerspitzen. Sei dir deines physischen Körpers bewusst und liebe ihn. Fühle deine Verbindung mit der Erde. Beginne, dich ein wenig zu bewegen, und wenn du so weit bist, öffne sanft deine Augen.

Dehne dich ein wenig und trinke ein Glas Wasser, nimm dir Zeit, dich wieder zu orientieren, und dann nimm dein Tagebuch und schreibe auf, was geschehen ist. Beende es mit der Affirmation, dass zwischen euch auf einer spirituellen Ebene Liebe ist, dass du heil bist und sie auch, und dass du ihnen Liebe und Licht schickst zum höheren Wohl von euch beiden.

Kapitel 7

Die Liebe zwischen Freunden

Keine Medizin ist wertvoller, wirkungsvoller und besser geeignet zur Heilung all unserer vorübergehenden Übel, als ein Freund, an den wir uns in schwierigen Zeiten trostsuchend wenden können und mit dem wir unser Glück und unsere Freude teilen können.
Ailred von Rievaulx

Freunde kommen zu uns als ein Geschenk des Himmels, und Freundschaft ist eine wunderbare Gnade, die uns bereichert und uns hilft, unser Leben als ein geistiges Abenteuer zu genießen. Wahre Freundschaft ist einer der größten Schätze des Lebens und kann uns auf ungeahnte Ebenen des Verstehens und in ungeahnte Tiefen des Austauschs führen. Gute Freunde fordern uns heraus, uns zu entwickeln, und sie legen jene verborgenen Seiten in uns frei, die wir selbst kaum kennen, und helfen uns, sie der Welt gegenüber auszudrücken. Sie stehen uns in Freude und Leid zur Seite und bieten uns Liebe und Trost. Manchmal besteht in einer solchen Freundschaft eine Intimität, die sowohl die sexuelle Intimität zwischen Partnern übertrifft als auch die schützende Zuneigung von Eltern oder die natürliche Liebe von Geschwistern. Frei gewählte Freunde haben einen einzigartigen Platz in unserem Leben und in unseren Herzen. Ihnen zeigen wir oft mehr von uns selbst als jedem anderen, denn das Band und die Erwartungen zwischen uns sind anders. Wir sind weder durch Blut noch durch Gesetz gebunden, sondern frei, in das Leben des anderen zu treten und es wieder zu verlassen, oder für die ganze Lebenszeit und darüber hinaus für immer verbunden zu bleiben.

WAS MACHT EINE GUTE FREUNDSCHAFT AUS?

Man sagt, dass vollkommene Freundschaft das tiefste und höchste Gefühl ist, dessen wir fähig sind. Ganz sicher ist sie ein wesentlicher Faktor für unsere emotionale Gesundheit und unser Glück. Eine Kraft, die beide Partner unterstützt, ein starker Katalysator für unser gemeinsames Wachstum, das Leichtigkeit und Freude in unser Leben bringt. Sie umfasst einen selbstlosen Wunsch nach dem Wohlergehen des anderen, seinem wahren Wohl, seiner Gesundheit, seinem Glück und der Erfüllung seines Potenzials. Die Reinheit der Liebe zwischen Freunden ist eine wahrhaft spirituelle Erfahrung für beide. Es ist die Erkenntnis der inneren Göttlichkeit des anderen, die uns veranlasst, unserem Freund selbstlos etwas von unserer Seele zu geben.

Gegenseitige Achtung ist grundlegend für eine gute Freundschaft. Wenn ein Freund den anderen ergänzt, sind beide in dem Maße inspiriert und geadelt, wie sie die süße Freude der Freundschaft glücklich annehmen, achten und erwidern können. Es ist ein natürlicher Bestandteil einer Freundschaft, auf den verschiedensten Ebenen miteinander teilen zu können. Allerdings können sich Männer und Frauen in der Quantität und in der Qualität des Austauschs unterscheiden. In dem Maße, wie das Vertrauen in die Liebe und Intimität der Freundschaft sich entwickelt, vermindert sich die Verletzlichkeit, und es muss weniger zurückgehalten werden. Die Bereitschaft zu ehrlicher und tiefer Kommunikation ist das Kennzeichen einer reifen Freundschaft. Dann zeigen wir unserem Freund auch diejenigen Seiten von uns und unserem Leben, die im Allgemeinen nicht öffentlich sichtbar sind, zum Beispiel auch unsere frivole Seite. Diese Ehrlichkeit erlaubt es uns, zu entspannen, zu spielen, zu lachen, Spaß zu haben, unsere Gefühle auszudrücken und völlig entspannt zu sein, egal ob wir uns stark fühlen oder verletzlich, kompetent oder voller Selbstzweifel. Wir wissen, dass die Ungereimtheiten in unserem Verhalten oder unserem Charakter akzeptiert und mit Nachsicht behandelt werden und auf keinen Fall gegen uns benutzt werden.

Wir müssen uns weder verstecken noch mit unserer Kraft protzen, denn wir wissen, dass unser Freund uns auch weiterhin respektieren und lieben und uns alles Gute wünschen wird. Gedanken, Gefühle, Überzeugungen, Freuden, Sorgen, Wünsche und Entscheidungen, die wir freundschaftlich teilen, verbinden unsere Herzen und Seelen.

In einer Freundschaft ist es ganz natürlich, Zeit miteinander zu verbringen und dabei Spass haben zu wollen. Wenn die Beziehung jedoch vorwiegend durch Selbstverherrlichung oder möglichen Gewinn motiviert ist, so steht ihre Echtheit in Frage.

Für manche Menschen ersetzt Freundschaft fast die Familie, denn sie gibt uns ein ähnliches Gefühl von Sicherheit und Verlässlichkeit.

FREUNDE FINDEN

Freundschaften kommen nicht fertig in unser Leben. Sie werden allmählich aufgebaut, indem wir manchmal viele Stunden lang miteinander sprechen und einander zuhören und dabei mehr und mehr von uns selbst zeigen, indem wir Risiken auf uns nehmen und ehrlich sagen, wer wir sind. Dabei teilen wir uns immer tiefer mit, bis wir intuitiv die gegenseitigen Bedürfnisse, Empfindlichkeiten, Vorlieben und Ängste wahrnehmen. Aber manchmal gibt es, wie bei der Liebe auf den ersten Blick, plötzliches Erkennen, Anziehung und Wertschätzung, und wir wissen, dass wir einen Freund fürs Leben gefunden haben. John O'Donohue drückt das in *Anam Cara* so aus: »Diese Freundschaft ist ein Akt des Erkennens und der Zusammengehörigkeit.« Es mag sein, dass wir diesen Menschen als jemanden erkennen, den wir schon viel länger kennen als diese Lebenszeit.

Aus einer Vielzahl von Bekanntschaften wählen wir wenige, die wir unsere Freunde nennen. In unserer Lebenszeit können wir uns glücklich schätzen, wenn wir eine Handvoll von Freunden haben, mit denen sich unsere Herzen im Gleichklang befinden und mit denen wir uns wahrhaft wohl und wie zu Hause fühlen.

Um einen Freund zu finden, müssen wir ein Freund sein. Das bedeutet, dass wir willens sein müssen, etwas von uns, von unserer Zeit und unserer Liebe zu geben. Während wir uns als Individuen weiterentwickeln, verändert sich die Art, wie wir Freundschaften schließen, und die Gründe, aus denen wir diese Freunde wählen. In der Vergangenheit, als die Gesellschaft ortsgebundener war, haben die Menschen oft in ihrer Kindheit Freundschaften geschlossen und dieselben Freunde ein Leben lang behalten. Freunde waren fast so etwas wie eine erweiterte Familie. Da die Zeiten sich geändert haben und wir heute einen viel eher nomadisierenderen Lebensstil haben, haben sich auch unsere Freundschaften erweitert.

In der frühen Kindheit schließen wir mit denen Freundschaft, die leicht erreichbar sind, in unserer Schulklasse oder in der Nachbarschaft. In der Adoleszenz wird unsere Mobilität größer, und wir suchen Kontakte sorgsamer nach gleichen Überzeugungen, Interessen und Erfahrungen aus und generell auch danach, ob wir hinsichtlich unseres sozialen und Bildungsstandes zueinander passen. Als junge Erwachsene führen uns gemeinsame familiäre, politische, philosophische, religiöse oder spirituelle Interessen zueinander, und einige dieser Freundschaften halten ein Leben lang. Als Erwachsene suchen wir Freundschaften oft nach ähnlichem Lebensstil aus. Frauen befreunden sich oft mit Frauen, die Kinder im gleichen Alter haben, während Männer Freundschaften mit anderen schließen, die ähnliche Hobbies haben, oder mit Arbeitskollegen. Reife Freundschaften sind oft die, die früher im Leben entstanden sind, während neue Freunde nach übereinstimmenden Weltanschauungen und Lebensstilen ausgewählt werden. Im Alter, wenn die Mobilität wieder eingeschränkt sein kann, werden neue Freunde wieder unter den Menschen gewählt, die erreichbar sind.

Obwohl in der Regel einige Ähnlichkeit in der Persönlichkeit, im Hintergrund und im Lebensstil vorhanden sein muss, damit eine Freundschaft entsteht, so können Freundschaften auch auf ungewöhnlichste Art beginnen, und gelegentlich werden sehr unterschiedliche Menschen beste Freunde. Manchmal kennen wir jemanden schon eine Weile, bevor der Funke für eine Freundschaft sich zwischen uns zu dem für uns beide genau richtigen Zeitpunkt entzündet und eine Freundschaft geboren wird. Es ist sicherlich weise, zu jedem Zeitpunkt und an jedem Ort für die Gelegenheit zu einer Freundschaft offen zu bleiben.

UNSERE HERZEN IN LIEBENDER FREUNDSCHAFT ÖFFNEN

Es ist das Öffnen unseres Herz-Chakras und die Herstellung einer Bindung, was die Entstehung und den Bestand einer Freundschaft bewirkt. Wir geben einander Zuwendung in der Form von Beachtung, Bestätigung und Zuneigung. Wir zeigen unsere Liebe durch eine Berührung oder eine Umarmung. Wir zeigen Mitgefühl und unsere Wertschätzung für unser gegenseitiges Zusammengehörigkeitsgefühl. Diese Dinge tragen uns durch das normale Auf und Ab einer Freundschaft. Wenn wir aus Eifersucht, Ärger, Groll oder anderen Gründen, die eine Barriere zwischen uns aufrichten, den Strom der Liebe beenden, dann schließt sich unser Herz-Chakra – und unsere Verbindung kann schließlich abbrechen.

Manchmal entwachsen wir einander auf natürliche Weise, wenn sich unsere Einstellungen und Interessen verändern. Es kann vorkommen, dass eine tiefe und wichtige Freundschaft nur kurz ist und wir nie wieder Kontakt miteinander haben, obwohl sie unser Leben für immer verändert hat. Dann bleibt die Liebe auf einer bestimmten Ebene immer bestehen. Manche Freunde sehen sich niemals, sondern sind nur durch das geschriebene Wort miteinander verbunden und genießen ein Leben lang miteinander geteilte Intimität und tiefe Freundschaft in Jahre überspannenden Briefen. Die meisten von uns möchten Zeit mit ihren Freunden verbringen, denn das ist Teil des Liebens. Aber weder die Dauer noch die Häufigkeit des Kontakts ist so wichtig wie die spirituelle Verbindung. Für gute Freunde kann weder Zeit noch Entfernung die Liebe und das Gefühl der Zusammengehörigkeit stören. Ihr fühlt euch sofort wieder wohl miteinander, ganz gleich, wie lange ihr getrennt wart.

Vom Kennenlernen an entwickelt sich Freundschaft, wenn die Unterhaltung anregend ist und Spass macht und sich auch das Schweigen zwischen euch gut anfühlt. Gegenseitiges Vertrauen und Verlässlichkeit entwickeln sich mit einem Gefühl für Geben und Nehmen. Freunde lernen, ihre Unterschiede zu respektieren und sich aufeinander einzustellen, und es entsteht Nähe. Wenn einmal eine Zeit des Überdrusses und der Stagnation kommt, in der die Beziehung geprüft wird, so wird eine echte Freundschaft das überleben und stärker werden. Wo die Freundschaft nicht wirklich fest verankert ist, mag sie sich an diesem Punkt selbst zerstören. Der eine fängt vielleicht an, Fehler beim anderen zu finden, und es entwickelt sich ein Konflikt. Dieser kann sich entweder mit der Entwicklung von neuem Respekt und Verstehen lösen, oder das ist der Zeitpunkt, zu dem die Freundschaft auseinanderbricht. Ganz gleich, wie tief und innig eine Freundschaft sein mag, sie geht oft durch Höhen und Tiefen, durch Streit und Versöhnung, die jedoch weniger offensichtlich sind, je reifer wir werden.

BIST DU EIN GUTER FREUND?

- Bist du bereit, deine Freunde genug zu lieben, um ihren Ärger oder Zurückweisung zu riskieren?
- Kannst du dich an die Stelle deiner Freunde versetzen, um zu sehen, wie es sich anfühlt?
- Bist du bereit, für das Wohl deiner Freunde deren destruktives Verhalten anzusprechen, ohne es zu bewerten?
- Kannst du in Bezug auf deine Gefühle ebenso ehrlich sein wie in Bezug auf ihre Handlungen?
- Bist du bereit, dich zu offenbaren?
- Bist du offen, zu vergeben und Dinge loszulassen, wenn sie gelöst sind? (Vergessen kann unmöglich sein, aber Vergeben ist notwendig.)

- Bewahrst du die Geheimnisse deiner Freunde und was sie dir anvertrauen?
- Teilst du ihre Hoffnungen und freust dich an ihrem Wachstum?
- Versuchst du immer, eine positive Einstellung zu haben und schaust du nach dem Segen und der Freude in jeder Situation?
- Hörst du mit Verständnis und ohne Wertung zu, ohne Ratschläge zu erteilen (es sei denn, du wirst darum gebeten) und ohne Dinge für sie zu regeln? Zeigst du Interesse und Anerkennung?
- Entschuldigst du dich, wenn du merkst, dass du dich geirrt hast?
- Gibst du deinen Freunden Raum? (Ein altes Sprichwort sagt, dass man Freunde verliert, wenn man zu oft zu ihnen geht oder zu selten.) Bist du unterstützend für sie da, und doch bereit, dich zurückzunehmen, damit deine Freunde ihren eigenen Lösungsweg finden können? Häufig genügt es zu wissen, dass du da bist.
- Ermutigst du deine Freunde und spendest ihnen Applaus, auch wenn das bedeutet, dass sie dich überflügeln?
- Bringst du manchmal Blumen oder ein kleines Zeichen deiner Freundschaft, Anteilnahme oder Freude mit?
- Bist du bereit, deinen Freunden nötigenfalls einen kräftigen Schubs zu geben, um ihnen aus der selbstmitleidigen oder Opferhaltung herauszuhelfen und sie wieder aufs richtige Gleis zu bringen?
- Kannst du vermeiden »Das hab ich dir doch gleich gesagt!« zu sagen?

Oder

- Versuchst du immer, »nett« zu sein anstatt ehrlich?
- Wenn du ehrlich bist, dient es wirklich euer beider Wohl oder lässt du nur einfach deinen Gefühlen freien Lauf und willst dir nur Luft machen?
- Bist du achtsam genug, für deine Ehrlichkeit die richtige Zeit zu wählen, oder platzt du damit heraus, wann es dir gerade passt?

- Verdeckst du Konflikte und tust so, als gäbe es sie nicht und verhinderst dadurch die Entstehung echter Intimität?
- Verweigerst du dich, mit Misshelligkeiten ehrlich umzugehen?
- Vermeidest du es, bestimmte Themen anzusprechen und redest dann hinter dem Rücken deiner Freunde?
- Kannst du Ehrlichkeit mit Güte verbinden?
- Kritisierst und verbesserst du deine Freunde?
- Nimmst du Dinge ohne zu fragen an, oder vergisst du es, Dinge zurückzugeben, die du dir geborgt hast?
- Beanspruchst du mehr als deinen fairen Anteil an eurer Zeit für deine Probleme oder deine guten Nachrichten?
- Bist du fordernd oder herrschsüchtig?

WAS KANN SCHIEFGEHEN

Natürlich gibt es unendlich Vieles, was schiefgehen kann. Wir werden hier nur einige Dinge betrachten. Gute intime Kommunikation ist unabdingbar, aber ebenso Vertraulichkeit und Respekt, denn deren Missachtung kann die Freundschaft ernsthaft gefährden.

Nicht ehrlich sein mit uns selbst

Manchmal braucht es einige Zeit, bevor sich genügend Vertrauen in der Beziehung entwickelt hat, damit wir wirklich ehrlich sein können – und so ist es angemessen. Wir alle haben gelernt, Teile von uns selbst zu verbergen und über unser Inneres ein wenig verschwiegen zu sein. Wer sofort sein Innerstes offenlegt, hat offensichtlich keine ausreichend funktionalen Grenzen. Bevor die Freundschaft sich vertieft hat, mag es für jeden von euch ein bisschen riskant erscheinen, zu viel von seinem Inneren zu offenbaren. Aber in gewisser Weise ist das eine Zwickmühle, denn nur wenn wir das Risiko der Offenheit eingehen, kann sich Intimität entwickeln, so dass wiederum das Vertrauen wachsen kann. Wenn du achtsam bist, wirst du wissen, wann es besser ist, zurückhaltend zu sein, und wann die Freundschaft ein bisschen mehr Öffnung vertragen kann. Eines ist sicher: Wenn du möchtest, dass die Beziehung bestehen bleibt, dann müsst ihr beide irgendwann über »nett sein« hinauskommen und hin zu der Ehrlichkeit, die zur Entwicklung der Intimität einer langdauernden Freundschaft nötig ist.

Wenn wir beginnen, unsere nicht-so-netten Seiten, unsere sogenannten Schattenseiten, endlich wahrzunehmen, dann kann das ein sehr schmerzhafter Prozess sein. Aber bevor wir das nicht tun, sind wir nicht vollständig. Manchmal können gerade Freunde uns helfen, diesen Teil von uns kennenzulernen und zu akzeptieren.

Nicht ehrlich sein mit unseren Freunden

Oft finden wir es schwerer, unseren Freunden gegenüber ehrlich zu sein als Fremden gegenüber, besonders wenn wir etwas zu sagen haben, was der andere vielleicht nicht hören möchte. Aber »nett« zu sein anstatt ehrlich, ist weder liebevoll noch freundlich. Unsere Freunde haben mehr verdient als das. Natürlich wünschen wir uns Zeiten mit Spaß, Lachen und gemeinsamer Freude, aber ein Freund zu sein heißt auch, den Mut zu haben, schwierige Themen anzusprechen. Andere mögen nicht genug Mut oder nicht genug Liebe haben, um genau das zu tun. In Psychotherapie-Gruppen ermutige ich die Teilnehmer immer dazu, ehrlich miteinander zu sein. Ich sage immer, jeder kann die netten Dinge sagen, aber jemand muss uns genügend lieben, um das Risiko einzugehen, uns auch die Dinge zu sagen, die wir nicht so gern hören möchten.

Es lohnt sich, sich daran zu erinnnern, wenn uns jemand damit konfrontiert.

Wenn du hinter dem Rücken deines Freundes über ihn redest, die Vertraulichkeit brichst und seine Geheimnisse jemand anderem mitteilst, begehst du einen Verrat, der nicht nur deinen Freund beleidigt, sondern auch dich selbst und die Person, der du es erzählst.

Denke an den Schaden, den du mit unbedachten Worten anrichtest, wenn der Nächste seine eigene Version hinzufügt und es dann weitererzählt. Du kannst nicht kontrollieren, was dann geschieht, aber deine Unredlichkeit gegenüber deinem Freund hat das Vertrauen zwischen euch zerstört, und der Verrat kann lange schwer zwischen euch stehen und vielleicht nie mehr völlig vergessen werden.

Verbessern und trainieren anstatt Freundschaft teilen

Hast du jemals einen dieser Freunde gehabt, die dich mit Ratschlägen überschütten und dir dauernd »zu helfen« versuchen, indem sie dir sagen, was du falsch gemacht hast und wie du es hättest besser machen können? Einen Freund oder eine Freundin, die uns – natürlich nur zu unserem Besten – dauernd sagt, wie wir etwas machen sollen: Besser fahren, besser kochen, besser unsere Zähne putzen oder besser mit anderen Freunden umgehen?

Auch wenn dieses Verhalten gut gemeint sein mag, so ist der Schaden für beide Seiten doch unübersehbar. Tust du das manchmal? Das ist der Punkt, an dem sich unsere Herkunftsbeziehungen oft in unseren Freundschaften bemerkbar machen.

Sandra und Rita trafen sich zufällig, oder jedenfalls sah es so aus. Sandra fuhr von einem Seminar über die Versorgung von Senioren zurück, an dem sie als Sozialarbeiterin der Gemeinde teilgenommen hatte. Rita kam von einem Besuch bei ihrer Mutter. Der Zug war voll, und sie saßen nebeneinander und kamen ins Gespräch. Sie waren beide Anfang vierzig und hatten sofort das Gefühl, dass sie vieles gemeinsam hatten, obwohl sie ziemlich unterschiedlich lebten. Sandra lebte allein und arbeitete ganztags. Rita erzog ihren 12-jährigen Sohn und richtete gerade ihre neue Wohnung ein, da sie und ihr Mann erst kürzlich in diese Gegend gezogen waren. Als sie herausfanden, dass sie ziemlich nahe beieinander wohnten, verabredeten sie am Ende der langen Reise, dass sie sich in der nächsten Woche zum Essen treffen wollten. Die Freundschaft blühte schnell auf. Rita war so beschäftigt gewesen, dass sie fast vergessen hatte, wie schön es ist, eine enge Freundin in der Nähe zu haben.

Ihr Mann unterstützte sie, damit sie einen Abend in der Woche mit Sandra verbringen konnte. Sandra hatte sich auf ihre Karriere konzentriert, und obwohl sie einige langjährige Freundinnen hatte, fühlte sie sich Rita nah und freute sich auf ihre gemeinsamen Abende. Obwohl sie das Gefühl hatten, viele Gemeinsamkeiten zu haben, und obwohl sie einander mochten, dauerte es nicht lange, bis Rita begann, sich bei ihren Treffen ein wenig unwohl zu fühlen. Rita war sich zunächst nicht ganz klar darüber, was falsch lief, bis sie sich eines Tages dabei ertappte, dass sie eine Anekdote aus ihrem Leben ein bisschen abänderte, als sie sie Sandra erzählte. Mit einem Gefühl der Enge in der Brust wurde ihr klar, dass sie sich dieses Verhalten in der Beziehung zu ihrer älteren Schwester angewöhnt hatte.
In den nächsten Wochen beobachtete sie sorgfältig, was zwischen ihr und Sandra geschah, und wunderte sich, dass sie es vorher nicht bemerkt hatte. Aber wie hätte sie es auch bemerken sollen? Es war genau das, womit sie aufgewachsen war. Es schien, dass Sandra immer, wenn sie ihr etwas aus ihrem Leben erzählte, einen »hilfreichen« Kommentar parat hatte: Eine Bemerkung, wie Rita es hätte anders machen können, was sie hätte sagen sollen, was Sandra in der Situation getan hätte oder wie Rita nun weiter vorgehen solle. Wenn Rita manchmal zugestand, dass sie etwas falsch gemacht hatte, stimmte Sandra nicht nur zu, sondern gab ihr das Gefühl, dumm zu sein. Das führte dazu, dass Rita lieber einen Teil der Wahrheit verbergen wollte, als Sandras Missbilligung zu riskieren. Wenn Rita erzählte, was sie Neues gelernt hatte, freute sich Sandra nicht einfach über das Erreichte, sondern belehrte sie in einer eher überlegenen und gönnerhaften Art, wie sie es noch besser machen könnte. Auch wenn es manchmal sehr subtil geschah: Sandra hatte sich angewöhnt, Rita ständig zu korrigieren.
In der Tat war Rita als die Jüngere von zwei Schwestern aufgewachsen, und obwohl sie genauso intelligent war wie ihre Schwester, war sie immer kritisiert und korrigiert worden und fühlte sich noch immer weniger weltgewandt und informiert als ihre Schwester. Rita und ihre Schwester hatten jetzt eine eher distanzierte Beziehung.

Sie sah ihre Schwester jedoch immer noch als »ihre große Schwester« an, die alles am besten wusste. Sandra auf der anderen Seite war die um mehrere Jahre Ältere von zwei Schwestern, und sie hatte das Gefühl, ihre Schwester brauche immer noch ihre Fürsorge und ihren Schutz. Sandra und Rita hatten dies in der jeweils anderen gefunden, und gerade diese Ähnlichkeit hatte sie als Freundinnen zusammengebracht. Glücklicherweise waren beide ehrlich genug, das Thema freundlich anzusprechen und die Freundschaft zu retten. Rita blieb für eine lange Zeit vorsichtig, bis sie begann, auch ihre Schwester zu konfrontieren.

Diese Tendenz, ungefragt Ratschläge zu geben, sich in das Leben anderer einzumischen und uns als Helfer zu präsentieren, wenn eigentlich ein Freund gebraucht wird, ist destruktiv, egal wie gut es auch immer gemeint sein mag. Selbst wenn jemand Hilfe sucht, ist es anmaßend, so zu tun, als wüssten wir besser als der andere, wie er sein Leben führen sollte. Es ist verletzend, untergräbt die Freundschaft und entmutigt unsere Freunde, ehrlich zu uns zu sein und uns um das zu bitten, was sie brauchen.

Die Tendenz, unsere Vergangenheit in die Gegenwart zu bringen, kann auch die beste Freundschaft beschädigen, wenn wir sie nicht verstehen und ihr nicht entgegentreten. Manchmal enden Freundschaften nicht wegen des aktuellen Geschehens, sondern wegen unserer Erwartungen, was geschehen könnte. Wir neigen dazu, eher auf das verzerrte Bild aus der Vergangenheit zu reagieren, an der unser jetziger Freund keinen Anteil hatte. Manchmal werden wir erst dann, wenn sich Intimität zu entwickeln beginnt, gewahr, dass wir schon einmal in so einer Situation waren und damals verletzt worden sind. Das führt dazu, dass wir uns zurückziehen und uns dabei manchmal kindisch verhalten.

Wenn wir uns benutzen lassen

Leider gibt es Menschen, die einen Vorteil aus unserer Freundschaft ziehen, die uns benutzen und missbrauchen. Wenn wir entweder zu freundlich sind, das anzusprechen, oder zu viel Angst vor den Konsequenzen haben, dann können wir in alle möglichen Arten von Schwierigkeiten geraten. Wenn du einen neuen Freund findest, der sofort sehr offen ist, dann sei vorsichtig, denn Offenheit entwickelt sich gewöhnlich erst im Laufe der Zeit, und Zurückhaltung in der frühen Phase einer Freundschaft verspricht Gutes für die Zukunft. Wenn du dich nach dem Zusammensein mit deinem Freund oder deiner Freundin ausgelaugt und hilflos fühlst, dann musst du wirklich genau hinschauen, was los ist. Wir haben bereits über den Energie-Austausch gesprochen und darüber, wie einige Menschen sich unsere Energie nehmen, ohne sich dessen bewusst zu sein. Allerdings sind sich andere wiederum sehr wohl dessen bewusst, was sie tun, und ihnen das weiter zu gestatten, ist weder für sie noch für dich hilfreich.

Menschen wie Mary haben Probleme mit Grenzen. Sie sind möglicherweise unachtsam und fordern nachts oder zu anderen unpassenden Zeiten lange Telefongespräche. Es kann versteckte Drohungen geben, was alles passieren könnte, wenn du nicht zuhörst, wenn du deine Unterstützung zurückziehst oder nicht für sie da bist. Auch offenere emotionale Erpressung kommt vor. Vielleicht hört dir jemand anscheinend zu, aber jeder Satz beginnt mit »Ja, aber …« Mit einem solchen Menschen erreichst du nichts. Im Gegenteil, je länger du die Manipulation zulässt, desto mehr verschlimmerst du das Problem. Die Person wird mehr und mehr abhängig von dir (was sich vielleicht zu Anfang gut anfühlt, aber bald anstrengend wird) und letztendlich wird es ihr immer schlechter gehen, da du ihr schlechtes Benehmen mit Aufmerksamkeit belohnst.

Eine andere Art, wie Freunde dich benutzen können, besteht darin, zu leugnen, was sie wirklich gesagt oder getan haben, und von dir zu erwarten, dass du das Spiel mitmachst. Das geschieht zum Beispiel, wenn jemand eine höhnische Bemerkung macht und es dann ableugnet, oder wenn dein Freund dir die kalte Schulter zeigt, aber so tut, als ob er nichts Besonderes getan hätte. Es ist wichtig, dass du auf deine Intuition hörst. Wenn du wirklich mit

Ohren, Augen und mit dem Herzen zuhörst, wird sich mehr zeigen, als mit Worten gesagt wird.

Die freundlichste und liebevollste Art, mit solchem Verhalten umzugehen, besteht darin, ehrlich zu sagen, was du wahrnimmst, und darauf zu bestehen, dass dein Gegenüber aufhört, dich auf diese Art zu behandeln. Auf derart selbstbewusste Weise damit umzugehen, ist wahre Freundschaft, selbst wenn der andere das nicht so sieht. Wenn du es möchtest, kannst du immer noch mit dem gesunden Teil des Freundes oder der Freundin sprechen, aber stelle klar, dass du die Unterhaltung beenden wirst, wenn sie wieder manipulativ verläuft. Dieses Vorgehen empfehle ich auch für Menschen, die möchten, dass du ihrem Klatsch zuhörst und von dir erwarten, dass du gegen andere Freunde Stellung nimmst. Du kannst unter der Bedingung guter Kommunikation die Freundschaft fortsetzen, wenn du möchtest, während deine Freunde lernen, auf gesündere und liebevollere Art mit dir zusammen zu sein.

Heruntergezogen werden durch Negativität

Manchmal sind Menschen so negativ, dass es wehtut, in ihrer Nähe zu sein. Es ist weder für sie noch für dich gut, wenn du dich herunterziehen lässt und deine Atmosphäre mit Negativität füllst. Wenn das eine neue Entwicklung in deiner Freundschaft ist, so kannst du vielleicht vorsichtig herausfinden, was im Leben deiner Freundin oder deines Freundes geschehen ist und sie bitter und zynisch werden ließ. Ich erwarte nicht, dass du deine Freunde in schwierigen Zeiten im Stich lässt, aber wenn du einen Freund hast, der ständig negativ ist, dann frage dich, was du von dieser Freundschaft hast und warum du diesen Menschen als Freund gewählt hast. Konfrontiere ihn liebevoll und teile ihm deinen Verdruss mit. Manchmal ist Negativität ein erlerntes Verhalten – jemand in der Familie hat es ihm vielleicht vorgemacht – und kann wieder verlernt und durch eine positivere Sichtweise ersetzt werden. Frage dich, ob du hier etwas gewinnst, indem du den Retter spielst. Vielleicht ist dein Freund depressiv (und du vielleicht auch) und sollte sorgfältig untersucht werden, um zu klären, ob er professionelle Hilfe braucht. Im Anhang 3 findest du eine Checkliste mit Symptomen einer Depression.

Selbstsucht und mangelnde Sensibilität

Jaqui hatte Lee satt, und obwohl sie schon seit der Schulzeit befreundet waren, war die Freundschaft zur Zeit etwas angespannt. Fröhlich und mit sprudelndem Humor war Lee immer von allen geliebt worden, besonders von den Männern. Sie war hübsch, verspielt und charmant, und das war ein Teil dessen, was Jacqui an ihr liebte. Lee stand immer im Mittelpunkt der Aufmerksamkeit, und meistens war das ganz in Ordnung.
Jacqui, seit drei Jahren verheiratet, war nun das erste Mal schwanger und war ganz aufgeregt wegen dieser Neuigkeit und ihrer besonderen Gefühle. Sie konnte kaum erwarten, es Lee zu erzählen, und als sie sich zu ihrem üblichen Donnerstagabend trafen, an dem Jacquis Ehemann und Lees Freund beim Bowling waren, sprudelte sie vor Aufregung. Sie war erstaunt und nicht wenig verletzt, als Lee nur ein kurzes »Herzlichen Glückwunsch« sagte, sie kurz umarmte und dann zum neuesten Büroklatsch überging, wobei natürlich Lee der Star war. Fast noch schlimmer war es, dass Lee gegenüber ihrer Verletztheit blind zu sein schien, obwohl Jaqui den ganzen Rest des Abends sehr still war.
Das war nicht das erste Mal, dass Jacqui sich auf diese Weise verletzt fühlte, aber wie üblich sagte und tat sie nichts, und solange das so blieb, würde sich nichts ändern.

Diese Art von selbstsüchtiger Gefühllosigkeit kann die beste Freundschaft zerstören, und auch wenn wir Entschuldigungen für unsere Freunde finden und uns mit ihrer Selbstsüchtigkeit abfinden, so tun das andere Leute nicht. Deswegen wäre es besser für Lee, wenn Jacqui sie mit ihrem Verhalten konfrontieren würde.

Fordernde Freunde

Freunde nehmen sich Zeit, um füreinander da zu sein, einander zuzuhören und sich zu ermutigen, und dennoch akzeptieren sie die zeitlichen Einschränkungen des anderen und verstehen, wenn andere Ereignisse zeitweise Vorrang haben. Sie vertrauen auf das Urteil des anderen, respektieren seinen Schmerz und wissen, dass es Zyklen von Nähe und Distanz geben kann, dass ihre emotionale und spirituelle Verbindung sie aber immer wieder zueinander bringt, so dass sie ihre Liebe miteinander teilen können. Wenn andere die Zeit unseres Freundes in Anspruch nehmen und unsere Position als bester Freund oder beste Freundin übernehmen könnten, gefährdet manchmal Eifersucht die Unbeschwertheit, mit der wir einander halten.

Marjorie machte eine schwierige Zeit durch. Ihre Eltern hatten sich kürzlich scheiden lassen, und sie versuchte nicht nur, die große Umwälzung in ihrem eigenen Leben zu bewältigen, sondern auch ihren sechzehn Jahre alten Bruder Scott zu unterstützen, der nicht gut mit der Situation fertig wurde. Sie versuchte, es ihm leichter zu machen, indem sie ihm erlaubte, manchmal einige Nächte in ihrer Wohnung zu sein, um ihm eine Ruhepause von der schweren Atmosphäre zu Hause zu verschaffen. Gleichzeitig wollte sie ihrer Mutter Raum für ihre Trauer geben, ohne dass sie sich um Scott sorgen musste.

Es waren schwere sechs Monate, und sie war sich bewusst, dass sie nicht so viel Zeit wie sonst mit ihrer besten Freundin Beryl verbracht hatte, die sie sonst fast täglich sah. Normalerweise pflegten sie auf dem Heimweg von der Arbeit in eine Bar zu gehen und ein Glas Wein zusammen zu trinken, und ein paar Abende in der Woche trafen sie sich in einer ihrer Wohnungen und sahen zusammen ein Video. Alles das hatte sich jetzt verändert, wenn auch Marjorie immer noch versuchte, Beryl einmal in der Woche allein zu sehen. Sie lud sie manchmal ein, wenn Scott da war, und schlug gelegentlich vor, zu dritt ins Kino zu gehen. Sie telefonierten auch regelmäßig.

Marjorie war so mit ihren Problemen beschäftigt, dass sie die Abkühlung von Beryl kaum bemerkte, bis eines Abends ein Streit ausbrach, als sie Beryl anrief.
Sie war ziemlich erschrocken über Beryls Wut und deren Forderung, dass sie ihre Prioritäten klären solle. Beryl sagte, sie habe das Gefühl, die Freundschaft bedeute Marjorie nichts mehr, und wenn sie nicht wieder so viel Zeit miteinander verbringen könnten wie vorher, dann wolle sie nichts mehr mit Marjorie zu tun haben.
Obwohl Marjorie Beryl und deren offensichtlich stärkere Abhängigkeit von ihrer Freundschaft verstehen konnte, so war sie doch verletzt, dass Beryl etwas forderte, was sie zur Zeit nicht wirklich geben konnte. In Wirklichkeit brauchte Marjorie selbst Verständnis und liebevolle Unterstützung von ihrer Freundin.
Obwohl sie ihre Freundschaft wiederherstellen konnten, behielt Marjorie das Gefühl, dass die Freiheit und die Unterstützung, die sie in der Beziehung für gegenseitig gehalten hatte, eine Illusion war.

Wenn eine Freundschaft zu intensiv ist, entsteht oft bei einem der beiden die Neigung, sich völlig auf den anderen zu fixieren und Nähe, Zeit oder Exklusivität zu fordern. Gewöhnlich sind Eifersucht und Unsicherheit die Ursache für so ein forderndes Verhalten. Der andere kann mit diesem wachsenden Druck häufig nur so umgehen, dass er sich distanziert, was zu weiterer Polarisierung und gesteigerten Forderungen führt. Die Freundschaft wird dann belastet und zunehmend brüchig und unhaltbar.

Fehlende Bereitschaft zu vergeben

Vielleicht das Zerstörerischste in jeder Beziehung ist die fehlende Bereitschaft zu vergeben und es dann gut sein zu lassen. Es wäre eine merkwürdige Beziehung, in der es niemals dazu käme, dass die Freunde einander verletzen. Das ist Teil des Wachstumsprozesses und stärkt am Ende sowohl uns als auch die Freundschaft. Wenn unser Freund uns Verhaltensweisen spiegelt, die wir nicht mögen, und er uns dadurch herausfordert, uns zu verändern, so muss das unweigerlich zeitweise zu Schmerzen führen. Wenn die Freundschaft auf einer sicheren Grundlage steht und sich auf Liebe gründet, dann kann sie solche Auseinandersetzungen aushalten, so lange jeder von den Freunden weiß, dass er im Ganzen so akzeptiert wird, wie er ist. Vergebung ist eine aktive Wahl. Wir können uns entscheiden, an unseren Wunden festzuhalten und sie zu pflegen – und das mag für kurze Zeit auch durchaus akzeptabel sein – aber auf die Dauer ist die Bereitschaft zur Vergebung der einzige Weg zu Frieden und Glück in einer Beziehung. Ohne sie wird deine Freundschaft scheitern und schließlich zugrunde gehen.

Retter sein statt Freund

Wenn du immer wieder Dinge für deine Freundin tust, die sie selbst tun könnte, wenn du ständig den Selbstbeschuldigungen deiner Freundin widersprichst, wenn ein Teil deiner Funktion als Freund oder Freundin darin besteht, ein ermattetes Ego zu stützen, dann bist du möglicherweise gefangen in einem Retter-Spiel, das nur zu Abhängigkeit und Groll bei euch beiden führen kann. Es mag sich gut anfühlen, der- oder diejenige zu sein, die Ratschläge gibt und dem anderen hilft, in der Spur zu bleiben, und zu wissen, dass man diejenige ist, dem sie alle ihre Schwierigkeiten anvertraut. Aber jedes Mal, wenn du deinem Freund oder deiner Freundin erlaubst, dich auf diese Art zu benutzen, wird er/sie abhängiger und fühlt sich dir schließlich unterlegen, hilflos und verloren, während du an Überlegenheit zu gewinnen scheinst. Wenn du jemandem erlaubst, diese machtvolle Rolle in deinem Leben zu spielen, dann hüte dich! Habe den Mut, deine Macht zu dir zurückzunehmen, auch wenn das bedeutet, dass du ein bisschen kämpfen musst, um wieder auf die Füße zu kommen.

Katy kommt aus einer chaotischen Familie, und ihre Selbstachtung war niemals gut. Sie konnte ihr Glück kaum fassen, als Anne sich mit ihr befreundete. Sie schienen einige Gemeinsamkeiten zu haben, aber Katy sah Anne von Anfang an als viel welterfahrener an

als sich selbst. Es war großartig, eine so hilfsbereite und freundliche Freundin zu haben. Anne hatte auch eine schwierige Kindheit gehabt, aber das erzählte sie Kathy nicht.
Katy fühlte sich von der Papierflut im Zusammenhang mit ihrer Scheidung überfordert und verletzlich und geriet ein wenig in Panik deswegen. Als Anne eines Abends vorbeikam, bot sie ihr freundlich an, einiges davon für sie zu erledigen, und das tat sie auch. Katy war erleichtert und dankbar. Sie war überwältigt von Dankbarkeit, als Anne anbot, am nächsten Morgen am Büro des Anwalts vorbeizufahren und die Papiere abzugeben, so dass Katy sich nicht mehr darum kümmern musste.
Als der Gerichtstermin näher rückte, wurde Anne immer hilfsbereiter, und Katy unterdrückte ein unangenehmes Gefühl von Verlegenheit, weil sie so viel von Annes Zeit in Anspruch nahm, und dankte ihr überschwänglich. Als Anne vorschlug, sie könne sich von der Arbeit frei nehmen und zum Gericht kommen, um Katy zu unterstützen, war Katy voller Dankbarkeit und Liebe für ihre Freundin. Als der Tag näher kam, beriet Anne Katy, was sie sagen und tun sollte. Da hatte Katy das erste Mal ein unangenehmes Gefühl, denn einiges von dem, was Anne vorschlug, entsprach nicht ganz ihren Plänen. In Annes Stimme erschien ein leicht gereizter Ton, als sie antwortete, dass sie nur helfen wolle, und natürlich würde sie sich zurückziehen und alles Katy überlassen, wenn diese das so wolle. Bei der Vorstellung, allein zurechtkommen zu müssen, fühlte Katy die alte Panik in ihrer Brust aufsteigen, und plötzlich wurde ihr bewusst, dass sie ziemlich wenig über den Ablauf Bescheid wusste. Sie hatte zugelassen, dass Anne alles für sie tat, so dass jetzt Anne mit dem Fall vertrauter war als sie selbst.
Am Tag der Verhandlung holte Anne Katy ab, um mit ihr zum Gericht zu fahren, nachdem sie gesagt hatte, sie wisse, dass das ein schwieriger Tag für Katy sein würde. Mit Katys Verteidiger wurde ein Treffen vor der Verhandlung verabredet, und Katy bat darum, dass ihre beste Freundin dabei sein dürfe. Sie war bestürzt, als Anne begann, an ihrer Stelle dem Anwalt gegenüber Argumente aufzuzählen und sogar mit ihm über den Rat stritt, den er Katy

gab. Sie fühlte sich klein und hilflos und hatte noch mehr als sonst den Boden unter den Füßen verloren.
In den Tagen nach der Verhandlung wollte Katy Zeit und Raum zum Nachdenken und zum Trauern haben. Sie fühlte sich verwirrt und verloren und aus einem unklaren Grund ärgerlich auf Anne. Sie machte ihr keinen Vorwurf, aber sie hatte das unangenehme Gefühl, dass etwas vor sich ging, was sie nicht ganz verstand. Sie erfand eine Ausrede, als Anne anrief und vorbeikommen wollte, aber beim zweiten Anruf war Anne gereizt und kündigte an, dass sie vorbeikommen würde, um zu sehen, ob mit Katy alles in Ordnung sei. Der Versuch, ihr das auszureden, half nicht, und so willigte Katy schließlich ein, fügte aber hinzu, sie sei müde und wolle früh schlafen gehen.
Der Abend war nicht angenehm. Die Art, wie Anne zu ihr sprach, hatte sich verändert, und am Ende, als Katy darauf bestand, dass sie jetzt ausruhen müsse, platzte Anne damit heraus, dass sie sehr enttäuscht von Katy sei und nicht erwartet habe, dass sie sich so benehmen würde, nach allem, was Anne für sie getan habe. Voller Schuldgefühle bat Katy um Verzeihung, machte noch eine Tasse Kaffee, und die beiden saßen bis in den späten Abend und diskutierten, was vor Gericht passiert war und wie Katy sich jetzt fühlte.

Das ist eine klassische Rettungssituation, in der die »Freundschaft« auf einem Machtgefälle beruht. Anne übernimmt die überlegene Rolle und lässt Katy sich zunehmend hilflos, minderwertig und unfähig fühlen, während sie selbst immer mächtiger wird. Sie nimmt eine Position ein, in der sie das Recht hat, Katy Vorwürfe zu machen, wenn diese sich nicht fügt, und in der sie das Opfer spielen kann, wenn Katy aufbegehrt. Leider durchschaut Katy das Spiel nicht, fällt darauf herein, lässt immer mehr »Rettung« zu und bringt sich selbst dadurch immer tiefer in ein Loch.

Am Beginn der Interaktion bot Anne wahrscheinlich offenen Herzens Hilfe an. Aber am Ende hatte ihr Verhalten weder mit Hilfe noch mit Freundschaft etwas zu tun. Wirkliche Hilfe hätte vielleicht so ausgesehen, dass Anne unterstützend neben Katy gesessen hätte, während diese sich mit den Papieren beschäftigte. Dann hätte Katy das gelernt, was sie sollte, um erfolgreich mit der Situation umzugehen. Sie hätte neue Fähigkeiten entwickelt, mehr Selbstbewusstsein entfaltet, und Anne hätte immer noch die Freude gehabt, ihrer Freundin geholfen zu haben. Bei dem jetzigen Verlauf wusste Katy vor Gericht so wenig von dem, was sie hätte wissen müssen, dass ihre Autorität untergraben war und Anne die Verhandlung übernehmen konnte. Dabei sah Katy ziemlich dumm und ahnungslos aus und und fühlte sich auch so. Katys Dankbarkeit für die überwältigende »Hilfsbereitschaft« von Anne hielt sie davon ab, die Freundin zu stoppen und sie zu bitten, ihr den Raum zu geben, den sie brauchte. Für Katy war es offensichtlich, dass ein solches Verhalten als undankbar verstanden werden würde, und sie wollte die Freundin, die so freundlich gewesen war, nicht beleidigen. So war sie im Netz gefangen.

Diese Art von Rettungsverhalten, das an der Oberfläche so überaus freundlich erscheint, hat nichts mit Freundschaft zu tun, sondern mit Abhängigkeit. Jede Rettung, jeder Versuch, für uns das zu tun, was wir ganz gut selbst tun könnten, enthält die unterschwellige Botschaft, dass der andere unser Leben besser leben könnte als wir selbst, und verursacht einen Zustand von Reizbarkeit, gelernter Hilflosigkeit und Groll. In diesem Fall ist Anne sogar die stärker Abhängige, denn sie braucht einerseits die Art von Dankbarkeit und Huldigung, die Katy ihr so großzügig gibt, und andererseits die Macht und Kontrolle über die andere. Man muss sich fragen, was in Annes Leben wirklich los ist, dass sie andere schwächen muss, um sich selbst stark zu fühlen.

Wenn du dir selbst verlorengehst

Eleanor Roosevelt sagte, wenn wir nicht unser eigener Freund sind, können wir für niemanden in der Welt ein Freund sein. Wenn wir zulassen, in einer Freundschaft so vereinnahmt zu werden, dass unsere eigene Identität verlorengeht, so haben wir wenig zu geben.

Versuche, ein klares Bild deiner eigenen Überzeugungen und Weltanschauungen zu behalten und bleibe dabei flexibel und offen für Veränderungen derselben, wenn es dafür einen guten Grund gibt. Es ist in Ordnung und sogar bereichernd, wenn es Unterschiede zwischen uns gibt. Wir müssen nicht immer übereinstimmen und vergessen, wer wir wirklich sind und was wir denken. Wenn du dein Gefühl für dich selbst verlierst, betrügst du sowohl dich selbst als auch deine Freunde.

Mitunter gehen wir in der zudringlichen und vielleicht aggressiven und erdrückenden Großzügigkeit des anderen verloren, auch wenn er die reinsten Motive haben mag, uns seine Großzügigkeit fast aufzuzwingen. Das ist demoralisierend und entwürdigend, besonders wenn jemand die Großzügigkeit nicht erwidern kann oder der andere die Annahme von Erwiderungen verweigert. Der Partner, der in einem Meer von Großzügigkeit ertrinkt, wird sich immer auf irgendeiner Ebene unterlegen fühlen und niemals in der Lage sein, seinen angemessenen Platz in der Beziehung zu finden.

Wenn wir denken, unser Weg sei der einzig Richtige

Wenn wir glauben, dass unser Weg der einzig Richtige ist und wir die einzigen sind, die die Realität richtig wahrnehmen, dann geben wir zu verstehen, dass alle anderen mit ihrer Sicht der Dinge falsch liegen. Derart rigide festgehaltene Ansichten können Hindernisse für Nähe werden, daraus kann Ärger, Isolation und Angst entstehen, und die Freundschaft kann auseinanderbrechen. Mit offenem Herzen und Verstand gibt es immer viel zu lernen. Was wir aus unserem Blickwinkel wahrnehmen, kann sich stark von dem unterscheiden, was jemand mit einer anderen Lebensgeschichte, anderem Hintergrund, anderer Religion und Kultur, anderem Geschlecht, Alter und Tradition wahrnimmt. Auch wenn wir am ehesten Freunde wählen, die unsere Interessen, unsere Weltanschauung und unseren Hintergrund teilen, sehen wir nicht immer alles gleich. Das ist Teil der Lebensfreude. Es fordert uns heraus, uns zu öffnen und zu reifen. Wenn wir uns versagen, die Dinge aus dem Blickwinkel des anderen anzuschauen, dann verpassen wir auch die Möglichkeit, die Welt aus einem immer größer werdenden Blickwinkel zu sehen.

DIE DINGE IN ORDNUNG BRINGEN – UMGANG MIT KONFLIKTEN IN EINER FREUNDSCHAFT

Freunde unterstützen und ermutigen einander in schwierigen Zeiten und haben insgesamt gegenseitig einen positiven Einfluss auf ihr Leben. Aber sie sind auch bereit, einander mit konstruktiver Kritik entgegenzutreten und akzeptieren ein Verhalten nicht, das vielleicht zum Ruin sowohl der Freundin oder des Freundes als auch der Beziehung führen könnte. Schauen wir uns also an, wie du mit Konflikten umgehen und wie du deinen Freunden Dinge sagen kannst, die sie vielleicht nicht gern hören möchten.

Betrachte zunächst deine Motive für die Konfrontation mit dem jeweiligen Thema. Entspricht deine Intention einer liebevollen Kommunikation oder gibt es in dir einen Teil, der dem Betreffenden eins auswischen, ihn verletzen oder herabsetzen will? Wenn das der Fall ist, dann solltest du dir vielleicht noch Zeit nehmen um nachzudenken, zu meditieren und zu klären, was eigentlich wirklich los ist. Was auch immer zwischen euch vorgeht, selbst wenn du wütend bist, es ist absolut notwendig, dass du von einer Haltung der Offenheit und der Liebe ausgehst, damit du die Verletzung erfolgreich heilen und die Freundschaft erhalten kannst.

Praktisch gesagt, nimm dir ein bisschen Zeit, um dich zu erden. Schließe deine Augen für einen Moment und konzentriere dich auf deine Atmung. Dann lasse dein Herz-Chakra sich öffnen und schicke deiner Freundin oder deinem Freund Liebe. Bitte um Einsicht für das Problem und auch um das beste Ergebnis für euch beide. Das wird dir ermöglichen, ruhig und offen zu sein, nachzudenken und gelassen zu agieren, anstatt überhastet zu sprechen und zu reagieren.

Versuche, mit deinem eigenen Verstand und Herzen zu klären, worin eigentlich das Problem besteht. Bis jetzt hast du vielleicht so viel gegrübelt, dass weiteres Nachdenken dich nicht mehr sehr viel weiter bringt. Also gib dir selbst noch ein bisschen mehr Zeit, damit Einsicht einfach in deinen Geist hineinströmen kann. Vielleicht siehst du die Dinge dann plötzlich aus einer völlig anderen Perspektive. Wenn du dir klar bist, dann entscheide, ob jetzt der richtige Zeitpunkt gekommen ist, um deiner Freundin oder deinem Freund gegenüberzutreten. Versuche, dir das Problem von beiden Seiten anzuschauen. Es ist wichtig, Dinge nicht schwelen zu lassen, die Entwicklung von Missverständnissen nicht zuzulassen und Klärung nicht zu vermeiden. Aber es gibt Situationen, in denen es besser ist, eine Weile zu warten und Zeit und Ort sorgfältig zu wählen. Wenn beispielsweise deine Freundin sowieso gerade von Stress überwältigt ist, dann ist das kein guter Zeitpunkt, den Stress noch zu erhöhen und dann eine gute und liebevolle Lösung zu erwarten. Genauso solltest du warten, bis es möglich ist, allein mit ihr zu sprechen, anstatt sie in Gegenwart ihrer Familie oder von Freunden in Verlegenheit zu bringen. Achte auch auf deine eigenen Bedürfnisse: Bist du ruhig genug, um mit dem Thema umzugehen? Bist du bereit, dich mit allem auseinanderzusetzen, was sie über die Situation und über dein Verhalten sagen mag?

Wenn du so weit bist, dann versuche, das Verhalten, über das du dich ärgerst, völlig getrennt von deiner Freundin oder deinem Freund zu sehen. Es ist das Verhalten, was du nicht magst, nicht deine Freundin. Stelle sicher, dass deine verbale und nonverbale Kommunikation miteinander übereinstimmen. Wenn deine Worte das eine sagen und dein Körper, deine Haltung und deine Mimik etwas anderes, dann wird das zu mehr Konfusion zwischen euch führen. Eröffne das Gespräch in einer Haltung der Sorge für euer beider Wohlbefinden mit einer Bemerkung, die euch beide entspannt. Mit »ich« anzufangen, ist im Allgemeinen weniger bedrohlich und vermeidet eine anklagende Haltung. Zum Beispiel könntest du anstatt »Du gehst nie dahin, wo ich hinmöchte« eher sagen: »Ich würde es lieber haben, wenn wir uns in der Wahl abwechseln.« Oder statt: »Du machst mich immer nieder« könntest du sagen: »Ich hätte es gern, wenn du mich mehr als ebenbürtig ansehen würdest.«

Wenn das Gespräch sich aufheizt, schlage eine Atempause vor und fange danach wieder neu an. Deine Freundin beziehungsweise dein Freund hat genauso viel Recht, sich durchzusetzen, wie du, und vielleicht hörst du nicht gern, was sie zu sagen haben. Aber wenn du das Problem wirklich lösen willst, dann wirst du für ihren Standpunkt offen sein. Die Freundschaft ist euer beider gemeinsame Angelegenheit, und ihr seid entweder gleichberechtigte Partner darin oder es ist überhaupt keine Freundschaft vorhanden. Es gibt keinen Grund dafür, dass du mehr für eure Freundschaft tun solltest als deine Freundin oder dein Freund, um sie zu pflegen und wieder in Ordnung zu bringen. Wenn es sich so anfühlt, als ob das der Fall wäre, dann musst du vielleicht hinschauen, ob es sich wirklich um eine Freundschaft handelt oder ob sich da aus unterschwelligen Gründen etwas hinschleppt. Denke immer daran, dass du dir Zeit genommen hast, um nachzudenken, bevor du das Thema angesprochen hast. Deine Freundin oder dein Freund möchten vielleicht auch Zeit zum Nachdenken haben und erst dann mit ihren neuen Einsichten wieder auf dich zukommen. Zu erwarten, dass die Dinge sich sofort lösen, nur weil du jetzt dazu bereit bist, ist nicht sehr liebevoll. Also sei geduldig, wenn du eine Weile warten musst und ihr ein zweites oder auch drittes Gespräch braucht, um das Problem zu lösen, zu schlichten oder einen Kompromiss zu finden. Wenn ihr einander liebt, wird es das Warten wert sein.

Was tun, wenn es nicht gelöst werden kann? Dann musst du darüber nachdenken, ob du deine Freundin beziehungsweise deinen Freund und die Freundschaft akzeptieren kannst, obwohl dich etwas ärgert. Niemand von uns ist perfekt, und das gilt auch für dich und für den anderen. In den Worten eines türkischen Sprichworts finden wir diese Wahrheit: »Wer einen fehlerlosen Freund sucht, bleibt ohne Freund.« In allen Beziehungen unseres Lebens ist es der Unterschied zwischen uns, der uns zum Wachsen herausfordert, uns bereichert und uns mehr Einsicht darüber bringt, wer wir wirklich sind. Wenn deine Freundschaft die Erforschung von Schwierigkeiten nicht erlaubt und so brüchig ist, dass du dich nicht traust, einen Konflikt auszutragen, dann steht in Frage, ob es wirklich eine liebende Freundschaft ist. Freunde spiegeln uns Seiten, die uns nicht bewusst sind, und manche davon mögen wir vielleicht nicht. Indem unsere Freunde das tun, helfen sie uns, unsere Wahrheit zu leben, und zeigen uns, dass wir auch mit unseren Fehlern und Mängeln angenommen und liebenswert sind.

FREUNDE IN NOT

Es gibt ein wundervolles altes Sprichwort, das sagt, du sollst aufhören, dich um deinen eigenen Heiligenschein zu kümmern, und lieber den deines Freundes polieren. Wenn nötig, müssen wir uns selbst eine Weile zurücknehmen und unsere Liebe zeigen, indem wir tun, was der andere braucht, manchmal sogar, ohne gefragt zu werden, intuitiv erspüren, was nötig ist.

Im Oktober 1998 gab es eine schwere Überschwemmung in Texas, innerhalb von vierundzwanzig Stunden fielen 40 cm Regen. Ich blieb bis auf kleinere Überschwemmungen, die mein Haus nicht erreichten, verschont. Viele der Menschen, deren Häuser nah am Fluss standen, hatten nicht so viel Glück. Der Colorado River, ein machtvoller Riese, der sich normalerweise träge dem Ozean entgegen wälzt, war jetzt an manchen Stellen neun Kilometer breit, und der Guadalupe, türkisfarben und ruhig schimmernd in seiner Schönheit, war zumindest an einer Stelle um fast fünfzehn Meter gestiegen und hatte das Land auf beiden Seiten der Schlucht, durch die er fließt, überflutet. Niemand hatte erwartet, dass das Wasser je so hoch steigen würde, aber die Flut kam wie eine Gezeitenwoge und zerstörte alles, was auf ihrem Weg lag. Viele Häuser waren samt ihrem Inhalt zerstört, es gab Verletzte und auch Todesopfer.

1999 hatte ich die Gelegenheit, mit vielen der Überlebenden zu sprechen. Aus der Katastrophe entstanden Geschichten von unglaublichen Heldentaten – Liebe in Aktion. Der Farmer, der sein

Boot durch baumhohes turbulentes Wasser steuerte und sein Leben riskierte, um Kinder zu retten, die unter der Obhut eines Babysitters eingeschlafen und unerwartet in Not geraten waren, während ihre Eltern vom Haus der Nachbarn, die sie besucht hatten, immer weiter flussabwärts geschwemmt wurden. In den Wochen nach der Flut hatten die Nachbarn gebracht, was sie entbehren konnten, und geholfen, wo sie konnten. Sie hatten Teppiche abgespritzt, Möbel aus den Fluten geborgen, Schlamm ausgegraben, verlorenes Vieh und Haustiere gerettet, die oft in den Baumkronen überlebt hatten. Manche brachten frisches Wasser und Eis, andere Lebensmittel oder frische Wäsche. Die ganze Gemeinde kam zu Hilfe, spendete Kleidung, Lebensmittel und Haushaltsgegenstände in den Kirchen und in kurzfristig eingerichteten Notfallstationen. Alle gaben im Angesicht der Katastrophe von Herzen. Niemand musste gebeten werden.

Die Menschen aus der Umgebung kamen und gaben ihre Freundschaft und Liebe, wie in der Zeit der ersten Siedler. Sie stellten ihre eigenen Bedürfnisse und ihr eigenes Leben für eine Weile zurück, um ihren Nachbarn zu helfen, ihr Heim und ihre Würde wiederherzustellen.

Das ist die Liebe der Freundschaft, die aus dem Herz- und aus dem Kronen-Chakra kommt. Sie schließt Menschen ein, die wir niemals vorher getroffen haben, einfach weil sie Menschen sind oder Lebewesen und Mitbewohner des Universums.

Es gibt eine Zeit zum Handeln und eine Zeit, einfach nur da zu sein. Mitunter können wir unsere Liebe geben, indem wir einfach nur bezeugen, wie andere ihren Weg durch Katastrophen und zurück auf ihre Füße finden – das ist auch Liebe in Aktion. Oft ist es sogar schwerer, einfach nur da zu sein, als zu helfen. Daran denke ich, wenn ich zusehe, wie meine Mutter kämpft, um sich im Bett hochzuziehen und mit ihren arthritischen Händen nach der Flasche zu tasten. Aber ich weiß, dass sie jedesmal, wenn sie es selbst schafft, ein Gefühl der Erfüllung erlebt, das sie umsolänger stark hält. Es ist nicht Mangel an Fürsorge, sondern Liebe, die mich einfach daneben stehen lässt. Es ist eine Kunst, die Balance zu erspüren und zu wissen, wann wir eingreifen und helfen müssen.

Einsamkeit besiegen

Es ist vielleicht das beste Heilmittel gegen Einsamkeit, jemandem ein Freund zu sein, vielleicht für jemanden da zu sein, der allein ist, älter, krank oder im Gefängnis. Oder auch für ein Kind da zu sein. Wenn du ein kleines Geschenk in Freundschaft gibst, so bist du Nehmender und Gebender. Für jemanden, der allein ist, einen Kuchen zu backen, macht dir ebenso viel Freude wie ihm. Ein Lächeln oder ein freundliches Wort helfen dir und ihm, eure Wunden zu heilen und euer Leben zu verändern. Es gibt heilsames, frei gewähltes Alleinsein, aber Einsamkeit ist schmerzhaft und demoralisierend. Versuche, wenigstens einmal am Tag hinauszugehen. Wenn du nicht ausgehen kannst, sprich am Telefon mit Menschen. Wie wäre es, wenn du dich mit deinem Kalender hinsetzt und einige Termine im Voraus verabredest, so dass du dich immer auf etwas freuen kannst? Es müssen keine teuren Einladungen sein – mit jemandes Hund im Park spazierenzugehen, könnte gut sein für dich und für den anderen. Wie wäre es, wenn du selbst ein Haustier hättest, wobei dir klar sein sollte, dass es kein Ersatz für menschliche Beziehungen ist. Einer Freundin Babysitting anzubieten, würde euch beiden gut tun. Du könntest anbieten, einige Zeit im örtlichen Wohltätigkeitsladen mitzuhelfen. Du könntest irgendwo ein freiwilliger Helfer sein. Du könntest dich irgendwo ehrenamtlich engagieren. Je mehr wir uns in den Dienst anderer stellen, desto mehr weitet sich unser Horizont, desto mehr liebenswerte Menschen lernen wir kennen, desto mehr Freunde finden wir und desto mehr verändert sich unser Leben.

NICHT MEHR LIEBHABER, SONDERN FREUNDE

Mehr als einmal habe ich Paare sagen hören, sie hätten lieber Freunde bleiben sollen. Aber offensichtlich sollte es nicht so sein. Aber es ist sehr schön, wenn eine platonische Freundschaft bestehen bleiben kann, wenn die Zeit der Paarbeziehung vorbei ist.

Mein Ex-Ehemann ist mein ältester Freund. Ich war sechzehn, als wir uns kennengelernt haben, und er hat mich seitdem durch alle Phasen meines Lebens hindurch unterstützt. Nach einer zwei Jahrzehnte dauernden Ehe entwickelte sich für die nächsten zwei Jahrzehnte eine tiefe Freundschaft, und die Liebe zwischen uns hat auf der Seelenebene weiter bestanden, obwohl jeder von uns sich wieder verliebt hat und neue Beziehungen eingegangen ist. Ich habe keinen Zweifel, dass wir uns auch weiterhin immer gegenseitig unterstützen werden.

Die Tiefe der Freundschaft jenseits der sexuellen Intimität einer Beziehung zu erkennen, ist ein Zeichen dafür, wie tief Menschen einander geliebt haben. Sie können sich trennen und doch am Wohlergehen des anderen interessiert sein und gleichzeitig allen Schmerz loslassen, der zur Trennung geführt hat. Echte Liebe von Anfang an – das Beste für den anderen wünschen, ob uns das einschließt oder nicht – gibt uns die Freiheit, uns zu trennen und an der Liebe festzuhalten. Besonders wenn Kinder inmitten einer zerbrechenden Beziehung betroffen sind, ist es gut, eine gewisse Kommunikation aufrechtzuerhalten, damit die Freundschaft erneut zur Blüte kommen kann, wenn der Schmerz der Trennung abgeklungen ist. Ich weiß, dass das ein hohes Ideal ist, wenn Bitterkeit überwiegt, aber mit der Bereitschaft zur Vergebung und der Erkenntnis, dass es eine Abmachung gab, die uns in dieser Lebenszeit zusammengebracht hat, können wir uns selbst aus der Phase der Intimität entlassen und zu einer tiefen und tragenden Freundschaft finden.

SEINE, IHRE UND UNSERE FREUNDE

Wenn wir eine Paarbeziehung eingehen oder heiraten, gehen auf dem Weg manchmal frühere Freunde verloren. Wir sprechen über die Zeit der Verliebtheit, in der wir nur einander wollen, im nächsten Kapitel, und die meisten guten Freunde mögen es zwar vielleicht nicht besonders, für eine Weile kaltgestellt zu werden, aber sie verstehen dieses Bedürfnis und geben einander Raum. Selbstverständlich steht eine Partnerschaft an erster Stelle, denn sie stellt eine Freundschaft dar, die keiner anderen gleicht. Aber eine starke Partnerschaft gibt auch Raum für andere Menschen, die uns als Freunde bereichern und Frische in die Paarbeziehung bringen.

Manchmal entstehen Probleme, wenn man vergisst, dass Männer und Frauen Freundschaft im Allgemeinen verschieden sehen. Männer haben oft mehrere Gelegenheitsfreunde, zu denen sie sich hingezogen fühlen, weil sie Pläne oder Aktivitäten teilen, mit denen sie Spaß machen und scherzen, während sie tieferen persönlichen Austausch vermeiden. Andere haben tiefe, respektvolle und zurückhaltende Freundschaften über viele Jahre, in denen wenig Persönliches jemals ausgetauscht wird, obwohl es eine tiefe Bindung gibt. Zwei Frauen gründen ihre Freundschaft häufig auf ihre Gefühle und entwickeln tiefe, enge Freundschaften mit viel verbalem Austausch. Sie teilen ihre Gedanken, Hoffnungen und Ängste miteinander und auch sehr Persönliches, von dem sie das Gefühl haben, dass nur eine andere Frau es verstehen kann. Solche Freundschaften können oberflächlich erscheinen, aber sie sind tragend und zutiefst unterstützend und nehmen viel von dem Druck weg, der die Partnerschaft sonst belasten würde.

Viele Paare bevorzugen Freundschaften, die beide einschließen, meist mit anderen Paaren, und empfinden ihren Freundeskreis als bereichert, wenn alleinstehende Freunde Partner finden, die dann Teil der Gruppe werden. Manche fühlen sich wohler mit diesen Paarfreundschaften, weil sich dann alle gemeinsam treffen und die Zeit mit den Freunden nicht bedeutet, dass sie als Paar getrennt sind.

PLATONISCHE FREUNDSCHAFT

Es wird oft gesagt, dass es zwischen Männern und Frauen keine platonische Freundschaft – das ist eine enge Freundschaft ohne ein sexuelles Element – geben kann. Das stimmt so nicht. Obwohl die Ähnlichkeiten zwischen zwei Männern oder zwei Frauen ein besseres Fundament für eine Freundschaft sein mögen, so können doch ein Mann und eine Frau Wünsche und Neigungen miteinander teilen und einander so gut ergänzen, dass echte Freundschaft entsteht, die sie jenseits von Sexualität zu einem Ort geistiger Gemeinschaft führt. Dieselbe gütige Liebe, die oft das Kennzeichen einer Freundschaft zwischen Menschen des gleichen Geschlechts ist, in der jeder dem anderen etwas gibt, was diesen vollkommener macht, kann in einer platonischen Freundschaft sogar noch übertroffen werden, weil jeder von einer anderen geschlechtlichen Stellung herkommt und dem anderen eine breitere Erfahrung zu bieten hat. In einer solchen Beziehung führt die Frau den Mann oft dazu, mehr über sein tiefes emotionales Selbst, seine Intuition und seine Gefühle zu lernen, während sie von ihm vielleicht eine neue Klarheit der Gedanken sowie Kraft und Stärke lernt. Idealerweise finden wir das in unserer inneren Ehe zwischen unserem Männlichen und unserem Weiblichen. Dennoch kann eine platonische Freundschaft uns helfen, unsere Ganzheit zu verwirklichen, und kann eine bereichernde Erfahrung sein. In persönlicher Verbundenheit im Gegensatz zu sexueller Anziehung besteht die Essenz einer solchen Freundschaft. Derartige gegenseitige Liebe, die uns beide auf dem Weg zur Vollendung unterstützt, ist oft die Basis einer platonischen Freundschaft.

Affirmation

Ich öffne heute mein Herz, um allen, die ich treffe, in liebender Freundschaft zu begegnen. Ich bleibe offen, um auch ihre Liebe zu empfangen. Wo immer es nötig ist, gelange ich durch Vergebung zur Freiheit.

Meditation

Gehe an deinen sicheren Platz. Sorge dafür, dass du über genügend Zeit verfügst, es bequem hast und nicht gestört wirst. Schließe nun deine Augen und konzentriere dich auf deine Atmung. Entspanne dich und lasse alle Angst gehen. Atme das weiße Licht ein, das dich umgibt. Sei dir bewusst, dass du geschützt bist.

Gehe mit deiner Aufmerksamkeit zu deinem Herz-Chakra und fühle die warme Glut der Liebe, wenn es sich jetzt zu öffnen beginnt. Lasse dieses liebende Gefühl sich in deinem Körper ausbreiten, in deine Aura strömen und jeden Teil von dir reinigen, heilen und ausgleichen. Fühle dich umgeben von Frieden und Ruhe.

Stelle dir mit einem einzigen Atemzug vor, wie du von Freunden umgeben bist. Einige mögen Menschen sein, die du schon kennst, andere mögen dir noch nicht bekannt sein. Sende Liebe von deinem Herzen zu ihren Herzen. Schaue dich langsam um und werde dir all der guten Dinge bewusst, die diese Freunde in dein Leben bringen. Nimm dir ein paar Minuten Zeit und mache im Geist eine Liste ihrer guten Eigenschaften. Betrachte deine Freunde mit Liebe, Verständnis und Mitgefühl. Du weißt, dass sie ihre Fehler haben, so wie du. Dennoch haben sie gute Eigenschaften im Überfluss. Während du jeden Einzelnen würdigst, lächele jeden innerlich an und danke ihm dafür, dass er in deinem Leben ist. Danke ihnen für das, was sie dich lehren, für alles, was du schon mit ihnen geteilt hast und was du noch teilen wirst. Betrachte sie im Strahl des göttlichen Lichtes, das euch alle umgibt, und lasse Liebe in die Beziehungen strömen, die schon bestehen oder noch zwischen euch entstehen werden.

Bleibe in diesem Moment geerdet, lasse dein eigenes göttliches Licht in das Herz von jedem scheinen und fühle ihre Liebe zu dir. Wenn du möchtest, gib jedem eine Botschaft oder gib eine

Botschaft an die ganze Versammlung von Freunden, die da vor dir steht. Dann sei still und horche auf alles, was von ihnen zu dir kommen mag.
Halte deine Freunde in Liebe, so lange du magst, und wenn du so weit bist, lasse sie einfach sanft vor deinem Blick verblassen. Lasse all ihre Liebe in dein Herz eindringen, bevor du es sich soweit schließen lässt, wie es sich für dich gut anfühlt.
Jetzt werde dir wieder deiner Atmung bewusst. Fühle deine körperliche Anwesenheit. Bewege deine Finger und Zehen und beginne, zu einem Platz hinter deinen geschlossenen Augen zurückzukehren. Sorge dafür, dass du gut geerdet bist. Lasse dir Zeit, und wenn du so weit bist, öffne deine Augen und sei vollständig präsent. Strecke dich ein wenig und trinke etwas Wasser, bevor du in dein Tagebuch schreibst, was immer du möchtest.

Kapitel 8

Der perfekte Partner

Ich liebe dich frei, wie Menschen um ihr Recht streiten,
Ich liebe dich rein, wie sie vom Gebet kommen.
Ich liebe dich mit der Leidenschaft, die ich in meinen alten
Kümmernissen hatte
Und mit dem Glauben meiner Kindheit.
Ich liebe dich mit einer Liebe, die ich verloren glaubte
Mit meinen verlorenen Heiligen! Ich liebe dich mit dem Atem,
dem Lächeln, den Tränen meines ganzen Lebens. Und wenn Gott will,
Werde ich dich noch mehr lieben nach dem Tod.
Elizabeth Barrett Browning
»Sonnets from the Portuguese« XLIII

Obwohl ich dieses Kapitel »der perfekte Partner« genannt habe, mögen viele Menschen fragen: »Gibt es den wirklich?« Für Viele sind romantische Beziehungen ein Minenfeld, und was als die perfekte Märchen-Partnerschaft begann, endet oft mit Tränen und Bitterkeit. Beide Partner fühlen sich dann traurig und desillusioniert, sind zynisch darüber, ob Liebe überhaupt existiert, geschweige denn ein perfekter Partner. Aber wahre romantische Liebe existiert, und wenn du sie erfährst, kann sie dich vollständig verändern. Und was den perfekten Partner betrifft – lies einfach weiter.

Dieses Kapitel will dir dabei helfen, Liebesbeziehungen besser zu verstehen, deine Reaktion darauf zu analysieren und zu begreifen, warum du vielleicht Muster wiederholst, die zu Schmerzen führen, oder warum du dich bisher in der Liebe erfolglos gefühlt hast. Wenn du in einer wunderbaren Beziehung lebst, freue ich mich für dich. Aber du kannst vielleicht immer noch etwas entdecken, was für euch beide verbessert werden kann. Eine Warnung: Bitte erwarte nicht, hier zu finden, wie du deinen Partner ändern kannst, damit die Beziehung besser funktioniert. Der einzige Mensch, den du verändern kannst, bist du selbst. Ich versichere dir jedoch, wenn du das tust, wird sich auch deine Partnerschaft ändern.

Deine Beziehung geht nur dich etwas an und niemanden sonst. Das betrifft deine Partnerwahl und deine sexuelle Orientierung. Niemand kennt eine perfekte Formel, die für jeden passt. Niemand weiß, wie du dich mit deinem Partner fühlst; und ich kann nur mitteilen, was ich glaube, erfahren und beobachtet habe. Was für mich richtig ist, mag nicht richtig sein für dich oder irgendjemanden sonst – und das ist absolut in Ordnung so! Wenn es sich für dich gut und richtig anfühlt, dann genieße es! Fühle mit deinem Herzen. Erfühle, wo du bist und lasse dir von niemandem dreinreden oder dich unzufrieden machen. Es ist nicht nötig, dass du untersuchst, warum du so fühlst, wie du fühlst. Lasse, was du hier liest, lediglich zur Weiterentwicklung beitragen.

Aber wenn deine Beziehung sich enttäuschend, falsch oder schmerzhaft anfühlt, und wenn du an diesem Punkt schon früher gewesen bist, dann bist du vielleicht auf dieses Buch gestoßen, damit du anfangen kannst, etwas zu verändern. Sei freundlich und sanft mit dir selbst und mit deinem Partner, wenn du einen hast. Überschlafe alle Veränderungen, die dir plötzlich in den Sinn kommen. Wenn sie richtig sind, werden sie sich auch morgen noch gut anfühlen. Wenn nötig, sprich mit jemandem über diese Dinge. Aber vertraue hauptsächlich dir selbst.

KANN ROMANTISCHE LIEBE EWIG HALTEN?

So vieles ist über die romantische Liebe geschrieben worden, und doch würden die meisten darin übereinstimmen, dass nicht die romantische Phase dauerhaft ist, sondern eher das, was Scott Peck den Sekundenkleber der Liebe genannt hat – das, was uns auch in schweren Zeiten verbindet und uns zusammenhält, auch wenn wir alles satt haben und am liebsten weglaufen würden. Es ist das, was uns nach Hause bringt, auch wenn wir auf einer Party jemand anderen attraktiv finden. Es ist das, was unser Herz berührt, wenn wir am Morgen aufwachen und der Mensch neben uns hat verwuscheltes Haar und geschwollene, verschlafene Augen, und uns denken lässt, dass er/sie wunderschön ist. Es ist das, was ein Paar nach vierzig gemeinsamen Jahren immer noch Arm in Arm die Straße herunterlaufen und sich küssen lässt, wenn sie das Haus verlassen oder zurückkommen.

Existiert also romantische Liebe wirklich oder ist sie nur ein Konstrukt unserer Kultur? Wenn wir für eine Weile so verliebt sein können, dass es sich anfühlt, als hätten wir in das Gesicht Gottes geblickt, wie kommt es dann, dass manchmal schon nach einer kurzen Zeit die Gefühle verschwunden sind und wir uns wundern, was uns so angezogen hat? Ein Spiel des Lichtes, ein hormoneller Irrtum, eine chemische Reaktion, eine Panne in unserem Bewusstsein oder sogar ein anscheinend gänzlicher Verlust des Bewusstseins? Oder kann es sein, dass für eine, wenn auch nur kurze Weile, das Objekt unserer Verliebtheit perfekt das erfüllte, was wir brauchten? Vielleicht spiegelte es etwas für uns, führte eine Konstellation von Ereignissen herbei, die uns einen flüchtigen Blick auf etwas erlaubte, das wir sonst nicht gesehen hätten.

SICH VERLIEBEN UND LIEBEN

Wenn du dich Hals über Kopf verliebt hast, so ist das eine Erfahrung, die du niemals vergessen wirst. Ich hatte einmal eine fünfzigjährige Dame, die zu mir kam, weil sie sich über das Schwinden ihrer unzweifelhaften Schönheit Sorgen machte. Sie war niemals in einer lange dauernden Beziehung gewesen, aber sie hatte viele kurze Affären gehabt. Sie liebte es, verliebt zu sein, aber sobald die berauschenden Gefühle zu verblassen begannen, war sie ausgestiegen, noch bevor eine Beziehung sich entwickeln konnte. Dann suchte sie wieder nach einem neuen Gesicht, das ihr die Hochgefühle vermitteln konnte, nach denen sie sich sehnte. Es war die Romanze, die sie erregte, aber den Gedanken an Verantwortlichkeit und Verbindlichkeit in einer richtigen Beziehung fand sie beängstigend.

Oh könnte doch die Phase der Verliebtheit für immer dauern! So höre ich manchmal Menschen klagen. Aber wie anstrengend das wäre. Der ganze Adrenalinstoß, wenn wir mit klopfendem Herzen und keuchendem Atem auf den bloßen Anblick des Geliebten warten und unfähig sind, zu schlafen oder zu essen. Ständig verliebt zu sein, würde den Rest unseres Lebens verwirren!

Wenn wir uns verlieben, vergessen wir für eine Weile, wer wir sind. Unsere individuellen Grenzen fallen, wenn wir in unseren gegenseitigen Raum drängen, Aura mischt sich mit Aura, die Chakras verbinden sich. Wir werden eine Einheit, die nicht einen Augenblick der Trennung ertragen kann. Erinnerst du dich daran? Wir können einfach nicht genug voneinander bekommen. Diese Verliebtheit ist die reinste Form von Wahnsinn genannt worden, und sicherlich tun wir in diesem Zustand oft Dinge, die wir sonst nicht tun würden.

Aber der Zustand der Liebe ist viel angenehmer, geselliger und gekennzeichnet von tiefer dauerhafter Hingabe, Zuneigung, Fürsorge, Vertrauen, Unterstützung und Respekt. Unsere Grenzen sind wieder an ihrem Platz, und wir haben keine Illusionen darüber, wer wir individuell sind und wer wir als Paar sind. Die starke Grenze um uns beide herum sagt der Welt, dass wir eine Einheit sind. Wir wissen, dass wir aufeinander böse sein können, ohne auseinanderzugehen. Wir wissen, dass wir Zeit getrennt verbringen können und doch zusammen sind. Wir können verschiedener Meinung sein und doch miteinander auskommen. Wir können einander, wenn nötig, nachdrücklich beschützen, und wir können uns sicher fühlen in dem Wissen, dass wir für einander da sind. Wir werden auch weiterhin ein Auf und Ab haben, aber die Beziehung ist stabil.

Die wirklich Glücklichen unter uns haben den Trick gelernt, sich immer wieder ineinander zu verlieben. Nachdem sie die sanfte Zufriedenheit der gegenseitigen Liebe erreicht haben, erweckt immer wieder einmal ein besonderes Ereignis die alte Magie, und sie verlieben sich wieder ineinander. Zurück in der Alltagsroutine finden sie glücklich wieder zu ihrer Liebe und führen weiterhin ihr normales Alltagsleben. Das ist, glaube ich, der Gipfel einer guten Paarbeziehung und das Zeichen einer guten und dauerhaften Beziehung.

Für manche Menschen ist das Vorübergehen der Verliebtheit mit Enttäuschung verbunden. Sie denken, das Märchen ist vorüber. Aber in Wirklichkeit fängt da das Märchen an.

Unser Leben und unsere Lieben bewegen sich in Zyklen. Wenn wir uns Beziehungen anschauen, so gibt es auch da Zyklen mit guten, mit brachliegenden, mit gemischten und mit schlechten Zeiten. Wenn der Zyklus sich wendet und wir eine schlechte Zeit haben, entschließen wir uns manchmal zu gehen. Andere kämpfen sich jedoch durch und fühlen sich bei der erneuten Wendung des Zyklus durch das gemeinsame Leiden enger verbunden und empfinden neue Stärke und Glück. Manchmal hält nur noch die Erinnerung an die guten Zeiten Menschen zusammen, auch wenn sie nur flüchtig waren und lange vorbei sind und jetzt mehr Schlechtes als Gutes übrig ist.

WARUM WIR WÄHLEN, WEN WIR WÄHLEN

Es gab Zeiten, in denen andere Menschen auf der Basis von Familie und sozialem Hintergrund, finanzieller Sicherheit und Macht die Partner für uns ausgewählt haben. In manchen Kulturen ist es noch heute so. Ich habe mit Paaren gesprochen, deren Ehe arrangiert wurde und die Respekt und tiefe Liebe füreinander entwickelt haben, obwohl es fraglich ist, ob sie je die Phase der Verliebtheit erfahren haben. Manche sagen, sie sind dankbar, dass die Wahl für sie getroffen wurde, denn sonst hätten sie ihre Herzen über den Kopf regieren lassen und vielleicht eine Wahl getroffen, die nicht zu der soliden Grundlage geführt hätte, die sie jetzt gefunden haben. Es gibt andere, die für den Rest ihres Lebens die Liebe zu einem anderen Menschen mit sich herumtragen, der als unpassend für sie befunden wurde. Es gibt Viele, die sich ausgebeutet und übergangen fühlen und ein trauriges Leben führen.

Wenn wir uns selbst überlassen sind, dann wird unsere Wahl von einer Vielzahl von Faktoren geleitet, von denen sich viele unbewusst abspielen: Temperament, unsere individuelle Aufmachung, unsere früheren Beziehungen mit Familienmitgliedern und anderen Menschen, unsere sexuelle Orientierung, unser sozialer und intellektueller Hintergrund, Religion, Rasse, Interessen, die innere sexuelle Balance und natürlich sexuelle Anziehung, um nur einige Faktoren zu nennen. Auch wenn du vielleicht glaubst, dass Gegensätze sich anziehen, so sind es doch die Dinge, in denen wir uns gleichen, die uns wirklich zusammenbringen. Wir neigen dazu, einen Partner zu wählen, der uns in mehreren Eigenschaften gleicht. Jemanden, der in mancher Hinsicht so ist, wie wir selbst sind.

Es ist eine Binsenweisheit, dass die Dinge, die uns zunächst anziehen, auch die Dinge sein können, die uns später auseinandertreiben. Was immer uns zu einer Partnerwahl motiviert, wir tun gut daran, sorgfältig zu wählen, denn wie St. Bernhard von Clairvaux, der französische Theologe aus dem 11. Jahrhundert, gesagt hat: »Wir entwickeln Ähnlichkeit mit dem, was wir lieben.« Tatsächlich gleichen wir mehr und mehr denen, mit denen wir uns identifizieren und die wir lieben.

ÄHNLICHKEITEN, DIE UNS ZUSAMMENBRINGEN

Manchmal bitte ich am Anfang eines Workshops alle, eine Weile herumzugehen und dann, ohne miteinander zu sprechen, jemanden auszuwählen, neben dem sie sitzen wollen. Nach ein paar Minuten bilden fast alle Paare. Ich bitte sie dann, miteinander über ihren Hintergrund zu sprechen, und sie sind oft sehr erstaunt, dass sie, ohne ein Wort gewechselt zu haben, jemanden mit einer ausgeprägten Ähnlichkeit gewählt haben. Vielleicht gab es Sucht oder Gewalt in der Familie; sie sind zu guten Leistungen und sogar zur Übererfüllung gedrängt worden; in der Familie wurde nie über Probleme gesprochen; sie sind jetzt Mittelklasse, kommen aber aus der Unterklasse; sie kommen aus Immigrantenfamilien; sie haben denselben religiösen Hintergrund oder was auch immer. In einem Workshop mussten alle lachen, als von sechsunddreißig Menschen zwei Ärzte, zwei Opernsänger, zwei leitende Angestellte (beide jüngere Brüder in einer armen Familie), zwei ältere Schwestern mit Beziehungsproblemen und zwei Kinder aus Familien, die in Tragödien verwickelt waren, bei denen ein Familienmitglied getötet wurde, sich fanden – alle ohne ein einziges Wort. Darüber hinaus fanden sie heraus, dass diejenigen, die Tragödien erlitten hatten, dies in ungefähr dem gleichen Alter erlebt hatten. Die einzigen Teilnehmer, die erst einmal allein blieben und schließlich zusammensaßen, ohne wirklich miteinander sprechen zu können, waren verlassene Kinder gewesen. Sie waren adoptiert worden beziehungsweise zu Pflegeeltern gekommen und hatten niemals ein Gefühl der Zugehörigkeit entwickeln können.

Wir greifen Signale nonverbal vermittelter Informationen auf, zum Beispiel durch Gestik und Haltung, aber eigentlich durch die Energien in unserer Aura. Wie wir in Kapitel 2 diskutiert haben, trifft unsere Aura Menschen, bevor wir es tun. Bevor wir ein einziges Wort äußern, ist schon eine Menge Information ausgetauscht. Stellen wir uns vor, jemand hat mit sechs Jahren ein Elternteil verloren, also zu der Zeit, als sich gerade das Sakral-Chakra entwickelte. Der Schaden in diesem Chakra und das Muster der daraus resultierenden Entwicklungsprobleme der darüberliegenden Chakras wird so ähnlich sein wie bei einem anderen Menschen, der einen ähnlichen Verlust in vergleichbarem Alter erlitten hat. Die beiden Sakral-Chakras erkennen das, lange bevor die beiden Menschen miteinander darüber reden. Zwei Menschen mögen zusammenkommen, die scheinbar wenig gemein haben, aber später finden sie heraus, dass sie beide Väter hatten, die unberechenbar waren und zum Brüllen und Drohen neigten. Das Problem kann sich erst nach einer Weile, zum Beispiel als Machtkampf, manifestieren, aber ihr Solarplexus-Chakra wusste das von Anfang an, und so halfen sie einander, das Thema zu bearbeiten.

Manchmal gibt es ein negatives Echo. Stelle dir vor, zwei Menschen kommen zusammen, die beide als Kinder für ein krankes Elternteil sorgen mussten. Was passiert, wenn jeder von ihnen der Pfleger des anderen sein möchte? Oder wenn jeder von beiden eine kalte und wenig liebevolle Mutter hatte – wo können sie gelernt haben, füreinander zu sorgen? Später werden wir uns ansehen, wie das zu Trennung und zu einer Wiederholung des Musters führen kann, wenn wir es nicht ins Reine bringen.

Wichtig ist, dass in dem Moment, wo wir uns bewusst werden, warum wir immer wieder die gleiche Art Partner wählen, bereits die fatale Anziehungskraft nachlässt, die er für uns hat und wir für ihn. Dann können wir jemanden wählen, der besser dazu passt, wer wir jetzt sind.

MÄNNLICH – WEIBLICHE BALANCE

Unsere innere Balance zwischen männlichen und weiblichen Polen wird anfangs vom Sakral-Chakra geregelt, aber jedes Chakra leistet einen Beitrag, damit wir uns so harmonisch wie ein begnadetes Orchester darstellen.

Unser innerer männlicher Teil, das männliche Prinzip, wird von der linken Gehirnhälfte regiert. Es hat mit Funktionen wie Organisationstalent, Tatkraft, Ehrgeiz, Antrieb, Schutz, Vorsorge und Logik zu tun.

Das innere weibliche Prinzip wird von unserer rechten Gehirnhälfte gesteuert und hat zu tun mit Sprachfähigkeit, Kreativität, Musik, Kunst, Nähren, Bemuttern sowie anderen weichen und weniger strukturierten Gaben. Im Idealfall lernen wir in unserer Entwicklung, alle unsere Gaben im Gleichgewicht zu halten und zu nutzen. In diesem idealen Fall besitzen wir ein breites Spektrum von Fähigkeiten und Gaben, die es uns ermöglichen, unabhängige, flexible und gesunde Erwachsene zu sein.

Aber wenn wir aus irgendeinem Grund kein inneres Gleichgewicht haben, dann wählen wir wahrscheinlich jemanden, der auch nicht sehr ausgewogen ist und über die Gaben verfügt, die wir nicht haben. So wird eine sehr weibliche Frau, die ihr männliches Prinzip nicht entwickelt hat, sich wahrscheinlich in einen sehr männlichen Mann verlieben, der das hat, was ihr fehlt. Wenn zwei Menschen mit einem starken inneren männlichen Prinzip zusammenkommen, so werden sie sich regelmäßig ineinander verkeilen und Probleme mit Aggressionen in der Beziehung haben. Demgegenüber haben zwei Menschen mit einem starken inneren weiblichen Prinzip wahrscheinlich Schwierigkeiten in der Organisation und in der zielgerichteten Lebensführung. Ein ausgeglichener Mensch neigt dazu, nach einem Partner zu suchen, der ähnlich ausgeglichen ist.

Dieses Gleichgewicht zwischen dem Männlichen und dem Weiblichen, sowohl individuell als auch in der Paarbeziehung, bezieht sich auf alle Kombinationen der Geschlechter. Die innere Ehe zwischen den beiden Prinzipien macht es möglich, dass eine gleichgeschlechtliche Partnerschaft in der Liebe genauso erfüllend sein kann. Die ideale Situation ist es, in einer Partnerschaft mit einem anderen verschmelzen und gleichzeitig die eigene Individualität erhalten zu können.

UNGLEICHE PARTNERSCHAFTEN

Manche Partnerschaften erscheinen ungleich, und es ist dann schwer zu sehen, welche Ähnlichkeit die beiden Partner zusammengebracht hat. Partner können von sehr verschiedener Herkunft sein, aus einem entgegengesetzten sozialen Umfeld stammen und sehr unterschiedlich in Alter und Intellekt sein. Gelegentlich halten solche Beziehungen lange Zeit und sind tief befriedigend für beide Partner. Aber häufiger brennen sie eine Zeit lang heftig, erschöpfen sich dann und erlöschen. Obwohl es manchmal so aussieht, als seien die Beziehungen durch mangelnde Urteilsfähigkeit oder eine schlechte Wahl entstanden, so ist doch meistens etwas sehr viel Tieferes am Werk, und jeder Partner gewinnt etwas. Nicht nur Themen aus früheren Leben müssen in Betracht gezogen werden, sondern manchmal hat sich eine Seele verpflichtet, einer weniger entwickelten Seele zu helfen und sie auf einem mutigeren und ehrenwerteren Weg ins Licht zu führen.

Solche scheinbar ungleichen Beziehungen treten auf, wenn ein Partner sich um äußere Macht bemüht, während der andere authentische innere Macht hat. Was wie Resignation und Unterwerfung des Einen wirkt, ist in Wirklichkeit seine Unwilligkeit, eine persönliche Machtposition zu entwickeln und in Konkurrenz mit dem Anderen zu gehen. Manchmal zeigt sich das wirkliche Gleichgewicht der Macht erst in Krisenzeiten.

Tammy und Jack waren ein ungewöhnliches Paar. Tammy schien schüchtern und ruhig zu sein. Jacks Familie wunderte sich oft, was er wohl an diesem wenig einnehmenden einfachen Mädchen fand, wo er doch die Wahl zwischen all den attraktiven Frauen hatte, die den jungen Rugby-Spieler umschwärmten. Bei Familientreffen wirkte sie sehr zurückgezogen, und als Jack ihre Verlobung bekanntgab, hatten alle ihre Zweifel. Über die Jahre behielt Tammy ein niedriges Profil und schien sich nicht zu verändern, während Jack den Aufstieg fortsetzte und immer erfolgreicher wurde. Jacks Eltern waren sehr stolz auf ihn, und von Zeit zu Zeit äußerten sie ihre Besorgnis, dass er eine Frau brauchen würde, die ihn mehr unterstützen könnte und sich in der Geschäftswelt, zu der er jetzt gehörte, besser zurechtfinden würde.

Aber sie sahen nicht, was Jack wirklich an ihr hatte. Unter seinem manchmal harten und ruppigen Äußeren, seinem schnellen Witz und seinem einnehmenden Lächeln war Jack verletzlich und zerbrechlich. Er war oft reizbar und hatte wenig Selbstvertrauen. Tammy jedoch war voller Weisheit und Selbstachtung, die sie eigenständig und ruhig machte, was von Jacks Familie oft als zurückgezogen und hochnäsig missverstanden wurde. Mit einer Berührung und einem Lächeln konnte sie Jack beruhigen. Mit einem Wort konnte sie ihm Kraft geben, die ihm auch durch die härtesten Verhandlungen hindurchhalf. Mit ihr fühlte er sich weich und sanft und so zu Hause, wie er sich niemals mit einem anderen Menschen gefühlt hatte. Das wirkliche Gleichgewicht der Kräfte in der Be-

ziehung hätte zugunsten von Tammy ausgehen können, aber ihre Liebe zu ihm war so geartet, dass sie nur seine Stärkung und seine Freiheit, sein Wohlbefinden und sein Glück wollte, denn sie hatte all diese Dinge für sich selbst schon gefunden.
Die Wahrheit über diese Beziehung wurde für Jacks Familie erst sichtbar, als er nach einem Autounfall bewusstlos war. Im Krankenhaus hasteten seine Eltern hektisch herum und redeten auf die Schwestern ein, sie sollten besser für ihren Jungen sorgen, während Tammy einfach dasaß, seine Hand hielt, ihm ab und zu mit der Hand über die Wange strich und leise zu ihm sprach. Die wenigen Worte, die sie zu Ärzten und Schwestern sagte, hatten eine Autorität, die die Familie bisher an ihr noch nicht wahrgenommen hatte. Tammy drückte Anerkennung und Dank aus für alles, was für ihren Mann getan wurde. Die Atmosphäre von Frieden rund um das Paar wurde fast optisch sichtbar, als Tammy Jacks Eltern zum ersten Mal sehen ließ, wo die wirkliche Kraft lag: In ihr und ihrer wunderbar kraftvollen Liebe für ihren Mann. Tammy ihrerseits profitierte sehr von Jacks extrovertierter Art, die ihr Türen öffnete, von deren Existenz sie sonst nicht einmal gewusst hätte.

Zeitweiliges Chaos in Beziehungen

Auch wenn es gut ist, Frieden in Beziehungen zu haben, so brauchst du doch vielleicht manchmal die Würze eines kleinen Dramas oder ein wenig Chaos, das dich aufrüttelt und deine Aufmerksamkeit weckt. In den Zeiten einer Krise werden die Samen für eine neue Ordnung gelegt. Sei also nicht beunruhigt, wenn du in deiner Beziehung eine Phase mit viel Streit durchläufst.
Chaos kann dich neu sehen lassen, was du wirklich willst, was dir wirklich wertvoll ist und wer du in Wahrheit bist. Es ermöglicht dir, deinen Lebensplan neu zu vereinbaren, deinen Weg und die Menschen, mit denen du ihn gehen willst, neu zu bestimmen. Manchmal zeigt das Chaos an, dass du eine Weile allein sein musst, da-

mit du deinem göttlichen Weg folgen und deine Botschaft davor bewahren kannst, in einem Sumpf menschlicher Gefühle verlorenzugehen.

Wir machen gern unsere Partner für unseren Schmerz verantwortlich, aber tatsächlich gewinnen und wachsen beide Seiten. Unsere Partner verdienen unseren Dank, unser Verständnis und Mitgefühl, denn häufig sind wir gegenseitig die Katalysatoren unseres spirituellen Wachstums oder wir katapultieren uns gegenseitig zurück auf unseren richtigen Weg.

Wenn das Gewebe unseres Lebens durch Chaos erschüttert wird, sind wir gezwungen, Entscheidungen zu treffen, die wir sonst vermeiden würden. Manchmal haben wir seit Jahren in Leid verharrt, doch eines Tages geschieht ohne einen erkennbaren Grund eine Veränderung – und wir befreien uns selbst. Wir können nur annehmen, dass wir an diesem Punkt genug Erfahrung gewonnen hatten und es nicht mehr nötig war zu verharren.

Wir können oft eine verhältnismäßig schmerzfreie Entwicklung erleben, wenn wir es lernen, fortlaufend an uns zu arbeiten, der Entwicklung einen Schritt voraus zu sein. Die Herausforderungen des Lebens rufen immer Wachstum und Kreativität hervor, zwingen uns, alles loszulassen, was nicht mehr passt, und den Mantel unseres neuen Lebens anzuziehen.

Authentische innere Kraft zeigt sich immer darin, dass sie den Anderen stärkt, indem sie Wachstum, Unabhängigkeit und wahres Lernen ermutigt. Nur wer sich seiner eigenen Macht unsicher ist, hat es nötig, Macht über andere auszuüben, indem er Kontrolle ausübt oder andere rettet und hilflos macht.

Trifft irgendetwas davon auf dich zu? Es ist wichtig, dass du dich erinnerst, wer du bist. Wenn du im Zweifel bist, gehe zurück zu Kapitel 4, zu dem Thema, dich selbst zu lieben. Du hast wunderbare Fähigkeiten und bist ein sehr kraftvolles Wesen. Aber du brauchst den Mut, diese Kraft weise zu nutzen. Was immer euch beide zu einer ungewöhnlichen Partnerschaft zusammengebracht hat, geht nur euch selbst etwas an. Ebenso wisst nur ihr beide, was euch dort hält. Solche anscheinend ungleichen Partnerschaften erfordern Mut von euch beiden, weil es leider immer wieder Menschen gibt, die eure Wahl nicht akzeptieren wollen. Das ist in Ordnung. Es ist nicht ihre Beziehung.

Solltest du aber bei ehrlicher Betrachtung finden, dass die Gründe für euer Zusammenbleiben unehrenhaft sind, dann schaue, was du und dein Partner noch aus der Beziehung zu lernen haben. Sieh nach, wie du dich mit möglichst geringer Verletzung für euch beide befreien kannst.

DEINEN SEELENPARTNER FINDEN

Hast du schon einmal die alles umfassende Liebe empfunden, von der du weißt, dass sie schon immer da war und immer da sein wird? Den Menschen, den du kennst, auch wenn ihr euch gerade erst getroffen habt? Das ist die große Liebe von Dante und Beatrice, die Liebe von Salomon im Hohenlied. Die Leidenschaft, über die wir glücklich sind, sie in dieser Lebenszeit gefunden zu haben, selbst wenn das Leben bestimmt, dass wir getrennt leben. Das Gefühl, einander schon immer gekannt zu haben – das empfindest du beim Treffen mit deinem Seelenpartner, und das Wunder und Entzücken dieser Begegnung verändert euer beider Leben für immer.

Gibt es nur einen Seelenpartner für uns? Nein. Obwohl es leider manchen Menschen bestimmt ist, niemals einen zu finden, so ist es doch möglich, mehr als einen Selenpartnerr während einer Lebenszeit wiederzuerkennen.

Wir werden darüber im Anhang 2 noch ausführlicher sprechen, aber hier eine Kurzfassung: Wir haben in vielen Leben verschiedene Rollen gelebt, und wir treffen uns wieder, um alte Versprechen einzulösen. Manchmal kennen wir uns vom ersten Moment des Treffens an, was wir Liebe auf den ersten Blick nennen, aber manchmal entwickelt es sich erst nach und nach.

Eine wunderbare spirituelle Frau, die ich traf, wollte gerade heiraten. Sie erzählte mir, sie und ihr Mann hätten sich vor sechzehn

Jahren zufällig (wenn es so etwas gibt) getroffen. Der Mann, den sie jetzt heiraten wollte, hatte sich nur wenige Tage vorher verlobt. In der ersten Sekunde erkannte sie ihn als ihren Seelenpartner. Aber er heiratete damals, und sie sah ihn erst elf Jahre später wieder, als sie sich genau an demselben Platz wiedertrafen. Er war seit vier Jahren geschieden, sie seit acht Jahren. Sofort erkannten sie einander und verliebten sich. Sie sagte, dass sie sich in so vieler Hinsicht einfach kannten. Beide hatten in ihren Ehen mit anderen Partnern verschiedene Themen verarbeitet und waren jetzt frei, zusammen zu sein.

Viele Menschen haben ein Gefühl, einander aus einer anderen Zeit zu kennen. Für manche ist die Klarheit dieser Erfahrung sehr erstaunlich. Häufig sind Beziehungen zwischen Seelenpartnern faszinierend und voller Freude, Frieden, Ruhe und Harmonie. Aber manchmal ist das Zusammensein mit einem Seelenpartner auch anders. Häufig drücken Seelenpartner unsere Knöpfe, wie niemand sonst es könnte. Sie bringen unseren labilen Frieden zum Einsturz, so dass wir wachsen können. Sie sind tatsächlich unsere liebenden Lehrer. Ihren Handlungen unterliegt eine tiefe Liebe, die uns versteht und bereit ist, uns herauszufordern. Vielleicht haben wir dasselbe schon seit Jahrhunderten miteinander getan? Wenn wir einen Seelenpartner finden, so heißt das nicht unbedingt, dass wir für immer mit ihm zusammenbleiben, aber es kann auch dauern, bis der Tod uns scheidet.

Wenn wir alles erfahren haben, was wir uns für diese Lebenszeit vorgenommen hatten, dann werden wir uns trennen. Möglicherweise, um in einem anderen Leben wieder zusammenzukommen. Wir haben unser Versprechen für dieses Mal erfüllt, und wir können einander genügend lieben, um uns loszulassen. Oft sehen wir gerade darin ein Zeichen eines echten Seelenpartners, dass wir ihn mit Liebe gehen lassen und ein tiefes Verlangen danach empfinden, dass es ihm gut gehen möge. In dem Film »Step Mom« (1999) wird auf wunderschöne Weise der mögliche Ablauf einer Beziehung zwischen Seelenpartnern gezeigt. Die Liebe des ursprünglichen Paares, das sich getrennt hat, aber immer noch tiefe Liebe füreinander empfindet, wird nicht durch eine neue Seelenpartnerschaft entwertet.

Einen Seelenpartner finden oder sich Hals über Kopf verlieben?

Mit einem Seelenpartner gibt es:

- Das Gefühl, ihn schon früher oder vielleicht schon immer gekannt zu haben.
- Sofortige Vertrautheit.
- Das Gefühl, spirituelle Partner zu sein, dass es etwas zwischen euch gibt, das »Menschsein« überschreitet.
- Ein Gefühl der Zugehörigkeit von dem Moment der Begegnung an, mehr als nur gutes Verständnis.
- Sofortige Liebe anstatt einer sich allmählich entwickelnden Liebe.
- Ein Gefühl, dass die Liebe die ganze Menschheit einschließt.
- Inspiration und Energie.
- Das Gefühl, dass es keine Barrieren zwischen euch gibt.
- Das Gefühl, Partner zu sein.
- Die Tatsache, dass ihr (manchmal) ähnliche Gesichtszüge habt.
- Das Teilen ähnlicher spiritueller (nicht notwendigerweise religiöser) Werte.
- Das Gefühl eines gemeinsamen Vorhabens oder einer gemeinsamen Mission.
- Das Gefühl, immer zusammen zu sein, auch wenn ihr meilenweit getrennt seid.

EINANDER ANNEHMEN WIE WIR SIND

Annehmen beruht auf Gegenseitigkeit. Wenn wir darum kämpfen, die uns störenden Dinge zu akzeptieren, vergessen wir leicht, dass auch wir selbst Gewohnheiten haben, die für den Partner schwer zu akzeptieren sind. Tatsächlich ist das, was uns bedroht und herausfordert, auch das, was uns zum Lernen, zur Anpassung und Kompromissbildung veranlasst. Unsere Geliebten testen unsere Bereitschaft, Dinge mit Gleichmut zu akzeptieren, und fordern uns dazu heraus, uns zu erweitern. Wenn wir uns belästigt und gestört fühlen, so deswegen, weil ein Teil von uns sich noch nicht genug ausdehnen konnte, um akzeptieren zu können. Aber du fragst vielleicht, warum wir das tun sollten. Die Antwort ist, dass es genau darum beim Wachstum geht. Genau deswegen sind wir überhaupt mit dem Partner zusammen.

Wut und Hass

Wenn du an dem Punkt bist, wo Groll zu Wut geworden ist und Liebe sich in Hass verwandelt hat, dann ist es notwendig, deine zugrundeliegende Angst zu erforschen. Häufig ist es etwas Tiefes aus der Vergangenheit – vielleicht sogar aus einem früheren Leben – und du bist aufgefordert, es zu heilen. Das Ende einer Beziehung wird eher durch Gleichgültigkeit als durch Hass markiert.

Es ist eine Sache, deine Toleranz zu vergrößern, aber wenn es viele Aspekte gibt, die dir wehtun, dann solltest du vielleicht überprüfen, warum du noch in dieser Situation steckst. Wenn deine Integrität, deine wichtigsten Prinzipien und tiefsten Sehnsüchte ständig in Frage gestellt werden, dann ist es an der Zeit herauszufinden, was die wirkliche Botschaft ist. Solltest du deine Einstellung anschauen und vielleicht verändern? Solltest du den Mut haben, für das zu stehen, was dir wichtig ist, und weitergehen? Ist ein Teil der Lektion für deinen Partner, dass er sich nicht so verhalten und gleichzeitig erwarten kann, dass jemand bei ihm bleibt? Nimm dir ein bisschen Zeit, um dein Herz zu erforschen, und bitte darum, dass die Antwort sich dir zeigt. Vielleicht kommt sie auf ganz unerwartete Weise zu dir.

ICH KANN NUR MICH SELBST VERÄNDERN

Wie ich schon gesagt habe, ich kann nur mich selbst verändern. Aber wie oft hast du jemanden sagen gehört (oder selbst gedacht): »Ach, der wird sich schon ändern!« In dieser Bemerkung liegt der Ursprung der Schwierigkeiten, denn sie bedeutet, nur wenn der andere sich ändert, ist er für uns akzeptabel. Es bedeutet meistens auch, dass wir glauben, wir könnten diese Veränderung bewirken. Manchmal ist es schon erstaunlich, in welchem Ausmaß jemand den anderen verändern möchte, und ich wundere mich dann, wie er/sie jemals glauben konnten, er/sie könnten das bewirken.

Und dann gibt es da noch den Perfektionismus!

Eine liebenswerte junge Frau kam völlig aufgelöst zu mir. Sie wurde seit Jahren von ihrem Ehemann innig geliebt. Sie berichtete, sie hätte sich schon so sehr verändert und damit versucht, sich an ihn anzupassen, dass sie sich inzwischen nicht mehr als sie selbst fühle. Wir entschieden, dass wir ein Treffen zu dritt machen sollten, und ich hoffte, dass er seine Liebe für sie bestätigen, und ihre Angst, sie könnte als Ehefrau für ihn nicht gut genug sein, sich als unbegründet erweisen würde.

In schönen Worten bekannte er seine Liebe zu ihr und machte Komplimente über einige ihrer Eigenschaften. Dann aber legte er damit los, eine Liste von Verhaltensweisen aufzuzählen, in denen sie nicht perfekt war und in denen er sich wünschte, dass sie sich ändern sollte. Ich verwies ihn auf folgende Geschichte:

Eine Frau ging eines Tages an einem Kleiderladen vorbei und sah ein wunderbares rosa Kleid im Schaufenster. Es hatte lange fließende Ärmel, einen verzierten Halsausschnitt und einen schwingen-

den Rock, der fast bis zu den Knöcheln reichte. Es war mit kleinen Perlen bestickt, und der Chiffon unterstrich ihre Schönheit. Sie war so begeistert von dem wundervollen Kleid, dass sie sofort in den Laden ging, um es zu kaufen.
Sie probierte es an, und die Verkäuferin bewunderte, wie schön das Kleid ihre Figur unterstrich und wie gut die Farbe ihr stand. Die Frau schaute in den Spiegel und drehte sich um: »Ja, ich nehme es«, sagte sie. »Aber ich möchte den Rock kürzer und die Ärmel nur bis zum Ellbogen. Vielleicht könnte ich anstatt der Perlen kleine Perlmuttknöpfe haben, und wir könnten den Reißverschluß im Rücken wegnehmen. Ich glaube, der Rock wäre schöner, wenn wir ihn ein bißchen enger machen. Und haben sie es in Blau?« Die Verkäuferin lächelte weise: »Madame«, sagte sie, »ich glaube, sie sollten ein anderes Kleid kaufen.«

Wie albern sich diese Geschichte anhört. Wir würden kaum einen solchen Aufwand an Änderungen an einem Kleidungsstück erwarten, das wir kaufen wollen. Doch ich sehe oft Paare, die eine Unmenge von Veränderungen voneinander erwarten. Obwohl sich Paare natürlich verändern, wenn sie zusammenkommen, so haben wir doch die Enttäuschung vorprogrammiert, wenn wir eine Beziehung mit der Erwartung beginnen, dass wir den anderen ändern wollen.

Liebende Kommunikation ist alles! Ihr beide müsst über die Dinge reden, die ihr aneinander schwer zu akzeptieren findet, aber das muss in einem Geist der Liebe geschehen – und ein bisschen Humor würde auch nicht schaden. Es macht einen großen Unterschied, ob du deinem Partner den Arm um die Schulter legst und sagst, du würdest gern einen gemeinsamen Weg finden, um das Haus sauberer zu halten, oder ob du herausplatzt, du könntest nicht verstehen, wie dein Partner in diesem Dreck leben könnte. Wie wäre es mit dem Vorschlag, dass es einen Platz gibt, an dem du ultrasauber sein kannst und sie so schlampig wie sie möchte, und der Rest des Hauses ist gemütlich und bewohnt, aber nicht vermüllt? Wie wäre es mit einem humorvollen Signal, dass ihre

Unordnung auf deinen Platz übergreift und du gerne stoppen würdest, dass sich die Unordnung jede Minute verdoppelt?

Wie wäre es, wenn du eine gemeinsame Putzaktion vorschlägst, bevor die neue Grenzlinie festgelegt wird? Wie wäre es, wenn du dich entscheidest, zu denken und zu handeln, anstatt zu reagieren? Das ist nicht immer leicht, aber es lohnt die Mühe. Wie wäre es, wenn du dir klarmachst, dass vielleicht du dich ändern musst? Bist du bereit, den halben Weg zu gehen?

Aber es gibt Zeiten, da weißt du genau, dass du dich nicht weiter ändern kannst, dass jede weitere Anpassung deine Integrität bedrohen würde. Wenn das, was von dir gefordert wird, einfach unakzeptabel ist. Was dann? Obwohl du in deiner Verpflichtung bleiben musst, präsent zu sein und offen für Wachstum (und hier kommen wahrhaftig Herausforderungen auf dich zu, die Wachstum erfordern), so musst du doch entscheiden, was das Beste für dich ist. Ehre dich selbst! Wenn du voller Liebe, Verständnis und Mitgefühl bleiben kannst, in deinem Raum lebst, deine eigenen Maßstäbe, deine Moral und Integrität halten kannst, dann ist es gut. Wenn Du angesichts von Enttäuschung und zerbrochenen Erwartungen keine Zuflucht zu Vergeltung und Rache zu nehmen brauchst, dann ist es gut. Aber wenn die Antwort ist, dass du das nicht kannst, dann ist es an der Zeit, für dich selbst zu sorgen und dich aus der Situation zu lösen, die dir solche Schmerzen bereitet. Wir werden uns mit Trennung später noch beschäftigen.

DEN GEGENSEITIGEN BEDÜRFNISSEN UND WÜNSCHEN BEGEGNEN

Als wir kleine Mädchen waren, wurde meiner Schwester und mir beigebracht, dankbar anzunehmen, was uns gegeben wurde, und nicht nach etwas Anderem zu fragen. Die Intention war sehr schön, aber es ist mir sehr schwergefallen, diese Gewohnheit loszulassen. Manchmal kämpfe ich noch heute damit und finde es hart, um die Erfüllung meiner Bedürfnisse zu bitten. Ich fühle mich dann manchmal unzufrieden und enttäuscht, wenn meine Bedürfnisse nicht erfüllt werden.

Natürlich ist es unfair und dumm, zu erwarten, dass andere Menschen unsere Gedanken lesen könnten (wenn es auch im ersten Aufwallen der Liebe manchmal so scheint, als könnten sie es tatsächlich).

Die Sehnsüchte des Anderen erfüllen

Ein Mann starb und kam an die Himmelstür. Er wurde vom Torhüter begrüßt, der ein großes Buch hatte, in dem alle Taten dieses Mannes in seiner Lebenszeit notiert waren. Der Torhüter kratzte sich am Kopf.

»Du bist ein sehr ungewöhnlicher Fall«, sagte er. »Du hast ganz genau gleich viele gute und schlechte Taten begangen. So kannst du dir aussuchen, ob du in den Himmel willst oder in die Hölle.«

Der Mann dachte einen Moment nach und entschied dann, dass er einen Blick in die Hölle werfen wollte, weil es dort vielleicht lustiger wäre als im Himmel. Er wurde auch richtig in die Hölle gebracht, und als er ankam, sah er einen großen Bankettsaal mit Tischen, die mit Damasttischtüchern, exquisitem Glas und Silber gedeckt waren und auf denen herrliches Essen stand. Um den Tisch herum saßen Menschen in feiner Abendkleidung, aber sie sahen alle sehr traurig aus. Dann bemerkte er, dass jedem an beide Arme Löffel gebunden waren, deren Griffe so lang waren, dass sie mit dem Essen ihren Mund nicht erreichen konnten.

Der Mann sah das Unglück auf den Gesichtern der Menschen, und er entschied, er wolle doch lieber in den Himmel. Als er dort aber ankam, war er schockiert, dass dort ebensolche Tische mit ebensolchem Geschirr waren. Die Menschen, die um die Tische saßen, hatten auch Löffel an ihre Arme gebunden. Der Unterschied war, dass sie lächelten und glücklich aussahen. Als er sich umsah, wusste er, warum sie lächelten. Obwohl sie ihren eigenen Mund nicht erreichen konnten, fütterte jeder einen anderen mit dem Essen, das er wollte.

Der Türhüter lächelte, als dem Mann die Wahrheit dämmerte. »Pass auf, dass du den Himmel bewahrst«, sagte er. »Du kannst das hier schnell zu einer Hölle machen, wenn jemand etwas Bestimmtes möchte und du ihm stattdessen etwas anderes in den Mund stopfst.«

Als Kind wünschte ich mir sehr, Klavier zu spielen, und schließlich bekam ich Stunden, obwohl wir zu Hause gar kein Klavier hatten. Meine Großeltern sagten, ich könnte in ihrem Haus, das nicht weit entfernt war, üben. Es war keine schöne Erfahrung. So liebevoll meine Großeltern auch waren, oft konnte ich einfach nicht ungestört üben. Obwohl ich die Musik liebte, wurde es allmählich zur Qual, dorthin zum Üben zu gehen, und ich gab den Unterricht auf. Als ich in den Zwanzigern war, erwähnte ich einmal beiläufig, dass ich mir schon immer ein eigenes Klavier gewünscht hatte. Ich war wunderbar überrascht, als an meinem nächsten Geburtstag ein etwas betagtes und ramponiertes, aber noch gutes Klavier im Wohnzimmer stand. Wochenlang konnte ich nicht davon lassen. Es begeisterte mich ebenso, dass eine meiner Sehnsüchte sich so mühelos erfüllt hatte. Mein Mann, glücklich und gleichzeitig über meine überschwängliche Reaktion amüsiert, fragte mich, was ich mir sonst noch heimlich sehnsüchtig wünschte. Plötzlich tat sich eine neue Welt auf, in der ich zunächst noch zögerlich zu sagen begann, was ich gern hätte. Es war großartig. Aber ich frage mich immer noch, ob ich je gefragt hätte, wenn ich nicht so großzügig dazu eingeladen worden wäre.

Es ist also zum großen Teil deine eigene Verantwortung, dass deine Bedürfnisse befriedigt werden. Einfühlsam darum zu bitten (nicht zu fordern!), ist in Ordnung. Das gilt für alle Aspekte der Wünsche in Beziehungen, Sex eingeschlossen. Es ist völlig in Ordnung, zu sagen, was du magst und was dir gefallen würde. Dein Partner hat natürlich das gleiche Recht. Manchmal müssen wir sorgfältig darüber nachdenken, was wir mit gutem Gefühl geben möchten, unabhängig davon, was der Partner sich wünscht.

Schmerzhaft ist es, wenn du deinen Partner auf deine Bedürfnisse aufmerksam machst und diese dann als unwichtig abgetan werden. Aber im Alltag gibt es Zeiten, in denen wir einfach lernen müssen, ohne die Erfüllung unserer Wünsche zurechtzukommen. Es ist ein Geschenk in der Kommunikation, wenn du lernst, ehrlich zu sagen, was du benötigst.

Wenn dein Partner um etwas bittet, was er braucht, dann ist es freundlich, ihm genau seine Wünsche zu erfüllen, anstatt ihm das zu geben, was du für richtig hältst. Es gibt jedoch mitunter Wünsche, die du nicht erfüllen solltest! Manchmal strapazieren die Sehnsüchte des anderen unsere Integrität und geben uns ein unangenehmes Gefühl. Dann ist es besser, das ehrlich zu sagen, als etwas zu tun, das uns verletzt und letztendlich dadurch die Beziehung gefährdet.

Eine meiner Klientinnen hatte eine schwierige Ehe mit einem Mann, den sie sehr liebte, aber der im Chaos lebte. Sie weinte traurig, während sie erzählte, dass der Geburtstag ihres Mannes bevorstand und sie sich Gedanken über ein Geschenk machte. Aber er hatte gesagt, wenn sie ihn wirklich liebe und ihm eine Freude machen wolle, dann würde sie ihm zum Geburtstag Kokain kaufen, damit er eine Orgie feiern könne!

KOMMUNIKATION

Ich bin dafür bekannt, gesagt zu haben, dass alle Beziehungsprobleme auf gestörter Kommunikation beruhen. Tatsächlich will ich noch darüber hinausgehen und sagen, dass alle Probleme überhaupt Kommunikationsprobleme sind. Mit Kommunikation meine ich nicht nur einfach Reden. Es macht Spaß, gelegentlich miteinander zu plaudern, doch die meiste Zeit reden wir auf einer oberflächlichen Ebene. Dennoch gibt es Zeiten, in denen tiefe Kommunikation angemessen ist, die einen ganz anderen Zustand des Seins mit sich bringt.

Wenn du der Überzeugung bist, du kommunizierst wirklich gut mit deinem Partner, dann halte jetzt einmal inne und überprüfe es. Erinnere dich an dein Chakra-System oder schaue nochmal in Kapitel 2. Dann gehe die folgende Checkliste durch:

- Ist dein Wurzel-Chakra offen, so dass du sicher geerdet und stark bleibst und zuerst vor allem anderen für dein Überleben sorgst?
- Ist dein Sakral-Chakra offen, damit du flexibel und dem anderen Menschen gegenüber offen sein kannst mit der Bereitschaft zu Veränderungen?
- Ist dein Solarplexus-Chakra offen und erinnert dich an deine eigene Kraft, aber auch daran, dass du sie nicht dazu benutzen sollst, jemand anderen zu schwächen?
- Ist dein Herz-Chakra offen mit Liebe und Mitgefühl und der Fähigkeit zur Empathie mit deinem Partner? Hast du deine Motive überprüft, so dass deine Kommunikation wirklich aus dem Herzen kommt und nicht aus dem Ego? Kannst du deinen Partner mit Respekt, Loyalität, Wertschätzung und Bewunderung anschauen und ihn als wertvoll und schön wahrnehmen?
- Ist dein Kehl-Chakra offen, so dass du deine Wahrheit aussprechen und deine Integrität mit Sanftheit und Geduld, aber auch mit Kraft und Klarheit ausdrücken kannst? Vermagst du aufmerksam, ohne Urteil oder Unterbrechung zuzuhören? Hast du ein ursprüngliches Verlangen, deine beste Information mitzuteilen?
- Ist dein Stirn-Chakra offen mit der Vision dessen, was du wirklich für dich und für die Beziehung wünschst?
- Bist du offen für einen Strom göttlicher Liebe, die euch beide segnen und euch helfen wird, zu der für euch beide besten Lösung zu finden?
- Ist dein ganzes Sein geschützt, so dass du eventuell auftretenden Ärger und Angst nicht aufnehmen musst?
- Bist du sicher, dass deine nonverbalen Signale mit deinen Worten übereinstimmen?

Wenn du alle diese Fragen ehrlich mit Ja beantworten kannst und mit dem, was du auf jeder Ebene gefunden hast, zufrieden bist, dann bist du bereit für eine Kommunikation aus der Position der Liebe und nicht der Angst, des Interesses und nicht der Anklage, und ein gutes Gelingen ist sicher. Jene magische Alchemie ist vorhanden, welche Kommunikation in ihrer besten Form befördert, und du bist bereit zu zeigen, wer du bist und woran du glaubst. Das bedeutet nicht, dass du bekommst, was du willst. Es bedeutet nicht, dass du deinen Partner mit deiner kunstvollen Rede blendest und er dir in die Arme fällt und allem zustimmt, was du sagst. Aber es bedeutet, dass du, was auch immer dabei herauskommt, aus deiner Seele die Wahrheit gesprochen hast, so wie du sie in diesem Augenblick verstehst. Morgen magst du vielleicht anders fühlen, und das ist in Ordnung. Du kannst deine Kommunikation auf den neuesten Stand bringen, wann immer du möchtest.

Das Leben von zwei Menschen, die auf diese Weise miteinander kommunizieren, scheint zusammenzufließen, ohne ihre einzigartige Individualität zu opfern. Sie leben in vollständiger Freiheit, und sie integrieren sich, bis sie harmonisch wie eine Einheit zu funktionieren scheinen. Um solche Paare, die in perfektem Einklang leben, ist oft eine fühlbare Magie, wenn sie ihrer beider Heiligkeit und die Heiligkeit allen Lebens feiern. Jeder von beiden ist sich seiner selbst gewahr mit reinen Motiven, und durch den freundlichen Einsatz von Respekt, Sanftheit, Verständnis und Liebe ruft er den aktiven Ausdruck des latenten Guten im Anderen hervor. Einen solchen Zustand zu erreichen, ist doch wohl der Mühe wert!

ANEINANDER GLAUBEN, VONEINANDER LERNEN

Wenn ihr einander als gegenseitige Lehrer und Schüler mit einzigartigen Botschaften füreinander respektieren könnt, so ist das eine solide Basis für Liebe, bereichert durch Dankbarkeit. Sie hilft dann darüber hinweg, dass sich das Geschehen zwischen euch manchmal nicht gut anfühlt oder gelegentlich sogar ausgesprochen schmerzhaft sein kann. Die Erkenntnis, dass euer beider Erfahrung eure Seelen entwickeln hilft, kann auch in den schwierigsten Situationen trösten und helfen, den Widerstand aufzugeben und ohne allzu viel Schmerzen alles Gute zu genießen.

Wenn wir lieben und deswegen das Bestmögliche für den Geliebten wollen, setzen wir uns automatisch hohe Ziele. Wie Joseph Mercier Desiré, der belgische Prälat und Philosoph, sagte: »Wir müssen nicht nur das geben, was wir haben, sondern auch das, was wir sind.« Das spirituelle Wachstum unseres Partners wird genauso wichtig wie unser eigenes. Wenn wir bewusst auf mitfühlende, liebevolle und heilende Weise denken und handeln, so fördert es das Wohlbefinden des anderen. Gleichzeitig wachsen wir selbst auch und haben wieder mehr zu geben. Auf diese Weise gibt es in einer wahren spirituellen Partnerschaft, in der jeder dem höchsten Wohl des anderen verpflichtet ist, fortlaufende Veränderungen, wenn wir unsere gegenseitigen Einsichten austauschen und uns daran freuen.

Aber wenn ihr eine abhängige Partnerschaft habt, die das spirituelle Element nicht anerkennt, so werden, auch wenn eure Gefühle stark sein mögen und ihr beide von Liebe redet und euch verbal dem Wohl des anderen verpflichtet, kleine Eifersüchteleien, Ärger und Groll Stillstand verursachen, und das Wachstum hört auf. Wenn sich dann einer von euch um weiteres Wachstum bemüht, fühlt sich der andere bedroht durch die unterschwellige Angst, verlassen zu werden. Diese Angst vor Trennung und Verlust ist dann stärker als die Freude am Erfolg des Gegenübers. Um die Beziehung aufrechtzuerhalten, muss nun entweder der eine den Wunsch zu wachsen unterdrücken oder der andere muss auch wachsen. Aber da Abhängigkeit in der Regel auf einem Hintergrund von Verletzung entsteht, übertrifft die Angst meist die Freude, und es kommt zu einem Antagonismus mit wachsendem Chaos und Drama. Wir werden uns das später noch näher ansehen.

KONFLIKT IN DER LIEBE

»Wenn du das Geheimnis richtiger Beziehungen erfahren willst, so schaue nur auf das Gute, das ist das Göttliche in allem, und überlasse Gott den Rest.« So sagte der Autor J. Allen Boone. Eine wunderbare Theorie, die funktioniert, wenn wir sie durchhalten können, aber praktisch sind nur wenige von uns in der Lage, ein so erhabenes Ideal konsequent durchzuhalten. Daher sind in jedem Fall Uneinigkeit und Konflikt natürliche Aspekte von Beziehungen.

Mit Konflikten selbstbewusst umgehen

- Arbeite nur an einem Thema gleichzeitig. Bringe nicht die Vergangenheit ein, keine alten Argumente usw., das verwirrt nur und lässt dich vergessen, was du eigentlich willst.
- Wenn sich die Situation zu sehr aufheizt, mache eine Pause und vereinbare, euch in einer halben Stunde wiederzutreffen.
- Versuche, auf neutralem Boden zu sprechen, wo du eher sprichst als schreist.
- Benutze »Ich-Botschaften«, die zeigen, dass du Verantwortung für deinen Anteil an dem Konflikt übernimmst und nicht den anderen beschuldigst.
- Versuche, die Sache vom Standpunkt des anderen aus zu sehen, triumphiere nicht über Einsichten, die dein Partner haben mag. Wenn er plötzlich wahrnimmt, dass er sich geirrt hat, akzeptiere das dankbar und fahre fort.
- Behalte im Gedächtnis, dass das Ziel Heilung ist und nicht Verletzung.
- Wenn Kritik notwendig ist, dann stelle sicher, dass sie konstruktiv und angemessen ist, nicht übertrieben und gemein. Wenn du Wörter wie »immer« und »nie« benutzt, bist du schon auf dem falschen Gleis. (Zum Beispiel: »Immer musst du deinen Kopf durchsetzen«, oder »Du hast mich nie … machen lassen.«)

- Betrachte euch als eine Mannschaft, die gegen das Problem verbündet ist. Das wird euch ermutigen, eine Lösung für eine Situation zu finden, die keiner von euch mag.
- Geht in getrennte Räume und notiert auf einem Zettel Einfälle für mögliche Lösungen. Vielleicht seid ihr erstaunt zu sehen, dass ihr beide in eine ähnliche Richtung denkt.
- Versuche, das Problem getrennt von euch beiden zu sehen. Setze es psychologisch auf eine Seite, so dass ihr beide es eher als ein Problem sehen könnt und nicht als einen ungeliebten oder ungewollten Teil des Partners.
- Wenn ihr keine Lösung für das ganze Problem finden könnt, gibt es vielleicht einen Schritt, den jeder von euch in Richtung auf die Mitte tun kann, um dem anderen ein wenig entgegenzukommen? Das kann oft als ein Zeichen guten Willens angenommen werden und wird die Situation entschärfen.

Manchmal treffe ich auf ein Paar, das seit Jahren zusammen ist, und sie sagen: »Wir haben noch nie gestritten.« Wenn das wirklich so ist, finde ich es beunruhigend!

Eine gesunde Beziehung verlangt zwei gesunde, ganze Individuen, die innerlich sicher sind und gute Grenzen haben. Sie werden mit Sanftmut und Stärke durch Bänder der Liebe zusammengehalten, die stark genug sind, um Konflikte auszuhalten. Konfrontation, verbunden mit der Bereitschaft, sich anzuschauen, was Unsicherheit und Instabilität in der Beziehung hervorruft, lässt jeden Einzelnen wachsen und bringt die Verbindung zum Blühen. Wir werden uns der Verletzlichkeiten des Anderen ebenso bewusst wie seiner Stärken, und der Wunsch, einander gegenseitig zu helfen und zu heilen, vertieft sowohl die Liebe als auch die Verbindlichkeit der Beziehung. Aber wenn Streit häufiger wird als Frieden, dann gibt es ein Problem.

Eine beide stärkende Lösung eines Konflikts kann immer gefunden werden, wenn sich beide verpflichten, als ein Team darauf hinzuarbeiten. Wenn ihr aber auf entgegengesetzten Seiten steht, so führt das automatisch zu einer Situation, in der einer von euch gewinnen kann, aber der andere verliert. In solchen Fällen verliert immer auch die Beziehung. Wenn du dir ein bisschen Zeit nimmst, den Standpunkt des Anderen einzunehmen, dann sehen die Dinge oft sehr anders aus!

Wenn du vertrauen kannst, dass das, was du preisgibst, mit liebevoller Sorgfalt behandelt und nicht im Streit gegen dich gerichtet wird, und wenn du dich sicher fühlst, ehrlich Ärger und Angst auszudrücken, mit der Intention zu heilen und nicht zu verletzen, dann sollte es einen Weg zu einer Lösung geben. In der Hitze des Moments ist es nicht immer leicht, das im Gedächtnis zu behalten. Aber es kann sehr lohnend sein, mit Mut und Selbstvertrauen in einen Konflikt hineinzugehen. Und denke daran – dein Partner hat auch das Recht, selbstbewusst zu sein.

Sogar die Auseinandersetzung mit lange bestehenden Konflikten kann leichter sein, als du befürchtest, wenn du einige Regeln festlegst, um positiv damit umzugehen. Aber manchmal haben die Dinge einen Punkt erreicht, an dem es nicht mehr genügt, einfach darüber zu sprechen, was vorgeht.

Elizabeth kam zu mir und klagte über ein lange bestehendes Problem mit ihrem Freund Sam, den sie liebte und mit dem sie vier Jahre lang zusammengelebt hatte. Wegen wiederholten zerstörerischen Streites hatten sie sich dann getrennt. Sie fühlten sich immer noch verbunden und sahen einander fast jeden Tag, wenn Elizabeth auf ihrem Heimweg von der Arbeit in seiner nahegelegenen Wohnung vorbeischaute. Oft aßen sie zusammen und verbrachten einige Zeit miteinander, bevor sie nach Hause ging. Aber obwohl sie immer wieder versuchten, einen angenehmen Abend zu haben, endete es oft in demselben alten Streit, und sie trennten sich traurig, voller Schmerz, ausgelaugt und verwirrt, warum es wieder dazu gekommen war.

Sam war einverstanden, zur nächsten Sitzung mitzukommen. Er war warm und herzlich und schien bemüht, an einer Verbesserung zu arbeiten.

Zunächst suchten wir nach einem gemeinsamen Boden. Sie wollten beide heiraten, und Elizabeth wollte eine Vereinbarung, Kinder zu haben. Sam wollte ihr Sexualleben wieder aufnehmen, während Elizabeth ein bißchen zurückhaltend war, weil sie befürchtete, sich verletzlich zu machen. Elizabeth wollte, dass Sam mehr zu den Finanzen beitragen sollte. Er war sehr großzügig mit seiner Zeit und mit Zärtlichkeit, und er war auch bereit, sich an der Hausarbeit zu beteiligen, aber sie hatte doch das Gefühl, dass er mehr Geld verdienen könnte, wenn er sich mehr anstrengen würde. Dann würde sie einen kleineren Teil der finanziellen Last schultern müssen. Sam wollte Zeit, um zu schreiben und seine kreativen Begabungen zu verfolgen, auch wenn das bedeutete, dass er aus dem Konkurrenzkampf ausstieg und nicht so viel verdiente, wie er hätte verdienen können.

Was sich in dieser ersten Sitzung zeigte, war, dass Sam Probleme mit geringem Selbstvertrauen und Selbstwertgefühl hatte. Elisabeth wusste das, aber sie ignorierte es und heizte es durch ihre ständigen Beschwerden und Kritik eher noch an. Elizabeth war ein Überflieger, aber sie hatte das Gefühl, als Frau nicht begehrt und umsorgt zu werden, und das führte dazu, dass sie sich im Schlafzimmer nicht weiblich fühlte. Ihre Libido war gering, aber wenn sie sich erregt fühlte, dann hatte die ganze Situation einen Beigeschmack von Groll und Ärger, so dass sie nicht zulassen konnte, dass auch nur einer von ihnen das Erlebnis genießen konnte.

Ich bat sie beide, die Augen zu schließen, an eine reale Konfliktsituation zu denken und ein paar Minuten damit zu verbringen, die Szene im Geist noch einmal genau so durchzuspielen, wie sie abgelaufen war. Keiner von beiden wusste, welche Situation der andere ausgesucht hatte. Elizabeth erklärte sich bereit, als Erste über ihre Szene zu sprechen, während Sam mitfühlend zuhörte. Die einzige Vorbedingung war eine Vereinbarung, ehrlich zu sein und eine gute Lösung für beide zu suchen.

Elizabeth beschrieb, wie sie an einem Ende des Esstischs in Sams Apartment saß und er am anderen Ende. Sie war müde, weil sie gerade von der Arbeit gekommen war, und nahm Sam übel, dass er schon seit einigen Stunden zu Hause war. Sam servierte das

Abendessen und setzte sich, und innerhalb von Minuten begann ein Streit. Sie schrie Sam an, und er legte Messer und Gabel zur Seite und sah empört und verletzt aus. Sie wurde noch wütender durch das, was sie seinen »Opferblick« nannte.

Ich bat sie jetzt, sich in der Vorstellung an einen Platz zu setzen, von dem aus sie die Szene als Beobachter sehen könne. Sie wählte einen Stuhl an der Seite des Tisches, so dass sie sowohl sich selbst als auch Sam sehen konnte. Dann bat ich sie, sich die ganze Szene noch einmal anzuschauen. Aus diesem Blickwinkel konnte sie viel besser sehen, was vorging. »Die Frau« (sie selbst) sah schon müde und wütend aus, bevor sie sich zum Essen setzte, und der Rest der Szene erschien unvermeidlich. »Der Mann« (Sam) war nervös und bemühte sich sehr, es besonders gut zu machen. Dabei war er fast unterwürfig in seinem Bemühen, es ihr recht zu machen und Probleme zu vermeiden. Als Beobachterin fand Elisabeth das abstoßend.

Jetzt bat ich sie, die Szene aus ihren Gedanken wegzuwischen und sich dann mit geschlossenen Augen für einen Moment in Sams Stuhl zu setzen und das Ganze von hier aus noch einmal abspielen zu lassen. Ihre Augen füllten sich mit Tränen, als sie berichtete, was sie sah und fühlte. Er fühlte sich ängstlich und ein bisschen nervös und versuchte, das mit lockeren Sprüchen zu überdecken, und er übersah, wie müde die Frau aussah. Die Frau am anderen Ende des Tisches war unachtsam in Bezug auf das Essen, das er vorbereitet hatte, und knurrte angriffslustig und ziemlich beängstigend. Von Sams Platz aus konnte sie sehen, dass er versuchte, den Angriff zu vermeiden und die Situation zu entschärfen, indem er so nett war, wie er konnte.

Wir achteten dann sorgfältig darauf, dass Elisabeth wieder in ihrem eigenen Körper und gut geerdet war, bevor wir uns Sam zuwandten, der von dem Geschehen sehr betroffen war und sich mühsam zurückhielt, Elizabeth zu trösten.

Sam schloß die Augen und sah die von ihm gewählte Szene.

Es war Sonntagmorgen, und er war zu Elizabeths Wohnung gekommen, fühlte sich warm und liebevoll und hoffte, sie könnten

einen schönen Tag zusammen haben, vielleicht auch miteinander schlafen. Er hatte Blumen mitgebracht und wollte sie in eine Vase stellen. Sie putzte gerade den Fußboden in der Küche, und er hinterließ Tapsen, als er zum Ausguss gehen wollte. Sofort gab es einen Ausbruch. Sie schleuderte ihm Anklagen ins Gesicht, und er wünschte, er wäre nicht gekommen.
Sam begab sich dann in der Visualisierung an einen Platz, von dem aus er die ganze Szene noch einmal genau so sehen konnte, wie sie abgelaufen war. Er entschied sich, auf die andere Seite der Küche zu gehen und von dort aus zu beobachten. »Der Mann« (er selbst) sah aus wie ein eifriges Kind, das zum Spielen kommt und niedergeschlagen aussieht, weil sein Spielkamerad arbeitet. Er versuchte, die Enttäuschung zu verbergen und verstummte. »Die Frau« (Elizabeth) versuchte ihre Arbeit zu beenden und fühlte sich unter Druck gesetzt, weil sie sich ihm zuliebe beeilen sollte, und dann, weil er durch seine Ungeschicklichkeit noch mehr Schmutz machte.
Ich bat ihn dann, sich in Elizabeths Rolle zu versetzen und die Szene noch einmal anzuschauen. Mit geschlossenen Augen war er einen Moment still, als er die Szene von einem anderen Standpunkt aus ansah. Was er mit ihren Augen sah, war ein sorgloses Kind, das nicht verstand, unter welchem Druck sie stand, nachdem sie die ganze Woche hart gearbeitet und die Abende mit ihm verbracht hatte und am Wochenende ihre Hausarbeit erledigen musste, obwohl sie schon sehr erschöpft war. Sie war wütend, dass er erwartete, er könnte an ihrem freien Tag einfach auftauchen und spielen. Er konnte sehen, dass der Mann sie durch seine Unwilligkeit, die Lasten zu teilen, und durch seine offensichtliche Missachtung ihrer Gefühle reizte.
Nachdem er wieder vollständig aus der Rolle herausgetreten war, besprachen wir ihre Erlebnisse.

Jeder hatte Einsichten gewonnen, wie er auf den anderen wirkte und was nicht offen besprochener Groll hervorrief, der wie ein Eiterherd platzen konnte und zu unangemessen geäußertem Är-

ger und zu einem Verhalten führte, das sie beide nicht mochten. Wenn sie als Paar zusammenbleiben wollten, dann musste Sam erwachsen werden und seinen Teil der Arbeit in der Beziehung übernehmen, und Elizabeth musste klarer werden und um Hilfe bitten, anstatt zu grollen, dass Sam ihre Gedanken nicht erraten hatte. Ihre Liebe stand nicht in Frage, aber ihre problematische Kommunikation und ihre Unfähigkeit, mit Konflikten selbstsicher umzugehen, hatte sie fast die Beziehung gekostet.

Obwohl es offensichtlich noch viel Arbeit zu tun gab, sowohl für jeden einzeln wie auch für sie als Paar, zogen sie wieder zusammen in eine Wohnung, in der keiner von ihnen vorher gewohnt hatte. Sam übernahm eine Arbeit, die seinen kreativen Talenten als Designer angemessen war. Da er gern kochte, machte er das auch weiterhin, während Elizabeth Aufgaben übernahm, die ihrem Organisationstalent entsprachen. Sie einigten sich auf einen Platz, an dem Sam schreiben, und auf Zeiten, zu denen er ungestört sein und seinem Traum nachgehen konnte. Sie einigten sich über eine faire Aufteilung der Aufgaben und eine festgelegte Zeit, wann sie ausgehen und sich vergnügen wollten.

Besonders wichtig war, dass sie auch eine wöchentliche Zeit festlegten, zu der sie miteinander das besprachen, was sie irritierte, was ihnen Freude machte, woran sie noch arbeiten und was sie einander sagen müssten. Die Übung, es aus dem Blickwinkel des anderen zu sehen, ist ein wertvolles Werkzeug für sie geblieben. Nach der Geburt ihres ersten Kindes ging Elizabeth zu einer Teilzeitarbeit über, und sie schafften es, damit zurechtzukommen. Sam besucht Kurse für kreatives Schreiben und ist dabei, seinen ersten Roman zu schreiben.

VERANTWORTLICH UND EHRLICH SEIN – ABER MIT FREUNDLICHKEIT

Beziehungen verlangen Verantwortlichkeit. Wie wir gesehen haben, kamen die Dinge wieder mehr ins Gleichgewicht, als Sam begann, seinen Anteil an der Verantwortung zu übernehmen.

Ich bin zu hundert Prozent verantwortlich für mich selbst und für niemanden sonst, ausgenommen Kinder und manchmal Ältere und Kranke. Aber in allen Beziehungen gibt es eine Verantwortung gegenüber den anderen – für die Interaktionen mit ihnen, für die Auswirkungen unseres Verhaltens auf ihr Leben. Das bedeutet beispielsweise, zu kommen, wenn wir es zugesagt haben, oder Versprechen zu halten. Auch wenn es die Entscheidung der anderen ist, wie sie auf das reagieren, was zu ihnen gesagt oder mit ihnen gemacht wurde (»ihre Sache«, wird oft gesagt), so müssen wir uns doch bewusst sein, dass alles, was wir sagen oder tun, verletzend, schmerzhaft oder grausam sein kann, und dass wir verantwortlich dafür sind, wie wir unsere Botschaft vermitteln. Wir müssen ehrlich sein, aber auf freundliche Weise.

Zum Beispiel könnte jemand zu mir sagen, dass die Farbe meiner Kleidung mir nicht steht, der Stil unangemessen ist und ich schrecklich aussehe. Ein freundlicherer, verbindlicherer Mensch könnte vorschlagen, dass Blau meine Farbe sei und ich mit einer längeren Jacke besser aussehen würde. Die Botschaft, dass die Kleidung, die ich trage, mir nicht steht, kommt an, aber die Botschaft ist konstruktiv und weniger verletzend.

Aber was tun, wenn du gesagt hast, dass die Dinge nicht gut sind und verändert werden sollten, und der andere hört dir nicht zu oder ignoriert, was du sagst? Dann musst du es vielleicht deutlicher sagen, aber immer noch freundlich. Ganz selten ist es nötig, eine Botschaft auf harte Weise zu vermitteln, damit sie wirkt. Aber wähle diese Gelegenheiten sehr sorgfältig!

Terri brauchte eine dieser Konfrontationen.

Sie sprach viel über Liebe und verwendete dieses Wort großzügig in Bezug auf ihre Freunde und Familie. Aber sie klatschte auch gerne, verbreitete Gerüchte und sprach in einer vorurteilenden, negativen Art und Weise über Menschen. Sie beklagte sich, dass ihr Vater unfreundlich zu ihrer Mutter sei und ihre Mutter es nicht verdient habe, in einer solchen Beziehung zu sein. Sie sagte, ihre Schwiegermutter würde sie nicht unterstützen, komme kaum je zu Besuch, und wenn sie komme, habe sie wenig beizutragen und sage nie etwas Positives über Terris Kleidung. Die Arbeitskollegen wüssten nicht wirklich, was sie täten, und sie könne das Büro besser leiten als ihr Chef, wenn sie nur die Gelegenheit dazu bekäme. Die Angestellten in der Bank seien unhöflich zu ihr, und die Frau in der Reinigung hätte sie missachtet, indem sie nicht lächelte, als sie ihr das Wechselgeld gab. Sie wollte sich einen anderen Arzt suchen, weil sie sich missverstanden fühlte, als er sie aufforderte, das wirkliche Problem anzuschauen, nachdem sie das sechste Mal in zwei Jahren über Rückenschmerzen klagte und alle Untersuchungen keinen krankhaften Befund ergaben.

Terri ist eine unglückliche Frau, und sie wird es bleiben, bis sie aufhört, sich auf alle von ihr wahrgenommenen Missachtungen in ihrem Leben und auf das Negative, das sie auf sich zieht, zu konzentrieren. Sie wird es bleiben, bis sie beginnt, die wunderbare Welt zu sehen, die sie sich schaffen könnte. Darüber hinaus wird sie von einer Beziehung zur nächsten wechseln, weil sie jede Beziehung mit unrealistischen Erwartungen einer Märchenwelt anfängt und sich dann von jedem im Stich gelassen fühlt. Sie wirft jeden möglichen Partner zusammen mit allem anderen in ihrem Leben auf den Abfallhaufen.

Die meisten Versuche, ihr zu helfen, beantwortet sie mit Anklagen, dass der andere sie nicht versteht, oder mit Gründen, warum bestimmte Empfehlungen in ihrem Fall nicht helfen. So bleibt sie unglücklich und isoliert und hat beständig das Gefühl, dass sie Pech hat und das Leben ihr übel mitspielt. Sie könnte aber eine Bestandsaufnahme machen, realistisch auf ihr Leben schauen und Verantwortung für sich und ihre Handlungen übernehmen.

Nachdem ich den Mut hatte, ihr das zu sagen, bin ich nun auch auf der Liste derer, über die sie herzieht.

Wenn du Anzeichen von Terri bei dir selbst siehst, halte einen Moment inne und schaue auf alle die guten Seiten in deinem Leben. Das beseitigt die anderen Seiten nicht, aber es wird dir helfen, die Dinge in die richtige Perspektive zu rücken.

DEN MUT HABEN ZU GEHEN

Manchmal erwarten wir zu viel von unserem Partner. In einem Universum, das sich auch sehr rasch verändert, entwickelst du dich ständig weiter, und er genauso. Wenn du realistisch darauf schaust, wer du jetzt bist, verglichen damit, wer du, sagen wir vor zehn Jahren warst, so bist du vielleicht jetzt ganz anders. Jeder mögliche Partner hätte sich auch verändert. Bei manchen Paaren stellen ihre Zuneigung und ihr Lebensstil sicher, dass sie sich parallel entwickeln, und deswegen bleiben sie zusammen. Aber bei vielen entfernt das Wachstum die Partner voneinander und macht eine Trennung wahrscheinlicher. Das heißt nicht, dass dieser Partner nicht perfekt für uns gewesen wäre; denn wenigstens für eine gewisse Zeit war er es. Es ist gut anzuerkennen, dass es eine vielleicht kurze Zeit völligen Glücks gab, von der wir gelernt und gewonnen haben und in der wir gewachsen sind. Wenn wir das anerkennen können, dann kann die Liebe, die uns zusammengebracht hat, uns auch erlauben, einander gehen zu lassen und uns zu trennen, und sie kann, wenn auch anders als vorher, immer noch stark und wunderbar bleiben.

In früheren Zeiten haben die Menschen sich für immer verbunden, und manche tun das auch jetzt noch, aber das Tempo des Lebens hat sich sowohl für Männer als auch für Frauen so stark verändert, dass das leider weniger wahrscheinlich geworden ist. Heute ist es keine Schande, wenn wir innerhalb einer Lebenszeit mehr als einen Partner haben, den wir innig lieben und dem wir auch weiterhin zugetan sind, wenn wir auch vielleicht nicht unser ganzes Erwachsenenleben lang körperlich zusammenbleiben. Vielleicht liegt das Problem einfach darin, dass wir versprochen haben, für immer zusammenzubleiben, anstatt einander für immer zu lieben? Wir können uns weiterhin lieben, auch wenn wir uns trennen müssen. Mit dem Ende von Beziehungen sollten wir nicht leichtfertig umgehen. Wir sollten uns bemühen, wenn möglich an der Beziehung festzuhalten, besonders wenn Kinder betroffen sind. Aber wenn eine Zeit kommt, in der Trennung die einzige Lösung ist, dann kann die Trennung ein Teil der Liebe sein, auf die wir uns eingelassen haben.

Häufig sind Trennungen voller Schärfe und Hass. Das muss nicht so sein. Es ist kein Märchen, dass Menschen einander genügend mögen können, um sich mit Würde und Liebe zu trennen. Aber wenn dein Partner Ärger und sogar Hass braucht, um gehen zu können, wenn ihm das hilft, sich vollständig von dir zu lösen, dann soll es so sein. Auf einer spirituellen Ebene wird es nicht so sein. Von deiner höchsten Ebene zu seiner höchsten Ebene kann immer noch Licht und Heilung fließen. Wenn du eine dauerhafte Trennung willst, sende Licht, wenigstens für eine Weile, bis die Narben der zerrissenen Herzensbindung heilen können, ohne dass ihr wieder durch Liebe zueinander gezogen werdet. Du findest eine Meditation, die dir dabei helfen kann, in »Chakras – Tore zur Seele«.

Liebe ist kein Gefängnis. Menschen haben ein Recht, sich zu trennen, ohne Bedrohung, Entwürdigung, Gewalt oder Missbrauch zu erleiden. Der Aspekt der Liebe, den Menschen auf die Frage, was »Ich liebe dich« für sie bedeutet, oft nicht erwähnen, ist der Teil, der dem anderen Freiheit zum Wachsen gewährleistet, unabhängig davon, ob das uns einschließt oder nicht. Manchmal vergessen wir, unsere gegenseitige Freiheit zu respektieren, wie das folgende Gedicht von William Blake eindrucksvoll illustriert.

Er fing mich in seinem seidenen Netz
Und schloss mich ein in seinen goldenen Käfig
Er liebt es, dazusitzen und mich singen zu hören,
Dann tobt und spielt er lachend mit mir;
Dann breitet er meinen goldenen Flügel aus
Und macht sich über meine Gefangenschaft lustig.
»Song«(1783)

Vergiss nicht, dass du vielleicht gerade lernen musst, für dich zu sorgen, indem du gehst. Aber wenn du gehst, bevor du akzeptiert hast, dass du ein aktiver Spieler im Geschehen bist, unterschätzt du dich selbst. Du bist Teil des Gesamtgeschehens und hast in der Entwicklung der Szenerie eine Rolle gespielt. Es stärkt dich, auf den eigenen Anteil zu schauen und die Verantwortung für die eigene Rolle zu übernehmen. Es macht uns zu jemandem, auf den man zählen kann, anstatt zum Opfer, das nichts ändern kann und dem das Leben einfach widerfährt. Ganz gleich, ob du das Gefühl hast, missbraucht worden zu sein, oder ob du akzeptieren musst, dass du missbraucht hast, auf jeden Fall bist du gleichzeitig Geber und Nehmer gewesen und hast deine Funktion erfüllt, wenn es auch vielleicht sehr schmerzhaft war.

Scheidungen kommen vor. Manchmal ist die Trauer, die sie verursachen, ähnlich der beim Tod eines nahestehenden Menschen. Für manche Menschen fühlt sie sich sogar noch schlimmer an, weil das Objekt ihrer Zuneigung noch am Leben, aber unerreichbar ist oder den Verlassenen hasst und glücklich mit einem anderen Partner lebt. Trennung kann in uns ein Gefühl von Hoffnungslosigkeit und Versagen hinterlassen, und vielleicht zweifeln wir, ob die Beziehung dem anderen überhaupt etwas bedeutet hat. Sie hat! Und sie hat auch dir etwas bedeutet. Ganz gleich, was am Schluss passiert ist, ihr habt eine für beide bedeutsame Erfahrung miteinander gemacht, in der ihr etwas lernen konntet, das auf keine andere Weise möglich war. Ihr habt einander etwas gegeben, das euch niemand anders geben konnte. Eure gemeinsame Zeit war einzigartig. Wenn ihr euch getrennt habt, so war auch das Teil eurer Liebesgeschichte. Es gibt keine misslungene Beziehung oder misslungene Ehe. Jede Beziehung ist ein Erfolg, auch wenn manche nur eine kurze Zeit dauert.

Oft wissen wir schon lange, dass wir gehen müssen, aber irgendetwas hält uns noch fest. Vielleicht möchten wir niemandem Schmerz zufügen, kein Chaos im Leben anderer hervorrufen. Vielleicht fürchten wir die Scham, dass wir es nicht geschafft haben, oder vielleicht haben wir einfach noch nicht die ganze Lektion gelernt. Doch jeder Tag bringt uns dem Unvermeidlichen näher, und eines Tages passiert es einfach. Wenn du weißt, dass du gehen musst, behalte dieses Wissen in dir, während du den Mut sammelst, es zu tun. Es wird genau zur richtigen Zeit passieren, und niemand hat das Recht, dich zu drängen. Sorge gut für dich selbst, ehre dein Herz und tue alles, was du tun musst, mit Freundlichkeit, Fairness und dem Wunsch nach dem höheren Wohl für euch beide.

Vor kurzem habe ich ein schönes Gemälde gesehen. Der Titel lautete: »Eines Tages hatte sie die Hölle satt und ging einfach.«

BEZIEHUNGEN, DIE INTIMITÄT VERHINDERN

Oft sind meine Klienten in den verschiedenartigsten selbstgebauten Käfigen gefangen. Der Zustand der Abhängigkeit macht das, was Liebe sein könnte, zu einem Gefängnis. Keiner der Partner hat dann die Freiheit, seinem eigenen Weg zu folgen. Solche verstrickten Beziehungen sind anfangs verführerisch, weil sie versprechen, dass du deine »andere Hälfte« findest und dich dann vollständig fühlen kannst. Aber sie sind auf Unsicherheit, Angst und Bedürftigkeit gegründet. Sie enden fast immer unglücklich. Jeder fühlt sich erstickt, hat aber Angst loszulassen.

Dieses Bindungsmuster wird in den Familien von Generation zu Generation weitergegeben, bis es als normal angesehen wird. Die häufigen Begleiter sind Trennung, Scheidung, Affären, verschiedenes Suchtverhalten, sehr viel Unglück und sehr wenig echte Nähe. Die folgende Fallgeschichte überspannt drei Generationen, die die transgenerationale Dimension des Problems zeigen.

Amy ist verheiratet. Sie ist unglücklich und ängstlich und seit Jahren immer wieder depressiv.
Vor drei Jahren hatte ihre Tochter Charlie, die ihr sehr nahesteht, nach einer kurzen Werbung Tony geheiratet. Seitdem fühlte Amy sich vollständig verloren. Charlie rief immer noch jeden Tag an und kam Amy mehrmals in der Woche besuchen. Amys Ehemann Eddie arbeitete sehr hart und spielte häufig Golf. Amy hatte den Verdacht, dass er ab und zu eine Affäre hatte, aber eigentlich wollte sie es nicht wirklich wissen.

Amys Vater war ein Alkoholiker, und Amy und ihre Mutter waren Vertraute und beste Freundinnen gewesen. Im zweiten Jahr ihrer Ehe gab Eddie es auf, mit seiner Schwiegermutter um Amys Zeit und Aufmerksamkeit zu konkurrieren. Er blieb immer länger bei der Arbeit, verbrachte immer mehr Zeit mit seinen Klienten und Kollegen und richtete sich sein Leben außerhalb der Familie ein. Amy war fast erleichtert.

Ihr erstes Kind war ein Sohn, den Eddie unter seine Fittiche nahm. Als der Kleine alt genug war, nahm Eddie ihn jedes Wochenende mit zum Golfspielen, während Amy bei ihrer Mutter war. Charlie wurde vier Jahre später geboren, zu einer Zeit, als die Gesundheit von Amys Mutter sich verschlechterte. Die Mutter starb, als Charlie fünf war, und hinterließ ein großes Loch in Amys Leben. Eddie war anderswo beschäftigt, und Amy konzentrierte sich jetzt auf Charlie. Ihre Tochter wurde ihre engste Vertraute, der sie sogar das empfundene Unglück ihrer Ehe anvertraute. Die enge Bindung zwischen Mutter und Tochter war für beide ein Trost und Halt.

In den letzten Monaten vor Amys Besuch bei mir war Charlies Ehe weniger glücklich. Tony verbrachte immer weniger Zeit zu Hause. Seit Beginn ihrer Ehe hatte er beklagt, dass Charlie so viel Zeit mit ihrer Mutter am Telefon verbrachte oder sie besuchte. Das war der Kernpunkt der meisten Streitigkeiten zwischen ihnen. Charlie war jetzt überzeugt, dass ihr Mann eine Affäre hatte, und wusste nicht, was sie tun sollte. In einem Streit war schon das Wort Scheidung gefallen. Sie war deprimiert und voller Angst. Amy machte sich wirklich Sorgen um ihre Tochter.

Was ging hier vor?

Wir könnten wahrscheinlich noch weitere Jahre zurückgehen und überall das gleiche Muster solch verbogener unglücklicher Beziehungen finden. Aber analysieren wir diese drei Generationen.

In jeder Generation besteht eine sehr enge Bindung zwischen einem Elternteil und einem Kind anstatt zwischen Mann und Frau. Dadurch wird eheliche Intimität verhindert, und es bringt den Partner dazu, die Erfüllung seiner Bedürfnisse mit Arbeit, einer

Affäre, Sport oder Suchtverhalten anderswo zu befriedigen. Charlies Mann befindet sich jetzt in den gleichen Schwierigkeiten wie früher ihr Vater.

Die Männer in dieser Szenerie sind keine unglücklichen Opfer. Etwas aus ihrer Vergangenheit ließ sie sich in diese Situation verwickeln – wir haben schon die Ähnlichkeiten erwähnt, die uns zusammenführen. Es gibt dieses Problem nicht nur zwischen Frauen und ihren Müttern. Söhne können genauso heftig an ihre Mütter gebunden sein, und manchmal ist die ganze Geschwistergruppe beteiligt. Die Kinder binden sich eng an ein Elternteil und schützen ihn nachdrücklich. Dadurch machen sie ihn immer hilfloser, indem sie ihn daran hindern, sich auf die eigenen Füße zu stellen und zu wachsen. Gleichzeitig schieben sie den anderen Elternteil ins Abseits, so dass dieser sich anderen Interessen widmet und dann vom Rest der Familie als »das Problem« angesehen wird. Wenn neue Partner in die Familie kommen, sind sie anfangs angezogen von dem, was als liebevolle Nähe erscheint. Oft fühlen sie sich bald erstickt und werden ärgerlich, und entweder kämpfen sie eine Weile und gehen dann oder sie geraten in das gleiche Muster dysfunktioneller Beziehungen und die Abhängigkeit. So wird dieses Muster in die nächste Generation weitergetragen. Niemand ist glücklich. Die Beziehungen werden mehr durch die Angst vor dem Verlassenwerden zusammengehalten als durch Liebe. Bitterkeit, Klatsch und Tratsch und Disharmonie sind allgegenwärtig, und wer eine ehrlichere und heilsamere Art des Umgangs einzuführen versucht, wird von den anderen zum Sündenbock gemacht. Die Familie schließt ihre Reihen und weist alles zurück, was das System destabilisieren könnte. Das gilt für mögliche neue Partner und auch für Therapeuten.

Was könnten die Betroffenen im oben genannten Fall also tun?

Wenn Charlie nicht bereit ist, sich von ihrer Mutter zu trennen, hat ihre Ehe wenig Aussicht auf Bestand. Amy braucht Hilfe, um ihre verstorbene Mutter angemessen zu betrauern, sie schließlich gehen zu lassen, erwachsen zu werden und ihr eigenes Leben aufzubauen, mit ihrem Ehemann oder ohne ihn. Dann kann sie

Charlie die Chance lassen, eine intime Beziehung zu ihrem Mann zu entwickeln. Das ist für die Töchter in dieser Familie mindestens seit den drei letzten drei Generationen nicht möglich gewesen.

Wenn dir an diesem Fall Manches bekannt vorkommt, wenn du Angst hast, auf deine Beziehung zu schauen oder dich davor fürchtest zu sehen, was euch gleichzeitig trennt und zusammenhält, dann musst du vielleicht wirklich klären, ob deine Partnerschaft auf Liebe oder auf Abhängigkeit beruht. Wenn wir die abhängige Qualität unserer Beziehung anerkennen, dann sind wir gezwungen einzusehen, dass sich etwas verändern muss. Davor besteht oft die tiefste Angst. Angst, dass bei einer Veränderung noch mehr Schmerz, Verlust und das Gefühl der Verlassenheit aufkommen wird – dass die Trennung uns überwältigen wird und wir daran sterben werden. Angst blockiert uns und hält uns davon ab, zum Betrachten einen Schritt zurückzutreten, die Illusionen wegzublasen, Täuschungen und Spiele und andere Ausflüchte, die wir für verschiedene unlautere Zwecke benutzt haben, ans Licht zu bringen und zu entschärfen. Tatsächlich muss die Art, wie wir mit unserem wichtigsten Gegenüber, aber auch mit der übrigen Welt in Beziehung treten, in Frage gestellt werden.

Die gute Nachricht ist, dass nur ein Teil von dir vor Angst außer Kontrolle ist. Ein anderer Teil fährt mit den Alltagsaufgaben fort und bewältigt sie. Wenn wir zu diesem Teil sprechen, ihn stärken und anerkennen, können wir uns wieder stark, frei und unabhängig fühlen. Obwohl die Auseinandersetzung mit dem Thema dir wahrscheinlich Angst macht, wirst du froh sein, wenn du es getan hast, weil du dann wieder frei atmen und aus Liebe anstatt aus Angst mit anderen Menschen in Beziehung treten kannst.

WAS IST MIT DEINEM SEXUALLEBEN?

Sexuelle Energie und spirituelle Energie sind ein und dieselbe Kraft. Die Zuneigung, die dich mit Liebe für das Universum und das Göttliche durchströmt, ist dieselbe Energie, die in der Sexualität mit dem geliebten Menschen ausgedrückt werden kann. Leider sehen manche Menschen Spiritualität und Sexualität als sich gegenseitig ausschließend an. Unser Körper ist für eine Vielfalt von Freuden ausgestattet, und das schließt die Freude an erotischer Berührung und sexueller Erfüllung ein. Der Versuch, deine natürliche sexuelle Lust zu leugnen, führt zu inneren Konflikten und blockiert auch in anderen Bereichen deine Fähigkeit zu wachsen. Wenn die Spiritualität sich mehr entwickelt, kommt es jedoch manchmal zu einem Nachlassen des Wunsches nach Sex mit einem Partner, wenn eine ekstatische Vereinigung mit unserer eigenen Göttlichkeit erreichbar wird.

Es ist sehr schade, dass Sexualität mit Scham und Schuld in Verbindung gebracht wird, mit Unterdrückung und Regeln, die vielen von uns Angst vor etwas machen, das die natürlichste Sache der Welt ist und ohne die keiner von uns überhaupt hier wäre.

So lasst uns zuerst auf die Sexualität schauen.

Man hat gesagt, Don Juan sei der tollste Liebhaber aller Zeiten gewesen. Es heißt, er habe einige Jahre lang jede Nacht mit einer anderen Frau geschlafen. Vielleicht besteht die Magie eines wirklichen Liebhabers jedoch in der Fähigkeit, über Jahre hinaus mit derselben Frau liebevoll verbunden zu sein. Immer noch von ihrer Schönheit erregt zu werden, auch wenn diese mit den Jahren ein wenig verblasst sein mag. Immer noch verzaubert zu sein von dem Lächeln, in das man sich verliebt hatte, obwohl Runzeln jetzt die Blüte des Pfirsichs ersetzen. Mit der tiefen Liebe, die Menschen verbindet, über das Physische hinaus zu sehen und die Schönheit zu berühren, die Antoine de Saint Exupéry im *Kleinen Prinzen* meint, wenn er sagt »Das Wesentliche ist für die Augen unsichtbar.«

Es gibt eine große Bandbreite dessen, was Menschen meinen, wenn sie über Sex reden. Was mit Sex gemeint wird, reicht vom profanen Sex, dem Inhalt von Zoten und derben Witzen bis zu der kraftvollen Erfahrung zweier Liebender, die einer spirituellen Ekstase ähnlich sein kann. Ich bin sicher, dass vergnüglicher Sex seinen angemessenen Platz hat, aber hier im Buch beziehe ich mich nicht darauf. Ohne das spirituelle Moment ist Sex ein angenehmer Zeitvertreib, eine erotische Phantasie, aber er entbehrt der Heiligkeit der transzendenten sexuellen Erfüllung, die in der Kunst des Liebens möglich ist.

Sexuelle Liebe ist für die meisten Paare Teil des liebenden Miteinanders. Es mag Gründe geben, warum für einige Paare die sexuelle Erfüllung nicht zur Wahl steht. Dennoch kann ihre Verbindung zärtlich und voller Mitgefühl sein. Es gibt mehr Wege, in Liebe verbunden zu sein, als durch Sex. Zärtlichkeit und die Bereitschaft, über uns hinauszuwachsen, um dem anderen Freude zu bereiten, kann wichtiger sein als der Geschlechtsverkehr selbst.

Manchmal ist Sex aus Gründen von Krankheit, Behinderung, emotionalem Trauma oder schlechter Gesundheit schwierig oder unmöglich. Manche Menschen mögen sich auch aus verschiedenen Gründen für sexuelle Enthaltsamkeit in ihrer Beziehung entscheiden. Manche jungen Paare verabreden sich jetzt wieder, vor der Ehe keinen Sex zu haben, oder mindestens so lange, bis sie in einer verbindlichen monogamen Beziehung sind. Der Grund ist mitunter religiöser Natur, mitunter auch wegen der Sorge vor Ansteckung, zum Beispiel mit AIDS. Was immer die Gründe sein mögen, Enthaltsamkeit ist eine persönliche Entscheidung, die allerdings zu Schwierigkeiten führen kann, wenn sie innerhalb einer schon bestehenden Beziehung einseitig getroffen wird. Wenn ein Partner zeitweilig oder für immer sexuelle Enthaltsamkeit üben möchte, dann ist es ein Thema, über das die beiden sprechen müssen. Der Wunsch nach Enthaltsamkeit muss respektiert und erforscht werden. Für viele Paare würde jedoch von einem Partner gewünschte Enthaltsamkeit das Ende der Beziehung bedeuten.

Liebe kann auch ohne sexuellen Verkehr echt, angemessen, nährend und stärkend sein. Manchmal entwickelt sich Enthaltsamkeit ganz natürlich, wenn Paare älter werden oder sehr lange zusammen gewesen sind. Gemeinschaftlichkeit, gegenseitige Unterstützung und der Wunsch, dass es dem anderen gut gehen möge, halten sie weiterhin zusammen.

Zölibat aus religiösen Gründen oder als Opfer zu wählen, erfordert große emotionale Reife und innere Ganzheitlichkeit, denn das sexuelle Begehren verschwindet ja nicht, und es kommt oft zu beträchtlichen inneren Kämpfen. Auch in einer zölibatären Beziehung können sich die Partner an der Begegnung von Männlichem und Weiblichem in jedem Partner und in der Partnerschaft erfreuen, und Liebe und Gefühl kann auf vielfältige Weise ausgedrückt werden.

DEIN LIEBESLEBEN VERBESSERN

Wenn du dein Liebesleben verbessern möchtest, dann verbringe einige Zeit mit deinem Partner damit, die Mythen zu erforschen und aufzulösen, die ihr beide über Sex gelernt habt. Diese Mythen bilden ein Regelwerk, in dem ihr beide steckt. Versucht, es loszulassen, euch zu entspannen und euch zu lieben. Es ist schwierig, in den für einen Orgasmus notwendigen Zustand der Hingabe zu kommen, wenn der Kopf voll ist mit alten Regeln und Glaubenssätzen, der Körper verschlossen ist und nur ein Minimum an Energie in jede Richtung fließt. Wenn du ein solches Gespräch über eure Vorstellungen von Sex leicht und humorvoll führen kannst, wird es euch beiden helfen, euch entspannen zu können.

Indem die Liebe erfüllt und die Vereinigung mit dem Gefühl des Einswerdens in emotionalem, physischem und spirituellem Sinn vollendet wird, kann sexuelle Liebe dich krönen und transformieren, wie kaum etwas anderes. Es ist eine zutiefst heilende und nährende Erfahrung. Sexuelle Liebe braucht Zeit und Zärtlichkeit, Einfühlung und Jubel, Verstehen und Ehrfurcht in Verbindung mit einem Versprechen, den anderen zu ehren und sein höchstes Wohl zu wünschen. Das gilt nicht unbedingt für dauernd, aber ganz sicher für den Augenblick. Sexuelle Liebe enthält ein Mysterium und vertieft die Verbindung zwischen einem Paar.

Wenn es aus irgendeinem Grund eine Unterbrechung in eurem Liebesleben gegeben hat, sei es durch Krankheit oder Depression eines Partners, oder wenn euer Liebesleben niemals richtig in Gang gekommen ist, dann fangt vorsichtig an, es zu ändern, und richtet euch nach den Schritten des Langsameren. Jeder Versuch, die Dinge zu forcieren, wird zu einer größeren Distanzierung führen. Vielleicht ist für einige Zeit die einzig mögliche Nähe eine Umarmung.

Manchmal ist es gut, wenn auch nicht einfach, eine Verabredung zu treffen, den Geschlechtsverkehr für einige Zeit ganz auszuschließen. Dann könnt ihr euch so nahe kommen, wie ihr mögt, aber derjenige, der Angst vor einem Kuss hat, weil der zu mehr führen könnte, kann sich wieder entspannen. Von da aus könnt ihr vielleicht dazu übergehen, einander sanft zu streicheln, ohne dabei die erogenen Zonen zu berühren. (Meine Patienten lachen, wenn ich sage: »Keine Berührung zwischen Hals und Knien.«) Bei Gelegenheit werdet ihr vielleicht zum Geschlechtsverkehr übergehen und euch beide daran erfreuen. Sollte aber ein ernsthaftes Trauma, ein Angriff oder sexueller Missbrauch das Problem mit der Sexualität verursacht haben, dann sucht euch bitte beide professionelle Hilfe.

VERBINDLICHKEIT – DAS GROSSE VERSPRECHEN

Frauen wünschen sich meist mehr Verbindlichkeit als Männer, aber manchmal kann das ganze Konzept der Verbindlichkeit für beide Partner einschüchternd sein. Die verbindliche Beziehung bietet Sicherheit, Vertrauen, Erfüllung, Ehrlichkeit und ein nährendes Nest, in dem beide Partner in Liebe wachsen und einander in jedem Aspekt ihres Lebens stützen können. Wie ich schon gesagt habe, liegt das Problem, sich auf Verbindlichkeit einzulassen, in der Meinung, es sei ein Versprechen, für immer zusammen zu sein. Das ist eine wunderbare Idee, aber vielleicht ist es eine noch bessere, einander einfach zu lieben. Denn darin kann das Versprechen enthalten sein, einander gehen zu lassen, wenn das nötig ist. Solange ihr aber zusammen seid, nehmt ihr das höhere Wohl und die Transformation des anderen zum Ideal für jeden von euch und für die Beziehung.

Verbindlichkeit betrifft verschiedene Bereiche unseres gemeinsamen Lebens, und es ist klug, die gegenseitigen Erwartungen zu erkunden, damit wir wissen, auf was wir uns einlassen. Viele Beziehungen scheitern an unausgesprochenen Erwartungen und Annahmen. Es ist natürlich unmöglich zu sagen, wie ihr beide euch in fünf Jahren fühlen werdet, aber bestimmte Erwartungen werden sich wahrscheinlich nicht ändern und sind grundlegend. In früheren Zeiten wurde die Verbindlichkeit durch lange Zeiten der Werbung geprüft – heutzutage bevorzugen wir Abkürzungen.

Fragen, die ihr euch selbst und einander stellen könnt

Seid ihr euch beide einig, dass Monogamie eine gute Idee ist?
Könnt ihr euch beide zu Ehrlichkeit verpflichten?
Könnt ihr euch dazu verpflichten, das Wachstum des anderen zu erlauben und zu ermutigen, auch wenn euch das voneinander weg führen sollte?
Wie geht ihr mit Geld um?
Vereinbart ihr zu teilen, oder wollt ihr getrennte Konten haben?
Wie wollt ihr die Hausarbeit aufteilen?
Wollt ihr beide Kinder? Oder keine Kinder?
Wie ist eure Einstellung zu Spiritualität? Und zur Religion?

Ein Teil des Problems zwischen Elizabeth und Sam war, dass sie einige dieser grundlegenden Themen nicht geklärt hatten und jeder verletzt und enttäuscht vom anderen war, obwohl sie letztlich beide dasselbe wollten.

Um eine verantwortliche und informierte Verpflichtung einzugehen, wäre es gut, einige Zeit mit den oben aufgeführten und noch vielen anderen Fragen zu verbringen, bis jeder von euch weiß, worauf er sich einlässt. Auch wenn es euch wie eine unromantische Übung erscheint, zieht in Betracht, wie viel ihr dabei übereinander lernt und wie viele mögliche Schwierigkeiten vermieden werden können, noch bevor sie auftreten. Wenn ihr einander wirklich liebt, wird weder die Welt noch eure Beziehung auseinanderfallen, nur weil ihr euch hinsetzt und realistisch über die Zukunft sprecht, auf die ihr euch verbindlich einlassen wollt.

GLEICHGESCHLECHTLICHE BEZIEHUNGEN

Ich habe das Gefühl, dass gleichgeschlechtliche Beziehungen erwähnt werden müssen, aber das meiste, was ich gesagt habe, gilt für jede Kombination der Geschlechter in Beziehungen. Menschen verlieben sich, lassen sich auf Beziehungen ein, treffen Vereinbarungen miteinander und haben tiefe Gefühle der Freude, des Vergnügens, der Verletzung und des Schmerzes, unabhängig von der Kombination der Geschlechter.

Aber wenn du in einer gleichgeschlechtlichen Beziehung bist, weißt du, dass du und dein Partner größerem Druck ausgesetzt seid als heterosexuelle Paare. Schwule und lesbische Themen sind heute viel mehr in der Öffentlichkeit, aber es gibt immer noch Verurteilung und manchmal Spott von Familien, Freunden, Kollegen und der Gesellschaft, was zusätzlich zu Spannungen führt. In der Vergangenheit brachen schwule Partnerschaften häufig unter der Belastung zusammen, in einem Vakuum zu überleben, umgeben von Geheimhaltung. Glücklicherweise verändert sich das gesellschaftliche Klima, und es ist für Homosexuelle nicht nur leichter geworden, einander zu finden, sondern die Familien sind auch eher bereit, sie zu unterstützen. Homosexuelle Paare können einen Freundeskreis haben und ein natürlicheres Leben führen.

Du und dein Partner seid einander vielleicht seit vielen Jahren in tiefer Liebe verbunden, und die Tiefe der Gefühle ist ähnlich wie bei jedem heterosexuellen Paar. Vielleicht habt ihr das Gefühl, dass eine Feier für eure Verbindung wichtig ist, und ihr entscheidet euch, eure Beziehung durch eine zivile oder kirchliche Zeremonie oder durch eine Feier mit engen Freunden und der Familie zu heiligen. In manchen Ländern sind offizielle Zeremonien möglich, und die Paare haben dann ähnliche gesetzliche Rechte wie andere verheiratete

Paare. Aber es gibt immer noch große Hürden zu überwinden in Bezug auf Akzeptanz, auf individuelle und religiöse Vorurteile und auf Rechte, die die übrige Gesellschaft für selbstverständlich hält.

Du hast denselben Zugang zu Spiritualität und zu spiritueller Liebe und Partnerschaft, welche geschlechtliche Präferenz du auch haben magst. Heterosexuelle haben kein Monopol auf Liebe. Der Gott, von dem manche glauben, er sitze über Homosexuelle zu Gericht, obwohl doch alle Menschen als perfekte Wesen erschaffen worden sind, ist menschliche Phantasie, eine menschliche Illusion, die auf Angst gründet und in die gleiche Kategorie gehört wie der Glaube, Menschen mit anderer Hautfarbe seien weniger perfekt als wir übrigen.

UND ZUM SCHLUSS...

Wir haben viele Aspekte liebender Partnerbeziehungen beleuchtet, und ich bin sicher, du bist dir bewusst, dass wir für immer fortfahren könnten. Erfreue dich deiner Beziehung, wenn du eine hast. Wenn du noch suchst, dann öffne dein Herz, sei ruhig, und lasse das Universum den Rest machen. Wenn du gehen musst, dann tue es mit Ehre und Würde und denke daran, dass deine liebevollste Beziehung immer noch die zu dir selbst ist.

Affirmation

Ich öffne mein Herz und meinen Geist meinem Seelenpartner, mit dem ich eine liebende Vereinbarung für unser beider höheres Wohl habe. Mein Herz fließt über vor grenzenloser Liebe und Willkommen.

Meditation

Gehe an deinen sicheren Platz und mache es dir bequem. Lenke deine Aufmerksamkeit, wie jedes Mal, auf deine Atmung, und atme ein Gefühl der Ruhe ein, während du alles Negative einfach durch dein Wurzel-Chakra und deine Fußsohlen abfließen lässt.

Lasse dein ganzes Wesen von Licht erfüllt sein. Lasse dich in einen ruhigen und gelassenen Zustand gleiten und lasse Frieden in dir und um dich herum sein. Sieh weißes Licht um dich herum fließen, das dich schützt, hält und nährt. Atme das Licht ein. Es reinigt, klärt und gleicht aus.

Jetzt richte deine Aufmerksamkeit auf dein Herz, und lasse das wirbelnde grüne Lichtrad sich sanft öffnen. Es wirbelt und wirbelt. Sieh, wie sich das rosa Licht der Liebe in deinem Herzen öffnet und lasse es sich in deinem ganzen Körper verbreiten und dich nähren. Lasse es jetzt bis in deine Aura scheinen, dich in Liebe baden und heilen. Dann lasse es in einem Lichtstrahl vor dir scheinen und visualisiere dort deinen Partner. Wenn du den Menschen, der dein Partner ist, noch nicht getroffen hast, dann visualisiere ein Wesen, das dein Partner sein wird. Lasse das heilende Licht euch beide umgeben.

Lasse die Liebe aus deinem Herzen bis zum Herzen deines Partners reichen und heiße ihn mit Zärtlichkeit und Freiheit willkommen und wünsche ihm das höchste Wohl. Wisse, dass diese Liebe, die von deinem Herz-Zentrum ausstrahlt und von deinem Kronen-Chakra bereichert wird, die Energie ist, die dich menschlich macht und gleichzeitig deine Göttlichkeit zeigt. Das ist der Stoff deiner Seele und deiner Verbindung mit Gott. Sie macht dich fähig, bedingungslos zu vergeben und dich mit deinem Geliebten weit über das hinaus zu verstehen, was Sprache vermitteln kann. Lasse ihn wissen, dass du ihm Glück und Gesundheit, höchstmögliche Freude und Frieden wünschst. Sage ihm, dass dein Sehnen sich auf eine Liebe richtet, die euch beide bereichert und jedem von euch hilft, zur Erfüllung eures Wesens zu kommen. Dass zwischen euch eine heilige Vereinigung sein kann: Körper mit Körper, Gefühle mit Gefühlen, Geist mit Geist, Seele mit Seele, und dass eure Liebe eine spirituelle Erfahrung ist, die euch beide verändern wird.

Halte deinen Geliebten im Licht und in der Liebe, so lange du magst, aber ohne Greifen und Umklammern. Denke daran: Je leichter wir halten, desto eher will der andere bleiben. Horche auf eine Botschaft, die du vielleicht bekommst, und lasse neue Einsichten einfach in deinen Geist einfließen.

Wenn du das Gefühl hast, es ist an der Zeit zurückzukehren, dann lasse deinen Geliebten sanft aus deinem Blick schwinden und nimm den Strahl der Liebe zurück in dein Herz. Fühle dich vollständig und ganz, nichts von dir ist bei deinem Partner geblieben, so dass die Liebe zwischen euch unabhängig und frisch sein kann.

Atme in den Lichtstrahl, in dem du gesessen hast, und sei dir bewusst, dass du geschützt bleibst. Schließe sanft deine Chakras, und wenn du so weit bist, beginne, dir deiner Atmung und deiner physischen Präsenz bewusst zu sein. Bewege deine Finger und Zehen, komme zurück an einen Platz hinter deinen geschlossenen Augen – und dann öffne sie sanft.

Strecke dich ein wenig. Trinke ein Glas Wasser, überprüfe, dass du gut geerdet bist, und schreibe, was du möchtest, in dein Tagebuch.

Kapitel 9

Jenseits des Menschlichen – liebende Partnerschaft mit unserer Welt

Hilf mir heute, mir zu vergegenwärtigen, dass du zu mir durch die Ereignisse des Tages sprichst. Durch Dinge, durch Menschen, durch alle Schöpfung. Gib mir Ohren, Augen und ein Herz, um dich wahrzunehmen, wie verschleiert deine Gegenwart auch sein mag. Gib mir Einsicht, dass ich durch das Äußere der Dinge hindurch die innere Wahrheit sehe. Gib mir die Gabe zur Unterscheidung.

Sir Jacob Astley, Battle Prayers

In den vorhergehenden Kapiteln haben wir die Beziehungen zu Menschen in unserem Leben betrachtet. Nun beschäftigen wir uns mit der Liebe zu unserem Planeten, zu unserem Land, zu unserem Lebensweg, zu Tieren und Pflanzen und zu allem und allen, mit denen wir das weite Universum teilen. In diesem Kapitel möchte ich auch betrachten, wie wir in diese Zeit und an diesen Ort gehören, und was wir tun können, um den Frieden zu erhalten.

INTIME BEZIEHUNG ZU ALLEN DINGEN

Es gibt keine Trennung zwischen uns. Aber bezüglich dieser Erkenntnis entwickelt sich unser Bewusstsein Schritt für Schritt.

In der spirituellen Entfaltung gibt es eine Zeit, in der wir ein individuelles Bewusstsein ausgebildet haben und uns selbst als völlig getrennt von anderen erleben. Wir haben das schon in früheren

Kapiteln angesprochen. Diese Zeit ist die Entwicklung unseres Wurzel-Chakras, mit dessen Energie wir uns um unser Überleben kümmern, wenn nötig allein.

Allmählich akzeptieren wir, dass wir Teil einer Gruppe sind. Damit haben wir uns beschäftigt, als wir unsere Beziehungen zur Familie, zu Freunden und Partnern betrachtet haben. Die Gruppe kann weitgefasst auch die ganze Menschheit einschließen. Diese Ebene des Bewusstseins wird Gruppenbewusstsein genannt.

Jetzt gehen wir weiter zu einer höheren Ebene, die wir Christus-, Buddha- oder Einheitsbewusstsein nennen könnten und auf der wir uns mit dem Ursprung des Lebens, mit allen anderen Lebensformen und mit dem ganzen Universum verbunden fühlen. Wenn wir in unserer spirituellen Entwicklung auf dieser Ebene ankommen, werden wir uns der intimen Beziehung mit allen Dingen bewusst. Dann gibt es nichts auf der Erde, mit dem wir nicht in einer intimen Beziehung stünden, seien es Menschen, Tiere, Pflanzen oder Mineralien, natürlich die Erde selbst und die Atmosphäre um sie herum. Das in unsere bewusste Wahrnehmung zu bringen, kann uns mit Freude und Ehrfurcht erfüllen. Es gibt uns ein großes Gefühl der Verantwortlichkeit, wenn wir sehen, dass alles, was wir tun, jeden einzelnen Teil des Universums mitbetrifft. So wie ich mit einem Flüstern auf alles einwirken kann, so kann auch alles auf mich einwirken, wenn ich es zulasse.

Auf dieser Bewusstseinsebene sehen wir, dass weder Zeit noch Raum uns trennen. Das Universum ist einfach, in diesem ewigen Augenblick des Jetzt. Ich möchte dieses Konzept noch ein wenig tiefer betrachten.

Wie wir in Kapitel 2 gesehen haben, gibt es keinen wirklichen Raum um uns herum. Wir erstrecken uns ins Universum, wobei unsere feinstofflichen Körper dem physischen vorangehen. Wir wirken auf alles um uns herum ein. Unsere Energiekörper treffen einander und mischen sich miteinander. Sie nehmen wahr, geben uns Signale und bereiten uns den Weg, indem sie Informationen über uns aussenden.

Hast du je in einem Augenblick des Jetzt innegehalten und dir bewusst gemacht, dass du dich – einerlei wie still du bist – ständig weiter bewegst? Dein Körper führt seine Millionen von chemischen Reaktionen durch, deine Zellen entstehen und wachsen, während andere das Ende ihres Lebens erreichen und abgebaut werden. Es gibt ständig Bewegung. Überall um uns herum gibt es ähnliche nie ruhende Aktivitäten.

Wenn wir anhalten und uns noch einmal sammeln, sind wir immer noch im Augenblick des Jetzt. Das Paradox ist, dass wir nichts Lebendes daran hindern können, sich vorwärts zu bewegen, wir uns aber dennoch ständig in einem endlosen Augenblick befinden. Jedes einzelne Ding, das existierte, als du diesen Satz zu lesen angefangen hast, hat sich inzwischen verändert. »Tod« verursacht keine Störung, keine Pause, keinen verlorenen Schlag im Herzen des Augenblicks: Alles geht weiter vorwärts. Wir können niemals die nächste Sekunde erreichen oder die vorhergehende zurückholen. Alles, was vergangen ist, ist nicht mehr. Es gibt nur diesen Augenblick – jetzt.

Eine Meditation der Hoffnung

Eine Meditation der Hoffnung, die ich oft anleite, enthält, dass wir uns auf der Spitze einer Rakete sehen, die in den Raum hinaus fliegt, ruhig durch die Zeit gleitend, beständig, unerbittlich vorwärts in die Zukunft, und alles hinter sich lässt, was je war. Ganz gleich, was wir getan haben oder was uns angetan worden ist, ganz gleich, was wir getragen und nicht abgelegt haben, die Rakete bewegt sich mit uns immer weiter – und doch ist ihre Spitze immer im Augenblick des Jetzt.

Wir können wählen, unsere Vergangenheit mit uns zu tragen, oder wir können sie über Bord werfen, denn sie existiert nur noch in unserem Geist. Das kann so befreiend sein. Wir müssen kein Gepäck tragen. Wir haben die Wahl. All die Dinge, an die du dich erinnert hast, während du bis hierher gelesen hast – Ereignisse deiner Kindheit, deiner Jugend, Familienbeziehungen aus der Zeit, bevor du geboren wurdest – lasse sie alle jetzt einfach in den Raum fallen und gehe befreit weiter.

Während ich das geschrieben habe, flog ich von London zurück in mein Haus in Texas und machte eine Pause, um mich zu strecken und aus dem Fenster zu schauen. Dort unter mir waren an diesem wunderbaren Tag Ende Oktober vereinzelte Wolken über einer teilweise schneebedeckten Landschaft zu sehen, mit überfrorenen Seen und Flüssen, die wie silberne Bänder in der Sonne glänzten. Hier und da ragten Gruppen von Tannen aus dem Schnee und bildeten steif und schwarz einen starken Kontrast zu der Weichheit des Schnees und der Wolken. Mein Herz öffnete sich weit mit Liebe und Freude. Hier bin ich in diesem Augenblick und fülle meine Augen, mein Herz und meinen Geist mit der Schönheit des Universums, und hier bist du in diesem Augenblick, wo auch immer auf der Erde du sein magst, und dein Herz und deine Vorstellungskraft kann diesen Blick und diese Liebe mit mir teilen. Wenn das nicht wunderbar ist, dann weiß ich nicht, was sonst.

So wie dieser Augenblick unendlich ist, so ist auch dieser Raum, in dem ich sitze und dir schreibe, unendlich; und so wie du in diesem Augenblick bist, so bist du auch in diesem Raum. Hier ist mein physischer und aurischer Körper, umgeben von einem Meer von Molekülen, und irgendwo, nah oder fern von mir, bist du. Deine Aura mischt sich ebenso mit dem universellen Feld, und die Schwingungen zwischen uns verbinden uns, ganz gleich, wie groß die physische Entfernung zwischen uns sein mag. Es gibt keine Leere, sondern nur ein Weiterbestehen von allem, was ist. So sind du und ich in diesem endlosen Raum und diesem endlosen Jetzt überhaupt nicht getrennt, und alles, was ich dir tue, das tue ich auch mir.

Wer auch immer in diesem Raum ist, ist von allem betroffen, was ich tue, ganz gleich, ob ich ihn liebe oder hasse. Ob ich glücklich bin und süße Liebe ausstrahle, oder ob ich wütend bin und bitteren Groll ausstrahle, es berührt alles. Ein leises Flüstern oder ein Schrei, eine sanfte Zärtlichkeit oder der wilde Schwung eines schlagenden Arms, sie alle bewegen »den Raum« und kommen dann wie ein Bumerang durch das Universum zurück zu mir und betreffen auch mich.

Auf diese Weise sind wir nicht einfach Individuen und auch nicht einfach eine Gruppe, sondern wir sind unwiderruflich und eng nicht nur miteinander, sondern auch mit allen Dingen verbunden.

DEN PLANETEN LIEBEN UND SCHÜTZEN

Kein Teil der Erde kann in Wirklichkeit einer Person, einem Land, einer Regierung oder einer Macht gehören. Aber dennoch haben wir die Illusion von Besitz. Jeder von uns hat die Verantwortung, nicht nur für das Stück Erde zu sorgen, das ihm »gehört«, sondern auch für die ganze Erde. Das tun wir, indem wir uns mit Frieden umgeben und Frieden ausstrahlen.

Das Netz des Lebens

Häuptling Seattle, ein friedfertiger, angesehener und beeindruckender Häuptling der Duwamish- und Suquamish-Indianer, geboren am Ende des 18.Jahrhunderts in der Nordwest-Pazifik-Region, sprach unsere Verantwortlichkeit für den Planeten in der Mitte der 1850iger Jahre in seiner berühmten Rede vor der *Kommission für indianische Angelegenheiten* in Washington D.C. an. Diese Rede ist seitdem die Basis ökologischer Bewegungen in aller Welt.

Er sprach von der Heiligkeit des Landes, der Verbindung der Menschen mit dem Land und unserer Verantwortung, die Erde, das Wasser und die Luft zu ehren. Er sprach davon, anzuerkennen, dass sie grundlegend sind für unser Wohlergehen und unser physisches Leben sind. »Wir wissen«, sagte er, »dass alle Dinge verbunden sind wie das Blut, das uns einigt. Wir haben das Netz des

Lebens nicht gewoben, wir sind nur eine Strähne darin. Was immer wir dem Netz zufügen, das fügen wir uns selbst zu.«

Die Luft, die wir von unserem ersten bis zum letzten Atemzug einatmen, ist eine lebendige wirbelnde Masse von Gasen, Teilchen und Molekülen – von Energie. Auch wenn die Zusammensetzung sich geändert haben mag, so ist es doch dieselbe Luft, die seit Jahrhunderten geatmet wird. Wir bauen unsere Körper aus Molekülen auf, die schon seit Millionen von Jahren existieren. Die Kohlenstoffatome, die jetzt Teil meines Körpers sind, sind dieselben, die schon bei der Entstehung der Erde Teil des Planeten waren. Sie waren schon Teil des Körpers von Millionen von Pflanzen, Tieren und Menschen, bevor sie jetzt vorübergehend bei mir sind; und wenn sie mich verlassen, gehen sie erneut in den Kreislauf ein. Ob wir Tier, Pflanze oder Mineral sind, uns unterscheidet nur die Art, wie die Atome vorübergehend zusammengestellt sind. Wir bestehen alle buchstäblich aus dem gleichen Material, denn es gibt kein anderes. Das ständig bewegte Meer der Energie, in dem wir leben und aus dem wir gemacht sind, ist tatsächlich zugleich endlich und ewig.

Du magst dich entfernt von der Erde fühlen, wenn du in der Stadt oder in einer Hochhauswohnung lebst, aber die Erde gehört dir doch. Du kannst immer noch einen Teil von ihr beanspruchen, und wenn es nur dadurch ist, dass du Pflanzen in deinem Zimmer hast.

UNSER TEIL DES PLANETEN

Auch wenn es noch naturbelassene Orte gibt, die uns allen gehören und die niemand besitzen kann, so haben doch viele von uns ein meist kleines Stück Land, für das sie verantwortlich sind.

Als meine Schwester und ich kleine Mädchen waren, hatte jede von uns ein kleines Beet im Garten. Wir nannten es *unser Beet* und pflegten es mit kleinen Geräten. Wir säten Samen aus und waren verantwortlich für ihr Wachstum. Wir lernten die Pflanzen im Laufe ihres Wachstums zu lieben, und wir ernteten die Früchte mit großem Stolz. Es war eine wichtige Lektion für uns, unseren kleinen Teil der Erde zu pflegen und Früchte zu ernten. Wir lernten nicht nur etwas über Selbstversorgung, sondern auch darüber, für die Erde zu sorgen und ihren Ertrag wertzuschätzen.

Wenn ich jetzt in meiner Pecannuss-Plantage herumgehe oder im Garten Gemüse ernte, empfinde ich dieselbe tiefe Freude an dem, was die Erde hervorgebracht hat. Zu hacken und zu harken fühlt sich an, als ob ich der Erde das Haar kämme. Ich gieße und stille ihren Durst. Ich dünge und nähre sie, damit sie eine reiche Ernte bringt. Für einen Teil der Erde zu sorgen, ist ein großes Privileg.

Und was ist mit unserem öffentlichen Land? Wenn wir die Erde lieben, dann sind auch Parks, Wälder und Hecken, Seeufer, Küsten und städtische Straßenränder heilig, und es ist ein Sakrileg, Müll wegzuwerfen, Bäume und Pflanzen zu zerstören oder mutwillig zu beschädigen oder die Erde mit Abgasen, mit FCKW, Pestiziden und anderen Chemikalien zu verpesten.

Was kannst du also tun, um die Erde zu nähren und dich wieder mit ihr zu verbinden? Wie kannst du Verantwortung für einen Teil der Erde übernehmen? Kannst du einen kleinen Gemüsegarten haben? Kannst du dich an einem Pflegeprogramm beteiligen? Oder wenn das alles nicht möglich ist, kannst du vielleicht als Repräsentanten der Erde und ihrer Großzügigkeit einige Pflanzen ziehen.

Kristalle

Ich liebe meine Kristalle und benutze sie in meiner Arbeit und in meinem Haus. Ich trage sie und fühle mich sehr verbunden mit ihnen. Über die Jahre habe ich auch andere ermutigt, die Vorteile dieser kraftvollen Edelsteine zu genießen.

Aber in der letzten Zeit bin ich zunehmend besorgt, welche Auswirkungen das auf die Erde haben muss. Millionen von uns benutzen jetzt Kristalle auf die eine oder andere Weise, und in Läden und Ausstellungen werden Tausende von Kristallen zum Verkauf angeboten. Riesige Drusen sind aus der Erde ausgegraben worden, und es schmerzt mein Herz, wenn ich an die klaffenden Wunden in der Erde denke, die das hinterlässt. Dazu kommen natürlich die verschiedenen Bergwerke zur Gewinnung anderer Edelsteine und wertvoller Metalle und schließlich noch der Kohlebergbau.

Manchmal gebe ich der Erde Kristalle zurück, meist mit einer Zeremonie und an einem speziellen Platz, um ein besonderes Ereignis zu markieren. Aber vielleicht müsste ich noch mehr tun. In Zukunft werde ich Kristalle nur noch kaufen, um sie der Erde zurückzugeben.

Vielleicht magst du es auch so machen, denn wenn die Nachfrage zurückgeht, wird der Bergbau aufhören, und die Erde muss nicht mehr beraubt werden.

HEIMATLIEBE UND UNSERE WURZELN

Als ich klein war, pflegte meine Mutter mir ein Gedicht aufzusagen. Es handelte von einem Mann, der seine Schritte nach Hause lenkt und dessen Herz für seine Heimat schlägt. Leider habe ich das Gedicht oder seinen Verfasser nicht herausfinden können, aber ich habe es immer geliebt. Richtig verstanden habe ich es erst, als ich mehr herumreiste, und obwohl ich mich selbst als einen Weltbürger sehe und sehr glücklich in Afrika und in Amerika gelebt habe, so habe ich doch immer einen dicken Kloß im Hals, wenn ich nach England und besonders nach Durham County zurückkehre. Dort begegne ich meinen Wurzeln, erinnere mich daran, wo ich hergekommen bin und warum ich diesen Ort für diese Lebenszeit als mein Geburtsland gewählt habe und was er mir alles gegeben hat.

Das gilt auch für dich, wo immer du geboren bist. Die Erde in ihrer wunderbaren Vielfalt von Stimmungen und Landschaften hat dir den Start gegeben, den du brauchtest. Auch wenn einige

Menschen infolge von Krieg, Chaos oder anderen Umwälzungen nur kurze Zeit an ihrem Geburtsort geblieben sind, so ist doch der Ort, aus dem wir kommen, eine der unveränderlichen Größen, die wir diesmal für unsere Inkarnation gewählt haben. Irgendwo in unseren Herzen wird immer eine Verbindung mit diesem Ort bleiben, und in unserer Seele empfinden wir Treue und Heimatliebe, ganz gleich wie tief sie vergraben sein mögen. Irgendwann kehren wir zurück zu unseren Wurzeln, meist dann, wenn wir bereit sind, unsere Wurzel-Chakra-Arbeit zu tun. Manche Menschen können nicht zurückkehren, weil sie durch politische Unruhen das Land ihrer Geburt verlassen mussten oder wegen der Entfernung und der hohen Reisekosten, aber du kannst es einfach besuchen, indem du in die Tiefe deines Herzens schaust und deiner Seele erlaubst, sich wieder mit deinem Geburtsland zu verbinden.

Wie ich in Kapitel 4 dargelegt habe, teilt niemand die Umstände deiner Geburt mit dir, und sie können niemals verändert werden. Sie sind Teil dessen, wer du bist, und sie sind kostbar und sollten hoch geachtet werden. Auch wenn du, wie ich, auf der Erde herumreist, woanders lebst und dein inneres Zuhause und deinen inneren Frieden mit dir nimmst, so wird doch der Ort deiner Herkunft niemals wechseln. Schätze ihn und liebe ihn unter allen Umständen. Die Gesundheit deines Wurzel-Chakras und damit die Stabilität deines ganzen Lebens gründet darauf. Deine Liebe zu deinem Geburtsland wird ein Teil deiner inneren und deiner äußeren Welt – ein Teil deiner Seele.

HEIMATLIEBE UND LOYALITÄT

Obwohl Heimatliebe und Loyalität zu unserem Geburtsland und zu den Menschen mit den gleichen Wurzeln empfehlenswert ist, so können sie auch zu einem Hindernis für die Integration in ein neues Leben werden und ernsthafte Probleme von Trennung und Diskriminierung hervorrufen.

Viele Auswanderer bleiben so sehr an ihre Herkunft gebunden, dass sie sich nicht auf eine neue Umwelt einlassen, auch wenn sie schon viele Jahre in einem anderen Land leben. Sie haben nur untereinander Kontakt und bleiben bei ihren ursprünglichen Gebräuchen, ihrer Sprache und Kultur. Viele haben das Empfinden, sie hätten kaum eine Wahl darüber gehabt, wo sie jetzt leben, und ihre Kultur mitzubringen und zu behalten, sei angemessen und für ihr Wohlbefinden notwendig. Noch schwieriger ist die Niederlassung und Eingliederung für Flüchtlinge und andere vertriebene Menschen. Es ist traurig zu sehen, dass es in manchen Gebieten kaum Integration gibt, als ob Vermischung eine Kultur schwächen und vielleicht zerstören könnte und zum Verlust von Identität und moralischen Werten führen würde. Das Risiko dafür besteht allerdings wirklich.

Ursprünglich galt unsere Loyalität unseren Verwandten und Freunden und vielleicht den Menschen in unserer unmittelbaren geographischen Umgebung. Gegenüber allen anderen bestand Argwohn und Misstrauen. Das erlaubte es Familien und Gemeinschaften, gegen Angriffe zusammenzuhalten und zu überleben. In manchen Teilen der Welt ist das immer noch so. Aber wenn Loyalität blind und engherzig wird, kann sie unheilvoll und sogar gefährlich werden.

Wenn wir, in welchem Zusammenhang auch immer, eine »innere« Gruppe begründen, so entsteht zwangsläufig auch eine »äußere« Gruppe derer, die als anders angesehen werden, nicht zu uns gehören und uns deswegen fremd und seltsam erscheinen. Dieses Phänomen kann man in kleinerem Maße in Schulen, am Arbeitsplatz und in Familien beobachten und in größerem Maßstab in der ganzen Welt. Loyalitätsbindungen zwischen den Mitgliedern der inneren Gruppe führen oft zu Argwohn und Misstrauen und manchmal zu Ablehnung der Angehörigen der äußeren Gruppe. Diese Gefühle haben keine reale Grundlage, denn die Mitglieder beider Gruppen kennen sich überhaupt nicht. Hier beginnt eine Sündenbock-Dynamik und die Eskalation negativer Gefühle, die den Kern von Rassismus, Schikanen, Bandenkrieg und schließlich von voll ausgeprägtem Krieg bilden kann.

Der individuelle Ausdruck dieses Zusammenhaltens gegen die Außenwelt kann ganz subtil sein, aber sich unter besonderen Belastungen rasch zu potenziell explosiven Situationen steigern. Das kann man im Kleinen und auch global beobachten. Das folgende Beispiel zeigt die subtile, aber doch unheilvolle Entwicklung einer solchen Situation.

Vor kurzem war ein Freund von mir Zeuge sehr schmerzhafter Ereignisse in einer Familie, mit der er eng befreundet war. Was unter dem Einfluß ihres Schmerzes passierte, war interessant, aber auch beunruhigend. Es war offensichtlich, dass entsprechend ihrer Familiendynamik jemand an den Geschehnissen, die ihnen widerfahren waren, schuld sein musste. Natürlich war niemand schuld, aber damit sich jeder beruhigen und das Problem erledigt werden konnte, wurde untersucht, welchen Anteil verschiedene Familienmitglieder an der Entwicklung der Situation gehabt hatten. Während Trauer und Ärger wütete, bot mein Freund, als liebevoller Außenstehender, allen Familienmitgliedern Trost und Unterstützung.

Einige Monate später gab es eine neue, diesmal erheblich kleinere Familienkrise. Die alten Gefühle wurden wiederbelebt, und wieder wurde ein Ziel für die Schuldzuweisungen gesucht. Die erste Krise hatte sie alle so sehr verletzt, dass sie nun nur noch mehr gegen die Außenwelt zusammenhalten mussten, und der Einzige, der nicht zu dem ursprünglichen Kern gehörte, war mein Freund. Obwohl es schien, als ob er als einer von ihnen willkommen geheißen wurde, war er doch in Wirklichkeit der Außenseiter. Plötzlich wurde er ohne erkennbaren Anlass der Sündenbock für den schon seit Jahren bestehenden Streit in der Familie, so dass die Blutsverwandten einander in der inneren Gruppe halten konnten und eine äußere Gruppe – meinen Freund – hatten, gegen den sie die negativen Gefühle richten konnten.

Stelle dir das in größerem Maßstab vor, in einer Kommune, wo Minoritäten die äußere Gruppe sind; oder in Ländern, in denen es Unterschiede der Hautfarbe oder der Religionszugehörigkeit gibt.

Hier haben wir den Kern von Zerstörung des Friedens und von möglichem Unheil vor uns. Denn übertriebene »Treue« zu unserer Gruppe schafft Teilung und stellt unsere Integrität in Frage. Auf der Ebene des Einheitsbewusstseins können solche Unterteilungen nicht vorkommen, da wir alle im Einen verbunden sind.

Gibt es eine Zeit in deinem Leben, in der du eine Innere Gruppe begründet hast und die Außenstehenden zum Ziel von Verdächtigungen oder Klatsch wurden? Bei der Arbeit? In der Schule? Bist du Teilnehmer in einer religiösen oder rassischen Gruppe, die sich selbst gegen den Rest der Welt schützt und dadurch eine Situation schafft, in der andere, die nicht zur Gruppe gehören, ausgeschlossen werden? Tut dir das gut? Und ihnen? Ist es wirklich mit deiner Integrität vereinbar? Schau auf die »heiligen Kriege« in der Vergangenheit und auch jetzt. Wenn du Aufspaltung in irgendeiner Form unterstützt, bist du nur wenige Schritte von der Diskriminierung einer äÄußeren Gruppe entfernt.

DER RUTSCHIGE WEG ZUM GEHEIMEN EINVERSTÄNDNIS

Welche Seite gewinnt in einem Konflikt zwischen Integrität und Loyalität? Verteidige ich mein Kind loyal gegen eine Autorität, wenn dazu Unehrlichkeit nötig ist? Tust du deine Pflicht als Bürger, wenn das bedeutet, die Polizei darüber zu informieren, dass dein Sohn Drogen an Kinder verkauft? Erfindest du wieder einmal Ausreden, warum dein Ehemann nicht zur Arbeit gegangen ist, wenn er in Wirklichkeit betrunken ist? Sagst du den Kindern, sie sollen die Unwahrheit sagen, warum du ein blaues Auge hast, während du sie in anderen Situationen für eine Lüge bestrafst? Zu wem stehen wir, wenn Leidenschaft und Habsucht uns verwirren und beherrschen? Solche Probleme bringen unsere Loyalität in Konflikt mit unserer Integrität und zeigen, wie verhängnisvoll falsch verstandene Loyalität sein kann.

Wenn wir noch weiter gehen, können wir sehen, wie falsch verstandene Loyalität Zwiespältigkeit erzeugt und Situationen herbeiführt, in denen normale Moralität, gesunder Menschenverstand und Anstand verlorengehen und Bigotterie und Fanatismus sich ausbreiten. Ethnische Säuberung, Apartheid, Sklaverei und Kinderarbeit empören wahrscheinlich die meisten von uns, während wir gegenüber den kleineren Varianten des gleichen Mangels an Liebe blind sind, wenn jemand in der Schule oder im Büro bis zur Verzweiflung gehänselt und zum Sündenbock gemacht wird. Oder wenn wir zu abfälligen Bemerkungen über Menschen anderer Rasse oder Farbe nichts sagen, weil wir nicht den Mut haben, uns gegen jemanden zu stellen, mit dem wir sonst verbündet sind. Wenn wir sehen, wie im Supermarkt Kinder misshandelt oder Tiere vernachlässigt werden, und wir nichts tun. Wenn wir dem Klatsch und Tratsch zuhören und unseren Teil dazu beitragen und den systematischen Rufmord eines Menschen zulassen. Unsere »Loyalität« gegenüber unserer Gruppe steht gegen unser besseres Wissen, oder wir lassen uns von der Menge treiben, ohne darüber nachzudenken, was unser wirklicher Standpunkt zu dem Thema ist. Wir haben Angst, uns abweichend zu zeigen, »Gutmensch« genannt zu werden, wenn wir es ablehnen, mit den anderen zu tratschen. Ja, wir haben Angst, selbst ausgeschlossen und in die äußere Gruppe verwiesen zu werden. So ähnlich ist es den Mitläufern unter Hitler gegangen.

Solche moralischen Themen fordern uns heraus, uns aus dem Herzen auf der Grundlage von Liebe, Empathie, Mitgefühl und Integrität zu entscheiden. Aber die im Allgemeinen als richtungsweisend angesehenen Quellen geben zu solchen Fragen oft zwiespältige und zweideutige Botschaften. Wir brauchen uns nur die Haltung der Politiker anzusehen, die enorme Einkünfte von der Tabakindustrie akzeptieren, obwohl sie wissen, dass diese auf Kosten von Millionen von Toten erwirtschaftet werden. Während in der ganzen Welt die meisten Religionen die Brüderlichkeit zwischen Menschen predigen, scheinen doch sowohl die Bibel als auch der Koran an manchen Stellen Sklaverei zuzulassen. Manche Menschen betrachten Apartheid als durch die Bibel gerechtfertigt. Trotzdem haben wir uns insgesamt in Richtung auf das Gewahrsein allgemeiner Gleichheit bewegt, auch wenn das für manche Menschen immer noch nur eine intellektuelle Übung bleibt. Mit der Entwicklung einer höheren Ebene der Bewusstheit werden diese Dinge ganz klar.

Die Entwicklung des Herz-Chakras führt uns zu einem aufgeklärteren Sein. Wir sind miteinander verbunden als Glieder einer universalen Familie, ein großer Menschheitskörper. Wir sind Teil eines gemeinsamen Bewusstseins, verbunden durch eine gemeinsame Sittlichkeit, und die meisten von uns wissen intuitiv, was angemessen ist, und verhalten sich so. Dieser universalen Familie schulden wir Loyalität. Hier können wir ein System von Glaubenssätzen und sozialen Normen finden, das uns ermutigt, friedlich miteinander zu leben. Hier können Bindungen von Liebe und Loyalität sicherstellen, dass unsere Kinder glücklich und sicher sind und die Kranken, die Alten und die Schwachen versorgt werden.

FÜR DAS JETZT SORGEN – UNSEREN FRIEDEN SCHÜTZEN

Licht- und Klangwellen setzen sich ewig fort. Jahrhundertealtes Flüstern und liebende Worte hallen noch jetzt im Universum nach – ebenso wütende Worte und Schreie. Da wir immer wieder alles Vorhandene aufnehmen, beeinflusst es uns unbewusst immer weiter und wird Teil unserer Lebensstruktur. Nicht nur schädliche Dämpfe, auch schädliche Einstellungen, Gefühle und Worte stören unseren Frieden und verschmutzen unsere Welt.

Deswegen ist es ratsam, verantwortlich und vorsichtig damit zu sein, was wir ins Universum entlassen. Die achtlose Bemerkung, die gemeine Stichelei, Ärger und Gewalt hallen für immer nach. Sie sind die Nahrung und der Brennstoff für unsere Zukunft, für die Zukunft unserer Kinder und aller noch nicht Geborenen. Es wäre also gut, wenn wir in der Lage wären, alle unsere Gefühle freundlich zu äußern.

Wenn wir uns den universellen Raum als einen Garten vorstellen, so könnten wir ihn mit Musik bepflanzen, mit friedlichen

Gesängen, harmonischen Klängen, in den Wind geflüsterten süßen Worten, mit Gebeten zu Gott und mit Lachen. Der Klang des Windes und der Gesang der Vögel würden unsere Welt umschmeicheln. Und Stille!

Frieden ist unser natürlicher Zustand, und wir haben die Verantwortung, ihn zu schützen und zu erhalten. Wir können sicherstellen, dass unser Beitrag zu unserem Planeten freundlich und liebevoll ist, indem wir achtsam sind, uns nicht aus dem Frieden bringen zu lassen und kluge Entscheidungen treffen, wo und mit wem wir sein wollen, damit wir in Frieden bleiben können.

Um die Arbeit zu tun, die ich tue, muss ich in Frieden sein. Nicht weil ich besonders wertvoll wäre, sondern weil es einfach eine aktive Wahl ist. Ich wähle, mein Herz liebend zu öffnen, um das Universum und alle seine Wunder in einer Atmosphäre der Ruhe zu umarmen. Ich möchte leicht atmen, ohne mich schützen zu müssen. Ich möchte den Raum um die Spitze meiner Rakete so klar, liebevoll und friedvoll haben wie nur irgend möglich, so dass ich mich in die Ewigkeit treiben lassen und die Wunder jeder Sicht und jedes Klangs mit freiem Herzen und Geist genießen kann. Um das zu erreichen, muss ich verantwortliche Entscheidungen treffen, und einige davon sind vielleicht nicht besonders beliebt.

Im Allgemeinen lasse ich die Medien nicht Gewalt und Unrat in meinem Wohnzimmer und auf meinem Frühstückstisch abladen. Das brauchen weder ich, noch mein Haus, noch die Menschen und Tiere, die es mit mir teilen. Ich möchte auch nicht, dass Menschen meine Welt verunreinigen. Also müssen Beziehungen liebevoll, nährend und von gegenseitigem Respekt getragen sein. Das beginnt damit, dass ich mich selbst genügend respektiere, um darüber nachzudenken und zu sagen, was für mich richtig und akzeptabel ist. Wenn meine Beziehungen nicht im Wesentlichen auf Frieden, Vertrauen, Liebe und Ehrlichkeit gründen können, dann muss ich daran arbeiten so hart ich kann, und notfalls die Entscheidung treffen, sie in Liebe und Würde zu beenden. Mit wem wir nicht gegenseitigen Respekt und Frieden, Liebe und Lachen teilen können, der zerreißt unsere Seelenverbindung mit

Gott, und wir seine. Da es nicht wirklich einen Raum zwischen uns gibt, können wir einander auch nach einer Trennung noch beeinträchtigen, aber meist viel weniger. Was immer uns gestört hat, wird wahrscheinlich schwächer werden, wenn wir nicht in der physischen Präsenz des anderen und in einer festgefahrenen Kommunikation gefangen sind. Die Trennung mag schmerzhaft sein, aber sie ermöglicht uns, unseren Frieden wiederzufinden und unsere Seele zu heilen, die durch das Chaos von ständigem Streit und Ärger zersplittert ist. Eine bewusste Entscheidung zur Trennung hat nichts mit Weglaufen oder Ausstieg zu tun, sondern bedeutet, dass wir uns selbst und den anderen wertschätzen und Liebe, Frieden und unsere Verbindung mit unserem Geist über alles stellen.

Es gehört auch zu unserer Verantwortung, zur Verkleinerung von Störungen des universellen Friedens beizutragen. Das können wir tun, indem wir Liebe aussenden, um Ärger, Angst, Groll und Hass zu neutralisieren. Wir können Liebe zu den Politikern fließen lassen, damit sie göttliche Führung annehmen und Entscheidungen treffen, die uns alle zu mehr Frieden führen. Wir können andere überzeugen, dass Kanonen und Waffen kein Ausweg sind und wir ohne Waffen durch Liebe kraftvoll sein können. Es ist notwendig, die Botschaft in die Welt zu bringen, dass Gewalt in jeder Form keine Lösung ist. Vielleicht möchtest du die Meditation am Ende dieses Kapitels nutzen, um zu diesem Ziel mit deiner Kraft beizutragen.

Ärger – woran du dich erinnern solltest und was du versuchen kannst

- Es ist menschlich, manchmal ärgerlich zu sein, und es ist schwer, die zum Ausbrechen drängende Energie zurückzuhalten.
- In der Hitze des Zorns richtet man die Wut leicht gegen die vermutete Ursache des Schmerzes. Versuche, es nicht zu tun.

- Die Energie geht ewig weiter und berührt nicht nur die Menschen um dich herum, sondern auch alles andere, und macht Gebäude ebenso krank wie Menschen. Ärger lässt sich in unserem Energiefeld und in dem von anderen nieder.
- Wenn wir wütend sind, nehmen wir überall Ärger wahr, weil er sich um uns herum ausbreitet wie ein durchdringendes Gas; dann nehmen wir ihn wieder auf, als gehöre er nicht zu uns.
- Kinder sind besonders empfänglich für die Atmosphäre und können die Aufnahme von Ärger nicht vermeiden. Wenn du ärgerlich und erregt bist, werden deine Kinder gereizt sein und alles scheint schiefzugehen.
- Versuche, deine Wut durch Aktivitäten abzuleiten – Sport, Gartenarbeit, Radfahren oder richtig stampfendes Gehen.
- Gehe irgendwo hin, wo du allein bist, und lasse deinen Wutanfall dort heraus. Schlage auf dein Bett, schreie in dein Kissen.
- Mache Musik an und bewege dich dazu, vielleicht entwickelst du einen kraftvollen Tanz, in dem du deine Wut abreagieren kannst.
- Fühle die Kraft in deiner Wut und nutze sie konstruktiv, indem du eine Veränderung planst; aber handele nicht, bevor du wieder gelassen bist.
- Schreibe Briefe, die du nicht abschickst, an den, den du als Verursacher deiner Wut ansiehst.
- Mache dich zum Besitzer der Wut. Es ist eine kraftvolle Energie, die dir gehört, und du kannst lernen, sie umzulenken und für Veränderungen in deinem Leben zu nutzen.
- Lies Bücher darüber, wie man mit Wut umgehen kann.
- Wenn du dauerhaften Ärger bis hin zu Zorn und Wut empfindest, dann denke darüber nach, dir professionelle Hilfe zu suchen.

WENN NEGATIVITÄT SEIN MUSS

Auch wenn ich gern friedlich lebe, habe ich doch auch die Wahl getroffen, mit vielen wundervollen Seelen zu arbeiten, für die Frieden trügerisch ist, weil ihr Leben von Schmerz zerrüttet ist. Die einzige Art, wie ich mit dem Schmerz und der Negativität umgehen kann, die diese Menschen oft umgibt, besteht darin, mein Herz-Chakra zu schützen und fortlaufend Liebe auszusenden. Auf diese Art kann ich meistens meinen Frieden und meine Liebe halten, unabhängig davon, was alles in den Raum einfließt, in dem ich arbeite. Wenn du eine solche Arbeit tust oder zu Hause oder bei der Arbeit eine Situation vorfindest, in der du der Negativität zur Zeit nicht ausweichen kannst, dann schütze dich gut! Für mich ist es wichtig, mit Engeln, Führern und Helfern zu arbeiten. Wir werden darüber noch im nächsten Kapitel sprechen.

Während wir bei der Arbeit angemessen vorbereitet sein können, ist das zu Hause viel schwieriger, da hier unsere Emotionen ganz anders beteiligt sind. Wenn du dich angestrengt oder unwohl fühlst, schau hin, wo du dich besser schützen musst, und auch, wie du den Stress in deinem Leben vermindern kannst. Du verdienst es, Frieden zu haben, aber wenn du so lange im Chaos gelebt hast, weißt du vielleicht nicht so recht, was du damit anfangen sollst.

Aber fühle dich nicht zu schlecht! Diejenigen, die mit negativer Energie arbeiten, um sie durch Beschäftigung mit ihren eigenen dunkleren Anteilen zu transformieren (und das betrifft uns alle in gewissem Ausmaß), müssen da sein, weil zu unserer Zeit noch Negativität im Universum gebraucht wird. Sie ist Teil des natürlichen Gleichgewichts, aber es wird hoffentlich eine Zeit geben, in der wir das überwinden werden. Die Aufgabe der letzten Generation war der Versuch, Konflikte mit großen Kriegen zu bewältigen. In dieser Generation besteht unsere Aufgabe darin, zur Entwicklung eines höheren Bewusstseins beizutragen.

Einige großmütige Seelen haben sich entschieden, mit negativer Energie zu arbeiten, um uns den Weg zu zeigen, den wir nicht gehen sollen – so dass wir lernen können, ohne die Erfahrung selbst machen zu müssen. Durch diese liebenden Seelen, die vorangegangen sind und die Erfahrungen für uns gemacht haben, konnten wir etwas über die Schrecken des Krieges lernen und darüber, warum wir ihn vermeiden sollten. Wir wissen, dass wir dafür arbeiten sollten, Kinder von Sklavenarbeit zu befreien, weil sowohl die Kinder als auch die, die sie versklaven, diesen Horror ausgelebt haben, damit wir es sehen konnten. Wir wissen, dass Mord und Folter entsetzlich sind, weil sich einige geopfert haben, damit wir Zeugen ihres Leidens sein und uns von der Gewalt abwenden können.

Wir können auf diese Weise lehren und lernen, weil wir alle als Teile des kosmischen Netzes eng miteinander verbunden sind

Professionelle Liebe

Ärzte, Schwestern, Betreuer von Kindern, Kranken und Alten, Therapeuten, Sozialarbeiter, Bewährungshelfer und zahllose andere Menschen arbeiten jeden Tag mit professioneller Liebe. Wir setzen uns für das Wohl unserer Klienten ein und halten gleichzeitig eine professionelle Grenze, die es uns ermöglicht, mit einem gewissen Abstand zu lieben. Aber wir lieben wirklich.

Ich setze mich ein, um meinen Patienten das zu geben, was sie brauchen, und das kann verschieden sein von dem, was sie möchten. Ich unterstütze sie, wo ich kann. Ich freue mich über ihre Fortschritte, und ich trauere mit ihnen über ihre Verluste. Ich setze ihnen mit Liebe Grenzen, bin standhaft, wo das erforderlich ist, und weise Verhalten zurück, das andere, die sie anders geliebt haben, letztendlich zu ihrem Schaden geduldet haben. Wenn die Zeit gekommen ist, lasse ich sie mit Liebe gehen, wünsche ihnen alles Gute und beobachte aus der Ferne, wie sie ihren Weg durchs Leben gehen. Ich liebe sie auch dann, wenn sie das zurückweisen, was ich sage, wenn sie mich manchmal als Sündenbock benutzen, mich für eine zu Bruch gegangene Ehe verantwortlich machen (könnte ich so viel Macht haben?) oder mich beschuldigen, ich wäre nicht genügend für sie da gewesen. Wenn sie gerne in der Wärme einer liebevollen Beziehung mit mir bleiben wollen, dann liebe ich sie genügend, um sie aus dem Nest ins Leben zu schubsen. Ich bin mir bewusst, dass es für manche Menschen Teil des Heilungsprozesses ist, von einer Abhängigkeit zu einer anderen zu wechseln und unsere heilende Beziehung wie ein Trittbrett zu benutzen. Manchmal bin ich dieses Trittbrett. Ich erwarte keine Gegenseitigkeit. Ich fordere nicht, dass sie mich lieben, aber ich weiß oft, dass sie es tun – und ich ziehe daraus großen Gewinn. Ich gebe ihnen Freiheit, ihre eigenen Entscheidungen zu treffen, ihr Potenzial zu erkennen und das Beste zu werden, das sie sein können. Diese Beziehung mit meinen Patienten erfüllt also alle Kriterien der Liebe. Ich tue nicht einfach nur meinen Job, es geht weit darüber hinaus.

Es wäre wunderbar, professionelles Lieben als Teil des Lehrplans in der Ausbildung für soziale Berufe zu lehren. Im Gefängnisdienst lieben zum Beispiel einige Mitarbeiter die ihnen Anvertrauten, aber viele andere könnten lernen, lieber die besten als die schlechtesten Aspekte in den Menschen anzusprechen. Es gibt Politiker, die professionell und altruistisch lieben, aber viele andere, die lernen könnten, eher Frieden als Profit zu ihrem vorrangigen Ziel zu machen und sich eher auf Harmonie in der Welt als auf die Entwicklung von Waffen zu konzentrieren, mehr auf die Ernährung der Hungernden zu achten, als darauf, ihr eigenes Einkommen und ihre Wahlerfolge zu sichern.

Professionelle Liebe erfordert große Disziplin des Herz-Chakras, und in den Berufen, in denen wir mit unseren Herzen für andere sorgen, brauchen wir zum Nutzen und zum Schutz aller Beteiligten Unterstützung und Supervision. Manche haben Angst vor der Stärke ihrer eigenen Gefühle und trennen sich deswegen im beruflichen Leben von ihren Gefühlen ab. Aber für die Klienten geht dann viel von der Wärme und der liebevollen Energie eines anderen menschlichen Herzens verloren. Viele Menschen in Heilberufen finden es nahezu unmöglich, das zu leisten, was sie im Beruf

tun müssen, wenn sie sich erlauben, Gefühle für ihre Klienten zu haben.
Es gibt ein wunderschönes Gedicht über den Unterschied zwischen Ärzten, die weiße Kittel tragen und ihre Herzen verborgen halten, und anderen, die mit ihren Herzen arbeiten, aber dann auch verletzt werden können. Mutter Teresa erwähnte zu diesem Thema einmal: »Ich habe ein Paradox herausgefunden, wenn ich liebe, bis es wehtut, dann ist da nicht mehr Schmerz, sondern nur immer mehr Liebe.«

Der Autor Thomas Merton sagte: »Liebe sucht nur eins – das Wohl des Geliebten. Sie überlässt alle anderen Folgen sich selbst. Deswegen ist Liebe ihre eigene Belohnung.«
Ein Lehrer, der seine Studenten liebt, eine Krankenschwester, die ihre Patienten liebt, eine Heilerin, die die Menschen liebt, für die sie Heilung überträgt, sie alle erwarten keine Gegenleistung. Aber da alle Transaktionen in beide Richtungen gehen, lernen wir immer, wenn wir lehren, und bekommen immer, wenn wir geben. Welcher Segen!

Wenn du in einem Beruf arbeitest, in dem du mit solchen Themen zu tun hast, könntest du mit jemandem darüber sprechen oder eine Unterstützungsgruppe in deiner Einrichtung ins Leben rufen. Leider ist das ein Gebiet, mit dem sich Viele nicht beschäftigen möchten, weil sie befürchten, als »zu stark verwickelt« eingeschätzt zu werden.

LIEBEVOLLE VERBINDUNG MIT TIEREN

Die meisten von uns, die mit einem Hund oder einer Katze zusammenleben, sind sich des starken Bandes bewusst, das sich zwischen Mensch und Tier entwickelt und alle Kennzeichen wahrer Liebe trägt.

In seinem bemerkenswerten und einzigartigen Buch »Kinship with All Life« beschreibt J. Allen Boone einfache und faszinierende Erfahrungen, wie Tiere miteinander und mit den Menschen, die sie verstehen, kommunizieren. Er beschreibt den oft schweigenden Austausch von Informationen, der zwischen Mensch und Tier möglich ist, wenn wir uns darauf einlassen und das Tier als einen gleichwertigen Partner im Universum sehen und als einen Ausdruck des universellen Geistes, so wie wir es auch sind.

Boone spricht von einer Sprache des Herzens und des Geistes, die keinen Ton braucht, nichts mit der Gehirnfunktion zu tun hat und »Respekt einflößend ist mit all der Unermesslichkeit, all der Kraft, all der Intelligenz und all der Liebe des universellen Geistes, die sich in ihr und durch sie zeigt.« Ausgehend von dem Gefühl des Staunens über die Kommunikation, die er mit einem Hund haben konnte, spekuliert er über die Möglichkeit ähnlicher Verständigung mit anderen Lebensformen und schließt daraus, dass dieselbe Kraft in allen Lebewesen in einem »endlosen Rhythmus harmonischer Verwandtschaft« wirkt.

Eine solche Kommunikation mit Tieren erfordert gegenseitigen Respekt, Bewunderung, Anerkennung und Höflichkeit sowie ein Verlangen, die besten Aspekte unserer selbst und das bestmögliche Informationsniveau mit dem Anderen zu teilen. Nur wenn sie durch menschliche Aufmerksamkeit verwöhnt sind, verhalten sich Tiere auf eine Weise, die von weniger reinem Herzen und Motiven bestimmt ist. Wir können mit ihnen kommunizieren, indem wir uns als die Herren und die überlegene Rasse sehen, oder wir können eine andere Perspektive einnehmen. Wir erreichen eine tiefere Liebe mit einem Tier, wenn wir es erziehen, anstatt es nur zu trainieren, uns aufs Wort zu gehorchen. Dann ist eine völlig andere, aufregende Beziehung mit einer neuen Art von Liebe möglich.

Nimm deinen Hund als Vorbild

Wenn alles andere versagt, dann schaue, was du vom Verhalten eines geliebten Hundes lernen kannst. Hunde kommen gerannt, um heimkehrende geliebte Menschen zu begrüßen, sie sind treu, sie spielen nie etwas vor, was sie nicht sind. Sie lieben es, liebkost zu werden und zu liebkosen. Sie stimmen sich darauf ein, wenn du einen schlechten Tag hast, und sitzen dann still und berühren dich ab und zu zur Beruhigung mit der Schnauze. Sie behalten niemals Groll oder Schmollen, und sie freuen sich, ihre Freunde zu sehen. Sie zeigen Dankbarkeit für ein gutes Essen und genießen nichts mehr als einen langen Spaziergang mit dir im Freien. Ganz allgemein freuen sie sich einfach, am Leben zu sein, und zeigen dir das durch Schwanzwedeln, aber auch durch ihren ganzen Körper. Jetzt sage noch einmal, dass Tiere uns nichts lehren könnten!

Die Ureinwohner Amerikas leben in freundlicher Übereinstimmung mit allem Leben und mit persönlicher Achtung für die Erde und allem, was auf ihr lebt und atmet. Sie wissen, dass sich zur gleichen Zeit, während der physische Teil von uns auf der Erde lebt, ein geistiger Teil von uns im endlosen Raum bewegt. In Anerkennung dessen, dass alle Dinge diesen endlosen Raum und die unbegrenzte Zeit miteinander teilen, entwickeln die Ureinwohner Amerikas ein Gefühl der Verwandtschaft mit allem: Von den Tieren bis zum Wind und der Erde sprechen sie von ihren Brüdern und Ahnen. Sie scheinen sich metaphorisch auf das Universum zu beziehen, und sie sind zutiefst überzeugt von der Gegenwart der Ahnen in den Seelen der lebenden Dinge und auch im Land, und sie sprechen darüber mit tiefer Liebe und Achtung.

LIEBEVOLLE VERBINDUNG MIT DEM PFLANZENREICH

Zu meinen schönsten Kindheitserinnerungen gehört es, durch die Felder zu laufen, die Blumen zu benennen, einen Strauß zu pflücken und mit nach Hause zu nehmen.

Da heute viel mehr Kinder in einer städtischen Umgebung aufwachsen, haben sie, auch wenn die Gemeinden sich sehr um Parks, Erholungsgebiete und Pflanzen auf Gemeindeland bemühen, kaum noch Gelegenheit zur Verbindung mit der Energie wilder alter Bäume und im Gras verstreuter Blumen. Manche Kinder sehen noch nicht einmal frische Früchte und Gemüse. Wir sind jedoch eng verbunden mit dem Pflanzenreich und sollten es so ehren und respektieren, wie wir Tiere und menschliches Leben respektieren. Pflanzen halten uns am Leben. Sauerstoff kommt aus dem natürlichen Stoffwechsel von Pflanzen, und sie halten das Niveau anderer wichtiger Gase im Gleichgewicht. Pflanzen geben der Luft einen guten Geruch und reinigen sie von Verschmutzungen. Bäume reinigen die Stadtluft besser von Abgasen als alles andere.

Die Nahrungskette beginnt immer mit den Pflanzen. Sie geben uns perfekt verpackte Energie und einen ganzen Strauß von Vitaminen und Mineralien, die für unser Wohlbefinden nötig sind. Sie versorgen uns mit Kräutern für medizinische und kulinarische Zwecke. Bäume geben eine bemerkenswerte Energie ab. Ich bin von meinen Kollegen früher belächelt worden, wenn ich meine depressiven Patienten zu einer Eiche geführt habe, unter der sie sitzen oder stehen und Erleichterung finden konnten. Selbst wenn du die Energie nicht fühlen kannst, versuche es einmal. Wenn du dich verletzlich fühlst, lehne dich mit dem Rücken an eine Eiche, oder besser umarme sie. Lasse dich mit ihr atmen und schaue hin, was passiert. Vielleicht wirst du erstaunt sein.

Heiler haben seit Tausenden von Jahren das geheiligte Gleichgewicht der natürlichen Welt verehrt. Kräutermedizin ist vielleicht die älteste Form des Heilens. Viele Pioniere dieser Form des Heilens wurden als Hexen und Scharlatane bezeichnet und haben wegen ihrer Überzeugungen entsetzlich gelitten. In Landgemeinden hat es immer weise Frauen gegeben, die ihr Wissen über das Sammeln von Heilpflanzen und deren Verwendung zur Krankenbehandlung mündlich weitergegeben haben. Die moderne pharmazeutische Industrie hat sich aus diesen Anfängen entwickelt. Glücklicherweise gibt es gegenwärtig eine Bewegung weg von den synthetischen Arzneimitteln und eine vermehrte Nachfrage nach natürlichen Heilmitteln, um Krankheiten zu behandeln und unser Wohlbefinden zu steigern.

Indem wir den natürlichen Reichtum der Erde sorgsam und weise nutzen, bringen wir ein Gefühl für das Heilige in unser tägliches Leben. Einige Plätze wild und natürlich zu belassen, als Rückzugsgebiet für wild lebende Tiere, oder ein Schongebiet für Schmetterlinge einzurichten, ist eine Gabe an die Natur, aber auch an dich selbst. Verbringe etwas Zeit in geeigneter Kleidung auf dem Land, lasse deinen Zynismus und deine Neigung zum Urteilen los. Beobachte einfach, was mit deinem Energieniveau und deiner Stimmung passiert. Ich versichere dir, dass dein Herz-Chakra sich öffnen und dein Wurzel-Chakra ausgeglichener werden wird, und auch wenn vielleicht Gefühle auftauchen werden, die du vergessen oder verdrängt hast, so wird das Ergebnis dir sehr gut tun.

AKTIV GUTES TUN UND SCHADEN VERMEIDEN – EIN ANDERER WEG

Was können wir also tun, um sicherzustellen, dass wir aktiv Gutes tun und nicht schaden? Zunächst können wir verantwortlich mit unserer eigenen Energie umgehen. Wir können uns bemühen, nur das in die Welt zu lassen, was liebevoll und freundlich ist. Wenn wir wütend sind, können wir angemessen damit umgehen. Wir können liebevolle und friedliche Energie zu den Menschen senden, die wütend sind oder Schmerz leiden, voller Groll oder gewalttätig sind oder Angst haben, und ihnen damit helfen, sich zu beruhigen und ihre Energie zu verwandeln. Auf diese Weise werden Ärger und Hass allmählich nachlassen.

Wir können eine sanfte Energie wählen. Wir können unsere Nachbarn positiv beeinflussen, indem wir freundliche Gedanken über sie denken und ihnen liebevolle geistige Botschaften senden, die sie berühren und heilen. Wir können es ablehnen, auf Klatsch und verletzende Bemerkungen zu hören oder sie weiterzugeben.

Die Vorstellung, dass Gewalt nur mit Gewalt überwunden werden kann, dass das alte Gesetz des »Auge um Auge« gültig sei, ist ein Hindernis auf dem Weg zu wahrem Frieden. Solange wir dem in irgendeiner Form zustimmen, sind wir Teil des Verbrechens und gleichen den Tätern.

Im Sommer 1999 wurde in Texas die schöne, verschlafene kleine Stadt in der Nähe meiner Ranch erschüttert, als man den Pfarrer und seine Frau mit dem Knüppel erschlagen in ihren Betten fand. Zwei Wochen später wurde eine verwitwete Großmutter einige Meilen weiter auf ähnliche Weise ermordet. In den nächsten Wochen kamen weitere Morde ans Tageslicht, und die ganze Gemeinde war starr vor Angst und Trauer.

Die Stadt war durch die Ereignisse gleichzeitig zusammengeschweißt und gespalten. Von Schmerz, Schock, Leiden und Verlust betroffen, waren die Einwohner in Gedenkgottesdiensten und in Trauer verbunden. Aber einige kauften auch Gewehre, um sich zu schützen, bauten Zäune und lebten in Angst. Andere jedoch setzten in die Tat um, was sie ihr Leben lang jeden Sonntag in der Kirche und oft noch zwischendurch bekannt hatten: Dass sie ihren Bruder so lieben würden wie sich selbst und wir im Angesicht Gottes alle eins sind.

Viele meiner Freunde in der ganzen Welt haben sich mit mir zu regelmäßigen Meditationen für Frieden verbunden, um die ganze Situation mit Liebe aufzutanken. Der Täter der beschriebenen Verbrechen hatte offensichtlich nicht genug Liebe erfahren, sonst hätte er sich nicht so verhalten. Ihm Wut und Hass zu senden, würde die Situation nur aufheizen. Isolation, Angst und der Mangel an Liebe hatten ihn ja zu so extremen Taten getrieben, und nur das Gegenteil davon könnte ihn stoppen. Für manche Menschen erschien es lächerlich, ihm Liebe und Engel zu schicken, die ihn schützen würden, damit er keine weiteren Menschen und auch sich selbst nicht mehr verletzen müsste. Tatsächlich war das der folgerichtigste Weg, mit der Situation umzugehen. Als er sich fünf Wochen später selbst stellte, freuten sich diejenigen, die ihm unendliche Liebe geschickt und ihn damit aus seiner Verwirrung herausgeführt hatten. Aber leider gab es auch viele Menschen, die mit Seilen bereitstanden, um ihn zu lynchen, hätte nicht das Gesetz ihn geschützt.

Mit Liebe können wir helfen, die Wut und den Schmerz zu verändern, die den Terroristen zum Gewehr greifen lassen oder den Mörder dazu bringen, eine Waffe zu erheben. Mit einem Lächeln können wir jemandem helfen, seine Stimmung von Traurigkeit zu Freude zu wandeln. Mit freundlicher und liebevoller Beharrlichkeit und mit aktiver Selbstorganisation können wir helfen, die Verschmutzung der Atmosphäre zu beenden. Wir können Berge versetzen, die Beschaffenheit unserer eigenen Zellen verändern und in gewissem Maße auch die Zellen anderer Menschen, indem wir Liebe um uns herum verbreiten und zu denen fließen lassen, die wir treffen. Die Energie von allem in meiner Umgebung kann direkt durch meine Liebe verändert werden. Wenn wir einen Strom von endloser Liebe in alle Richtungen fließen lassen, können wir die Welt verändern.

Man hat gesagt, dass das von den Menschen, die nicht an solche Dinge glauben, als ein Übergriff gesehen werden könnte. Aber wir können das endlose Fließen der Energie zwischen uns ohnehin nicht stoppen – es existiert nun einmal. Wir werden von anderen beeinflusst, ob wir es wollen oder nicht, und so können wir genauso gut Frieden und Liebe in die Welt senden. Dadurch können wir schließlich eine gute anstatt einer negativen Wirkung hervorrufen.

Erlaube mir ein liebevolles Wort der Vorsicht: Niemand von uns ist immer friedlich. Auch mit der besten Absicht werden wir manchmal wütend und sagen und tun Dinge, die wir besser nicht gesagt und getan hätten. Sei freundlich zu dir selbst. Wenn wir perfekt wären, gäbe es keinen Grund mehr, warum wir noch hier sein sollten. Wir lernen alle durch Versuch und Irrtum.

ZU EINER LIEBEVOLLEREN UND FRIEDLICHEREN WELT

Jeder von uns hat für sein Kommen in die Welt die Position gewählt, in der er seine Aufgabe am besten erfüllen kann. Das kann bedeuten, das Leben von Millionen zu beeinflussen oder in seinem nahen Umkreis Freundlichkeit und Liebe zu zeigen.

Unsere Energie wirkt auf jeden, jedoch besonders stark auf die Menschen, mit denen wir uns aktiv austauschen. Manche zieht es dazu, mit einer großen Zahl von Menschen in Austausch zu treten und Millionen von Leben zu bereichern. Entertainer haben zum Beispiel eine solche Verantwortung gewählt. Manchmal ist nicht nur ihre Begabung, sondern auch ihr Lebens selbst ein Geschenk für ihre Anhänger. Da ist zum Beispiel Tina Turner, die nicht nur eine begabte Darstellerin ist und nach großem persönlichen Leid auch den Zugang zu spirituellem Frieden gezeigt hat. Da ist Richard Gere, ein großer und inspirierender Schauspieler, der seinen Geist und seinen Platz in der Welt dazu nutzt, den Kampf um die Freiheit für Tibet zu unterstützen. Da ist Shirley MacLaine, Schauspielerin, Tänzerin, Komikerin, die es wagte, zu einer Zeit über ihre spirituellen Überzeugungen zu schreiben, als noch die Gefahr bestand, dafür ausgelacht zu werden. Da ist Mutter Teresa, die in ihrer einfachen und unauffälligen Weise das Bewusstsein der Welt verändert hat. Das sind Seelen, die bereit sind, ihr Privatleben zu opfern und ihre menschlichen Gaben zu nutzen, um das Bewusstsein der Welt auf eine höhere Ebene zu heben.

Die meisten von uns haben einen anderen, aber genauso wichtigen Weg gewählt, das universelle Bewusstsein zu heben und Liebe und Frieden in die Welt zu bringen. Wir haben unsere liebevolle Energie in kleinerem Umkreis eingesetzt und verändern dort das

Bewusstsein ebenso. Die Eltern, die ihren Kindern Liebe geben, beeinflussen nicht nur ihre Familie. Wenn die Kinder in die Welt hinaus gehen, tragen sie diese Botschaft weiter zu jedem, den sie treffen, und schließlich in die nächste Generation. Lehrer in der Schule und im College helfen jungen Menschen, ihr Wissen und ihre Begabungen zu entdecken und diese weiter zu entwickeln. Diejenigen, die unseren Abfall beseitigen und mit Hingabe die Reinigung und das Aufräumen unserer Umwelt erledigen, übernehmen eine wichtige und wertvolle Aufgabe, mit der sie unseren Planeten verschönern. Jeder, der seine Arbeit, in welchem Lebensbereich auch immer, mit Freude und Hingabe tut, bringt den anderen Leben und Energie und fördert damit den Frieden.

Liebende Seelen, die ihr eigenes Bewusstsein angehoben haben und sich selbst und die Welt mit Klarheit, Mitgefühl und Weisheit sehen können, die ihre eigene innere Kraft akzeptiert haben, die sich selbst entfaltet haben, um das Beste zu werden, das sie sein können, verbreiten um sich herum Schwingungen der Liebe, die das ganze Universum erreichen.

Affirmation

Das folgende Gedicht von James Elroy Flecker ist eine wunderbare Affirmation:

Da ich dein Gesicht niemals sehen kann
Und dir niemals die Hand schütteln kann,
Sende ich dir meine Seele durch Raum und Zeit
Um dich zu grüßen. Du wirst es verstehen.

Meditation

Gehe an deinen sicheren Platz und mache es dir bequem. Konzentriere dich für einen Augenblick auf deine Atmung und lasse Frieden und Licht in dich eindringen und deine Aura erfüllen, während du alle Angst ausatmest und Negativität einfach durch die Fußsohlen und durch das Wurzel-Chakra abfließen lässt.

Stelle dir weißes Licht vor, das auf dich scheint und dich in Liebe und Frieden hält.
Jetzt gehe mit deiner Aufmerksamkeit zu deinem Herzen und lasse es sich öffnen. Fülle mit einem Atemzug jeden Teil von dir mit Liebe – deinen physischen Körper und deine Aura. Lasse diese Liebe jedes Stück von dir heilen und ausgleichen und dich in einen Zustand von Harmonie und Frieden bringen. Atme ein und genieße diesen Zustand.
Jetzt lasse deine Liebe sich um dich herum ausbreiten und neutralisiere jeden Ärger, den du in letzter Zeit gefühlt hast. Lasse sie deinen Solarplexus heilen, in dem alte Gefühle aufbewahrt werden. Erlaube der Liebe, mit Vergebung alten Schmerz und Groll zu heilen, und lasse alles los, was du nicht mehr brauchst. Alles aus der Vergangenheit ist vorbei. Es existiert nicht mehr. Lasse es gehen, und lasse statt dessen Liebe und Licht da sein. Fühle jetzt, wie dein Bewusstsein sich hebt. Sieh dich selbst in einem endlosen Meer von Liebe, das dich und alles im Universum umgibt. Erkunde dieses weite Universum, von dem du ein Teil bist. Es gibt keine Trennung zwischen dir und irgendeinem anderen und irgendeinem anderen Ding. Fühle die Liebe der anderen Lebewesen in deiner Umgebung, deren Energie sich mit deiner vermischt. Heiße alles willkommen, was du zum ersten Mal als einen Teil von dir wahrnimmst.
Verpflichte dich in diesem Augenblick der Liebe. Verpflichte dich dazu, das Universum und alle seine Wunder zu lieben. Zu den tiefsten Ozeanen und den höchsten Bergen, zu abgelegenen Tälern und Inseln, zu Elendsvierteln und städtischen Bezirken, zu den entferntesten Ecken des Universums atme deine Liebe. Verpflichte dich, Frieden zwischen allen Dingen zu bewahren, die Rechte aller zu schützen, die Gesundheit und Schönheit von allem zu schützen, die Erfüllung des Potenzials in allen Regionen der Erde in Übereinstimmung mit den Gesetzen der Natur und des Universums zu unterstützen.
Über Zeit und Raum hinweg lasse nur Liebe sein.
Bleibe so lange du magst und genieße es.

Wenn du so weit bist, kehre zurück in deinen Körper. Sei dir deiner Atmung bewusst. Lasse dein Herz-Chakra sich sanft schließen, so weit wie es sich für dich bequem anfühlt. Werde dir deiner physischen Präsenz bewusst, bewege deine Finger und deine Zehen und fühle deine Verbindung mit der Erde. Komm zurück an einen Platz hinter deinen geschlossenen Augen, und wenn du so weit bist, öffne die Augen.
Recke dich ein wenig, trinke etwas Wasser, und wenn du so weit bist, schreibe in dein Tagebuch, was du möchtest.

Kapitel 10

Göttliche Liebe

Es wäre weiser, weniger von Gott zu sprechen, den wir nicht verstehen können, und mehr von einander, die wir uns verstehen können. Aber ich möchte, dass du weißt, dass wir der Atem und der Duft Gottes sind. Wir sind Gott in dem Blatt, in der Blüte und oftmals auch in der Frucht.
Khalil Gibran

Wie das Universum, so sind auch wir ständig im Fluss. Während Teile von uns sich entwickeln, werden andere abgebaut. Teile von uns sind stabil, während andere um das Gleichgewicht ringen. Teile von uns nehmen an Verfeinerung zu, während andere zur Einfachheit zurückkehren. In jedem Augenblick sind wir bereit zur Handlung oder zum Ausruhen. In Nachahmung des Universums ist alles in uns in einem großartigen Gleichgewicht, ein wunderbarer Mikrokosmos im Makrokosmos.

Wie ich schon in der Einleitung gesagt habe: Was ich Gott nenne, magst du unter einem anderen Namen kennen. Das letztendliche Sein ist dasselbe.

DIE WILDNIS, DIE UNSER LEBEN VERÄNDERT

In jedem menschlichen Leben und ganz sicher im Leben von Völkern und im Leben des Planeten selbst gibt es eine Zeit, in der wir uns verloren fühlen und in der Wildnis umherirren. Es ist eine schmerzhafte Zeit, und oft befürchten wir, sie würde nie enden. Aber es ist eine wichtige Zeit der Wandlung, und wie der Schmetterling, können auch wir schön und strahlend daraus hervorgehen.

Um so viel wie möglich aus unseren Erfahrungen zu lernen und auch so viel wie möglich davon an andere weitergeben zu können, müssen wir sie richtig verstehen, sie als große Geschenke wahrnehmen, die uns auf dem Weg zur Erleuchtung vorwärts bringen.

Nachdem ich einige Jahre mit meinem Mann und meinen beiden Kindern in Afrika gelebt hatte, kehrte ich in den späten siebziger Jahren nach England zurück. Obwohl der Aufenthalt in Afrika eine der schönsten Zeiten in meinem Leben war, kann ich im Rückblick auch sehen, dass er meine Zeit in der Wildnis verursachte. Ich lernte sehr viel und machte außergewöhnliche Erfahrungen, aber im Vergleich zu der Zeit vor und nach der Erfahrung, die ich hier meine, vernachlässigte ich mein spirituelles Leben zu Gunsten eines eher hedonistischen Abenteuers.

Unsere Rückkehr nach England wurde durch ein sehr schmerzvolles Ereignis überstürzt ausgelöst. Kurz nach unserer Rückkehr litt ich unter einer schweren Depression. Heute blicke ich auf sie zurück als auf eines der größten Geschenke meines Lebens. Sie prägte mich und intensivierte mein Mitgefühl für die Leiden anderer Menschen auf eine Art, wie das durch keine schöne Erfahrung möglich gewesen wäre. Ich konnte daraus als ein reiferer Mensch hervorgehen und der Welt mit neuen Fähigkeiten gegenübertreten. Aber darüber hinaus kann ich auch auf eine neue Art lehren. Zunächst erfuhr ich aus erster Hand etwas über das Leiden an Depression, und das erlaubte mir dann, anderen zu zeigen, dass es einen Weg heraus gibt und wir nicht an so einer Erfahrung zerbrechen oder bitter werden müssen. Ich konnte ein Beispiel für andere sein, wie man mit emotionalem Schmerz umgehen kann. Es gelingt am ehesten, wenn wir ohne Widerstand in ihn hineingleiten in dem Wissen, dass wir letztendlich von Gott und dem Universum in Liebe gehalten werden, und, was immer auch mit unserem physischen Sein geschieht, unser Geist weiterlebt – und nicht nur überlebt, sondern durch die Erschütterungen des Lebens gestärkt wird.

Das heißt nicht, dass ich in den Tiefen meiner Krankheit nicht manchmal in Verzweiflung versank. Das geschah durchaus. Ich habe oft gedacht, dass der Tod besser wäre, als solchen Schmerz durchleben zu müssen. Wenn ich nicht Kinder gehabt hätte, die ich innig liebte und für die ich mich verantwortlich fühlte, und Eltern, die unter meinem Tod entsetzlich gelitten hätten, dann weiß ich nicht, ob ich nicht der Versuchung erlegen wäre, mich gegen das Leben zu entscheiden. Aber nachdem ich überlebt habe, kann ich jetzt den großen Gewinn aus diesem Schmerz sehen. Ich wechselte von meiner ersten beruflichen Liebe, der Chirurgie, zum Studium der Psychiatrie, und ich weiß, dass es das ist, wo ich immer hingehört habe. Im Endeffekt hat die Depression mein Leben zum Besseren hin verändert, und ich danke Gott für die Erfahrung.

Das Wiedererwachen meiner Seele beschleunigte sich durch dieses Leid, und weit davon entfernt, mich verlassen zu fühlen, fühlte ich im Gegenteil eine vertiefte Verbindung mit dem Universum und mit Gott. Meine Depression gab der ganzen Erfahrung des Lebens Sinn: Wir werden geprüft, und unser physisches Sein mag beschädigt erscheinen, aber unser Geist wächst weiter, nimmt an Stärke zu und nähert sich immer mehr dem Göttlichen, von dem wir gekommen sind und von dem wir für immer ein Teil sind. Leiden macht unser Leben intensiver, nicht unser Sterben. Das klarste Verständnis des Leidens ist es, es als einen Aufruf an uns zu verstehen, unseren Weg lieber in Frieden fortzusetzen als in Aufruhr, und uns klarzumachen, dass wir die Wahl haben.

Die Menschen, die dich vielleicht dazu gebracht haben, in eine Depression zu fallen, die dich angegriffen und dir scheinbar Böses zugefügt haben, sind nur Werkzeuge, die dir das Geschenk einer neuen Lektion bringen, und dafür kannst du, vom Standpunkt der reinsten Liebe und Vergebung aus gesehen, dankbar sein. Dein spirituelles Erwachen ist deine Auferstehung. Sie öffnet deinen Geist für das, was du schon weißt und immer gewusst hast: Es ist deine Aufgabe, Liebe aufzunehmen und zu geben.

AUF DER SUCHE NACH GOTT

In jedem von uns ruht, wenn auch oft unerkannt und unbenannt, eine tiefe Sehnsucht, ein Verlangen, wieder mit der Kraft vereinigt zu sein, die wir Gott nennen können. Diese Neigung tief in unserem Herzen und unserer Seele treibt uns magisch und geheimnisvoll an. Sie leitet unser Leben, bis wir uns dieser unbeschreiblichen bittersüßen Sehnsucht hingeben. Sie ist fast wie eine unbeschreibliche Trauer um etwas, das wir nicht erreichen können, vielleicht wie Heimweh oder Nostalgie. Sie ruft uns, alles zu werden, was wir sein können, gleichgültig, wie unpraktisch, unwahrscheinlich oder absurd unsere Ziele anderen Menschen auch erscheinen mögen. Sie hilft uns, Enttäuschungen und Misserfolge durchzustehen, während unser Geist auf ein entferntes Licht gerichtet ist, dem wir einfach folgen müssen. Es ist der Ruf Gottes, die Sirene, die uns nicht auf die Felsen zieht, sondern uns zu einer gesegneten Wiedervereinigung mit dem göttlichen Aspekt von uns leitet, den wir auf unserer menschlichen Suche vergessen haben.

Wir suchen manchmal unbewusst, manchmal mit großer Sehnsucht, bis wir die Verbindung zum Göttlichen wiederfinden. Manchmal dauert diese Suche ein ganzes Leben lang. Manche Menschen haben das Gefühl, sie finden das Ziel niemals. Sie verbringen ihre Tage mit qualvollem Umherwandern und verpassen dabei die Freuden jedes Augenblicks, weil ihnen die Erkenntnis fehlt, dass Gott in jeder Sekunde ist, in jeder Handlung, in jedem menschlichen Gesicht, in jeder Geste, ganz gleich, wie weltlich sie auch sein mögen. In Wirklichkeit gibt es nichts als Gott, in Millionen Erscheinungen, von denen uns jede ein anderes Geschenk gibt, unsere Erfahrung erweitern und uns zurückbringen kann zur Ganzheit.

SPIRITUELLE VERBINDUNG UND INSPIRATION

Auch wenn wir uns dessen in unserem Leben oft nicht bewusst sind, so sind wir doch in unserer Seele immer über unseren Geist mit Gott verbunden. Wenn wir uns daran erinnern, zählt nichts anderes. Darin liegt Unsterblichkeit. Nur die materielle Manifestation, in der wir im Augenblick sind, kann beschädigt werden.

Wie wir in Kapitel 4 diskutiert haben, erlaubt mir mein Körper die stoffliche Manifestation, so dass ich hier als ein menschliches Wesen existieren kann. Er erlaubt mir menschliche Erfahrung, und ich habe eine Verantwortung, ihn zu pflegen und gut für ihn zu sorgen, so dass er mir gut dienen kann und meine Aufmerksamkeit nicht von den wichtigeren Dingen ablenkt, die zu tun ich hergekommen bin. Die Erkenntnis der Sterblichkeit meines Körpers und der Unsterblichkeit meines Geistes erlaubt mir, frei zu sein von Sorge über das, was wir Tod nennen. So kann ich das Leben fortsetzen, bis ich vollendet habe, was zu tun ich gekommen bin, und befreit werde, um wieder ein freier Geist zu sein. Was auch diesem menschlichen Teil von mir geschehen mag, mein Geist wird weiterbestehen und zum Körper Gottes zurückkehren.

Ebenso befreit es mich, alles, was mir geschehen mag, nicht als Strafe zu sehen, sondern als Gelegenheit zum Wachsen, im Zusammenwirken mit denen, die einverstanden waren, auf diesem Teil meiner Reise mit mir zu sein und die Erfahrung mit mir zu teilen. Ich mag auf der menschlichen Ebene vielleicht wie ein Opfer aussehen. Aber so lehre ich andere, wie es sich anfühlt, ein Täter zu sein. Wir sind gleichermaßen Lernende in einem vereinbarten Vertrag, in welchem wir Erfahrung und Liebe geben und empfangen und alte Absprachen einhalten, die wir als liebende Seelen miteinander getroffen haben.

Wenn wir erkennen, dass wir von Gott kommen und ein Teil Gottes sind, so können wir unsere eigene Größe und die jeder anderen Seele um uns herum erkennen. Jetzt ändert sich die Welt! Aus dieser spirituellen Perspektive gibt es Gleichheit, Vollkommenheit, Freude, Frieden und vor allem große Liebe, auch wenn wir immer noch darum ringen, die Lektionen zu verstehen, die zu lernen wir gekommen sind, und dabei fortfahren, Ungleichheit, Unvollkommenheit, Unglück, Missgeschick und Schmerz hervorzubringen.

Ein großer Philosoph sagte einmal, wenn wir begeistert sind von einem großen Vorhaben oder einem außerordentlichen Projekt, dann werden schlummernde Kräfte, Fähigkeiten und Begabungen lebendig, und wir entdecken, dass wir zu viel mehr fähig sind, als wir je für möglich gehalten haben. Wenn der Geist uns durchströmt, dann bewegen wir uns von der menschlichen Ebene, auf der wir Zugang zu intelligenter Information haben, zu einer anderen Ebene, wo der Geist spricht und Inspiration von uns ausgeht.

Aber Inspiration erfordert, dass wir den Kommunikationskanal zwischen uns selbst und Gott offen halten, und das wiederum bedeutet, unsere Spiritualität offenzuhalten. Dafür benötigen wir ein offenes Herz-Chakra und ein offenes Kronen-Chakra, und der Kanal zwischen beiden muss frei sein.

Einerseits können wir das erreichen, indem wir für die Wunder der Schöpfung offen bleiben und deutlich die Liebe in allem um uns herum sehen. Andererseits müssen wir auch bereit sein, mit liebenden Augen und ohne zu urteilen zu sehen, bedingungslos zu geben und andere als völlig ebenbürtig anzuerkennen, ganz gleich, wo sie sich auf ihrer besonderen Reise zur Erleuchtung befinden. Es erfordert auch die Bereitschaft, in jeder Transaktion mit anderen Menschen sowohl zu lernen als auch zu lehren.

GOTT ERREICHEN

Durch die Jahrhunderte haben fromme Menschen Rituale ersonnen, die ihnen helfen sollten, ihre Verbindung zu öffnen und Gott zu erreichen. Weihrauch zu verbrennen und mit Öl zu salben, ist immer noch üblich. Rituale können nützlich sein, und manche sind therapeutisch wirkungsvoll. Es ist jedoch wichtig zu erkennen, dass sie nur ein Hilfsmittel sind und nicht ein notwendiger Bestandteil des spirituellen Prozesses.

Spirituelle Verbindung kann überall und zu jeder Zeit vorkommen. Wir brauchen keinen Priester oder Führer. Gott wartet überall auf dich und sehnt sich danach, dass du dich wieder wahrhaftig mit ihm verbindest, ob du am Strand spazierengehst oder unter einem Baum sitzt, im Bett liegst oder auf dem Sofa ruhst. Es ist nichts erforderlich außer der Bereitschaft, dich zu verbinden. Jede Trennung, die ich fühle, habe ich selbst bewirkt. Neulich sah ich vor einer Kirche dieses Spruchband: »Wenn du das Gefühl hast, du kannst Gott nicht mehr erreichen – wer hat sich dann bewegt?« Alles, was ich tun muss, ist, zu erkennen, dass ich selbst mich von der Anerkennung der Verbindung mit Gott wegbewegt und mich mit dem Rest Gottes wieder zu verbinden habe– mit dem Rest von mir selbst, mit dir und dem übrigen Universum.

Manchmal stelle ich mir vor, ich hätte eine Fingerspitze Gottes in mir, und du und jeder andere hat auch eine. So sind wir alle verbunden durch den großen Leib Gottes. Wir müssen uns daran nur erinnern, um uns wieder als Teil des Ganzen zu fühlen, um Wissen und Liebe, Weisheit und Schönheit zu erleben und Heilung und Mitgefühl durch uns alle und zwischen uns allen wieder fließen zu lassen.

Das Licht und die Liebe, die wir fühlen, sobald wir uns wieder verbunden haben, übersteigen unsere kühnsten menschlichen Vorstellungen. Die Wirklichkeit unserer Vereinigung mit dem Göttlichen ist in ihrer Schönheit so vollständig und so überwältigend, dass wir es erst glauben, wenn wir diesen Ausbruch des Glücks erlebt haben, dieses Fehlen von Trennung, das Hineinfließen, die Vermischung mit dem Göttlichen, das Gefühl von Lösung, die Zeitlosigkeit, die Ewigkeit. Worte können nur andeuten, was der große Yogi Ramakrishna »einen ständigen Fluss unverdünnten Segens« genannt hat.

IN LIEBE MIT GOTT LEBEN

Über die Jahrhunderte haben viele Menschen in Anspielung auf ein romantisches Gefühl davon gesprochen, sich in Gott zu verlieben.

Als ich sechzehn Jahre alt war und nach meiner Spiritualität suchte, die ich eine Zeit lang verloren zu haben schien, wechselte ich die Religion. Ich verbrachte jede freie Minute in der Kirche, weil meine Seele sich in den Gott verliebte, den ich nur dort zu finden glaubte. Für eine kurze Zeit spielte ich mit dem Gedanken, mein Leben dem religiösen Dienst zu weihen, denn sobald ich nicht in der Kirche war, fühlte ich eine tiefe, schmerzhafte Sehnsucht in meinem Herzen.

Als ich mich dann verliebte, erkannte ich, dass ich die gleiche Sehnsucht fühlte, wenn ich von dem Mann, in den ich mich verliebt hatte, getrennt war. Das Gefühl, Gott zu lieben, hat mich durch mein ganzes Leben und durch alles, was mir begegnet ist, begleitet. Auch wenn meine Aufmerksamkeit zeitweise woanders war und ich meinen geliebten Gott vernachlässigt habe, so war die Beziehung doch immer da, hat mich gehalten und war der Ort, zu dem ich zurückkehrte, wenn ich eine Weile andere Dinge ausprobiert, erforscht oder mich in ihnen verloren hatte. Wie in allen guten Beziehungen, hatte ich die Freiheit, mich nach anderen Dingen umzusehen, aber ich habe immer gewusst, wohin ich in Wahrheit gehöre. Ich kehre dorthin zurück, wenn ich so weit bin, und ich werde mit der wärmsten Umarmung und der reichsten Liebe willkommen geheißen.

Die Intensität, mit der ich die Vereinigung mit Gott fühle, ändert sich von Zeit zu Zeit, aber es geht generell in die Richtung einer immer tieferen Vereinigung, zu einer größeren Euphorie bei der Rückkehr zu ihm, zu einer wunderbareren Ruhe.

1999 lehrte ich in Berlin anlässlich eines offenen Abends mit spirituellem Dialog. Der Abend zog sich über einige Stunden hin, viel länger, als wir erwartet hatten. Sehr spät kam ich schließlich zum Schlafen in mein Hotelzimmer. Aber Schlaf war nicht angesagt. Es war eine dieser Nächte, die ich seit der frühen Kindheit von Zeit zu Zeit erlebe und an die ich mich immer mit Ehrfurcht und Freude erinnere.

Ich befand mich zwischen Schlafen und Wachen, ganz bewusst und voller Klarheit, während Engel den Raum erfüllten. Mein Körper war leicht, und ich hatte das Gefühl, über dem Bett zu schweben. Gleichzeitig wurde mir bewusst, dass ich nicht zu atmen brauchte und mein ganzes Wesen grenzenlos und universal wurde. Ein Gefühl der Gewichtslosigkeit hielt mich davon ab, mich wirklich als Körper zu fühlen, aber alles war wirklicher als je zuvor in meinem Leben. Es herrschte absoluter Frieden, und ich hatte unendliches Wissen und ein Gefühl der Vereinigung mit Gott und der ganzen Schöpfung, während ich in einem fortgesetzten Strom von Liebe geborgen war.

Ich erwachte am nächsten Morgen nach sehr kurzem Schlaf mit neuer Tatkraft und mit neuer Zielsetzung. Ich fühlte mich, als ob ich ein ganzes Leben in einem himmlischen Badeort verbracht hätte. Ich fühlte auch einige Verlegenheit darüber, dass ich je versucht hatte, etwas in menschlichen Begriffen auszudrücken, das so unbeschreiblich, grenzenlos, ewig und kraftvoll war und gleichzeitig so süß und sanft, als meine Seele überströmte, um ihm zu begegnen.

Ich wusste an diesem Morgen, dass ich wieder einmal für immer verändert war. Ich hatte eine Schwelle überschritten – die letzte und größte in einer Folge von Begegnungen mit Gott in mehr als fünfzig Jahren. Gott hatte mich aufgehoben und mich kraftvoll verändert.

Mit Gott in Liebe zu leben, ist der einzige Weg, um zu sein. Die spirituelle Reise wird die Einzige, auf die wir uns begeben – in steter Wandlung und voller Frieden. Als menschliche Wesen kommen wir wahrscheinlich ab und zu vom Weg ab, abgelenkt von verwirrenden Lebensereignissen. Die Seele reift im Verlauf der spirituellen Reise, und unser Potenzial entpuppt sich ständig als größer, als wir uns vorstellen können. Wie mit den Augen eines

Kindes sehen wir alles, was uns begegnet, als Gelegenheit zum Lernen und zu einem tieferen Verständnis der Natur des Göttlichen. Jede Transaktion ist eine Gelegenheit, unsere Spiritualität und unsere Liebe mitzuteilen.

Es ist so Ehrfurcht einflößend zu erkennen, dass, während wir Gott gesucht haben, Gott uns ebenso gesucht hat. Es ist fast wie die Decke der Sixtinischen Kapelle – wir müssen nur unsere Hand ausstrecken, und ganz nahe ist die Hand Gottes, die bereit ist, unsere Hand zu ergreifen. Wenn wir uns wieder verbunden haben, erscheint die Welt als ein anderer Platz, an dem es keine Trennung gibt. Wir empfinden das Einheitsbewusstsein, über das wir vorher gesprochen haben, als einen dauerhaften Zustand. Die liebende Kraft des Geistes in uns zu erkennen, bringt eine ehrfurchtgebietende Verantwortung mit sich. Uns ist anvertraut, Liebe und Frieden mit anderen zu teilen, mit der Ausstrahlung eines frohen spirituellen Lebens ein Beispiel zu geben und anderen zu helfen, so dass sie denselben Frieden erreichen können.

Aber wenn wir nicht schon Heilige sind, kann niemand von uns ständig in Frieden leben. Auch die Schriftstellerin Phyllis McGinley sagte: »Das Wunderbare an den Heiligen ist, dass sie Menschen waren. Sie verloren die Beherrschung, beschimpften Gott, waren egoistisch oder mürrisch oder ungeduldig, machten Fehler und bereuten sie. Dennoch stolperten sie hartnäckig weiter zum Himmel.«

Du kannst nur nachdenken, eine Pause machen, lieber handeln, als auf negative Emotionen zu reagieren, Liebe aussenden, wo du früher vielleicht Ärger ausgedrückt hast, Frieden, wo du vielleicht Angst vermittelt hast, und selbstbestimmt mit den Geschehnissen in deinem Leben umgehen, so dass bedeutungsloser Ärger gar nicht erst entsteht. Wir haben die Verpflichtung, Kommunikationskanäle zu den Menschen um uns herum und zu Gott offenzuhalten.

DIE LIEBE ZU GOTT BERUHT AUF GEGENSEITIGKEIT

Ich habe eine etwas unehrerbietige Beziehung zu Gott, und ich hoffe, das ist erfrischend für ihn. Zunächst einmal glaube ich, Gott sollte ein bißchen Spaß haben dürfen, so wie wir auch, und ich glaube, wir sollten Fragen stellen dürfen, ärgerlich sein können über Geschehnisse, und unsere Gefühle äußern, wenn Dinge falsch zu laufen scheinen. Wir müssen nicht die ganze Zeit fromm sein. Was für eine Beziehung wäre das denn? Ich weiß, dass Gott auch mit mir in Kontakt bleiben möchte und Liebe und Kommunikation mit mir wünscht. Es ist wirklich eine Beziehung auf Gegenseitigkeit, wie alle Beziehungen.

Wie schade für uns und für Gott, dass wir oft durch menschengemachte Verhaltensregeln voneinander getrennt wurden. Die Geschichte von »Fegefeuer und Schwefel« hat nichts bewirkt, als Gott in Verruf zu bringen. Wer gab Menschen die Autorität, als Vermittler zu handeln, wo Gott doch zufrieden war, wenn wir einfach individuell mit ihm gesprochen haben? Auf diese Weise bevormundet zu werden, hat uns veranlasst, für unsere Rechte aufzustehen. Wir sind kraftvolle göttliche Wesen, die sich nicht von Menschen entmachten lassen, die etwas anderes anzuordnen versuchen.

Ich bin sicher, dass jede »Hölle«, die wir konstruiert haben, nicht auf Gottes Zustimmung trifft. Also steht bitte von euren Knien auf und nehmt eure Verbindung in Anspruch. Ganz gleich, was wir getan haben und wie furchtbar eine Tat erscheinen mag, wir müssen dennoch nur die Tür öffnen, die wir vielleicht vor langer Zeit geschlossen haben, und Gott wartet dort mit demselben liebevollen Willkommen auf uns wie immer.

Je mehr wir lernen, unsere Verbindung zu halten, desto stärker, liebevoller und friedvoller fühlen wir uns in unserem Alltagsleben. Je liebevoller und friedvoller wir uns fühlen, desto sicherer fühlen wir uns, und desto weniger müssen wir uns gegen die Außenwelt verteidigen und können geheilt und heilsam werden.

Aber kommen wir zurück zu der Tatsache, dass wir Menschen sind, dass wir nicht perfekt sind und uns nicht ganz vom Schmerz und vom Durcheinander der Welt loslösen können.

Aber wie wir im vorhergehenden Kapitel besprochen haben, müssen wir es nicht verstärken oder aktiv aufnehmen

DIE GOLDENE REGEL

Die goldene Regel lautet, andere so zu behandeln, wie du selbst gern behandelt werden möchtest. Diese einfache Feststellung enthält die Grundlage für ein gutes und inspiriertes Leben. Wenn wir nicht krank sind oder unser Denken pervers ist, möchten wir im Allgemeinen, dass andere zu uns freundlich und sanft sind, ehrlich und verlässlich, uns verstehen, geduldig, freundlich und hilfreich zu uns sind, uns lieben und uns Frieden schenken. Diese geistigen Gaben sollten wir anderen geben und schließlich in unserem ganzen Sein manifestieren.

Geben, um zu nehmen

Stelle dir einen großen Fluss vor, der ständig fließt. Das Wasser steht niemals still, fließt weiter und wird fortlaufend ersetzt. Spirituelle Liebe ist genauso. Wir können immer fortfahren, sie zu geben, und sie wird ständig erneuert. Der Fluss trocknet niemals aus, und es ist wichtig, das Fließen niemals aufzuhalten, denn die neue Zufuhr bringt immerfort neue Geschenke. Wenn wir jemals aufhören zu geben, verlangsamt sich der Fluss und kommt schließlich zum Stillstand. Obwohl Gottes Liebe immer da ist, werden wir aufhören, die funkelnde, sprudelnde Freude zu fühlen, wenn wir unseren Fluss nicht fließen lassen.

Es wäre ein guter Anfang, das, was du sagst und tust, so oft du kannst daraufhin zu überprüfen, aus was für einer Haltung es kommt. Dabei hilft, dir über deine Motive klar zu werden und zu dir selbst ehrlich zu sein. Wenn deine Motive unklar sind, dann überprüfe sie mit deiner Integrität. Wenn wir in Übereinstimmung mit unserer wirklichen Absicht sind, dann herrscht in der Regel kristallene Klarheit, während sich jeder Kompromiss bezüglich unserer Integrität dumpf und unangenehm, schwer und unbequem anfühlt. Wir müssen die Dinge mitunter ein wenig (oder manchmal radikal) neu einstellen, bis zu dem Punkt, an dem wir uns wieder wohlfühlen. Dann setzen wir unseren Weg fort.

MENSCHLICHE LIEBE VERSUS GÖTTLICHE LIEBE

Rekapitulieren wir noch einmal, was wir über die menschliche Liebe wissen. Wir werden vielleicht erst einmal durch körperliche Schönheit oder sexuelle Anziehung abgelenkt, aber letztlich lieben wir beständige Eigenschaften, und unsere gegenseitige Liebe wird eine spirituelle Erfahrung. Vom Herz-Chakra mit seinem Gruppenbewusstsein steigen wir auf zum Kronen-Chakra mit seinem universellen Bewusstsein und seiner universellen Liebe. Diese göttliche Liebe hebt uns auf eine Ebene weit jenseits derer, auf denen das Ich beteiligt sein kann. Alle Versuche, ihre Großartigkeit in menschlicher Sprache zu beschreiben, sind zum Scheitern verurteilt. Vielleicht gibt uns die Vorstellung von einer unendlichen, grenzenlosen Manifestation derjenigen Liebe, die wir schon fühlen, den Hauch einer Idee von der endlosen, allumfassenden und alles durchdringenden göttlichen Liebe. Wunsch und Unterscheidung existieren hier nicht mehr, nur noch Bewusstheit, Freude und Licht, das in unsere Seelen scheint. Wir sind uns bewusst, dass Gott in uns ist und wir deswegen, zusammen mit jedem anderen Teil des Universums, Gott sind. Wir sind gleichzeitig auf unseren Platz in der Welt gestellt und doch frei im Kosmos, jener undifferenzierten, geordneten und doch immer wechselnden universellen Suppe, in der wir existieren. Wir sind uns bewusst, dass wir alle, Heilige oder »Kriminelle«, gleichzeitig Führer und Heiler sind. Keiner ist erleuchteter oder heiliger oder hat größere Verdienste.

Wir sind alle einfach an verschiedenen Punkten und zeigen einander verschiedene Aspekte der Liebe, und jeder ist letztendlich mit der universellen Göttlichkeit verbunden.

TRANSFORMATION UND TRANSZENDENZ – DEN HIMMEL FINDEN

In der Schule lernen wir als eine der ersten Regeln im Physik-Unterricht, dass Materie weder erschaffen noch zerstört werden kann – und dieses Gesetz bleibt wahr. In irgendeiner Form sind wir schon immer da gewesen und werden für immer da sein, aber unser körperliches Sein ändert sich. Solange wir in unserem menschlichen Zustand bleiben, können wir lernen, durch Meditation eine neue Dimension zu betreten, in der wir nicht mehr an unseren physischen Körper gefesselt, sondern frei sind, in einem zeitlosen, unbegrenzten Raum das universelle Bewusstsein zu erforschen. Hier können wir alle physischen oder sonstigen Beschränkungen, die wir uns geschaffen haben, überschreiten. Hier können wir in die Vergangenheit oder in die Zukunft reisen, die Welt aus einer völlig anderen Perspektive beobachten und neue Wahrheiten erfahren. Du kannst jetzt alles und jeden in seinem wahren Glanz als Manifestation der Liebe sehen.

Hier ist nichts für dich unerreichbar. Nichts ist ohne Wert. Alles wird ein Ausdruck von Liebe, Teil einer wohlklingenden und harmonischen Symphonie. Hier herrscht absolute Klarheit, und du weißt, dass du niemals mehr derselbe sein wirst, denn du hast den Ort Gottes betreten und wirst verwandelt. Vielleicht kannst du zum ersten Mal sehen, wer du wirklich bist, und dein unbegrenztes ungeahntes Potenzial wahrnehmen. Das ist jenseits von Ego und Stolz. Du bist in einer anderen Dimension, einer, die du mit Devas und Engeln, mit Meistern und Propheten teilst. Es ist das Reich Gottes.

Meditation

Gehe an deinen sicheren Platz und mache es dir bequem. Konzentriere dich wieder auf deine Atmung, wie du es jetzt schon viele Male gemacht hast. Werde friedvoll und ruhig, lasse alles Negative einfach durch deine Fußsohlen und durch dein Wurzel-Chakra abfließen. Lasse dein Herz sich öffnen und sich mit einer süßen Vorahnung füllen. Lasse Liebe durch deinen Körper fließen, in deine Aura wirbeln und den Raum um dich erfüllen. Wisse, dass um dich herum Licht ist und dich schützt. Bitte um die Anwesenheit von Engeln, die Zeugen deines Aufstiegs sind. Fühle ihre Liebe.

Lasse dir Zeit, einfach in der Liebe zu sein. Wenn du so weit bist, richte jetzt deine Aufmerksamkeit aufwärts durch alle Chakras und durch die Spitze deines Kopfes, durch dein Kronen-Chakra, hinaus. Steige jetzt sanft auf. Lasse dich gehen: Du bist sicher und wirst in Liebe gehalten.

Steige höher und höher.

Lasse dich jetzt ganz sanft hinauf zum Eingangstor des göttlichen Reiches gleiten. Vielleicht fühlst du, wie du sanft dagegen stößt und es mit einem Atemzug voller Liebe öffnest und eintrittst. Dehne dich aus und erforsche. Fühle das Wunder und die Schönheit der Verbindung zum Göttlichen. Du erfährst dein Gott-Selbst, verbunden mit dem großen Körper des universellen Bewusstseins, das Gott ist. Vielleicht fühlst du etwas zu dir herunterreichen und dich halten. Sei dir gewiss, dass es dich liebevoll und sicher halten und niemals loslassen wird. Nur du kannst die Verbindung trennen.

Frage jetzt alles, was du fragen möchtest. Höre auf eine Botschaft. Vertraue jeder liebevollen Kommunikation, der du gewahr wirst.

Bleibe, so lange du magst. Wisse, dass du hierher zurückkommen kannst, wann immer du möchtest. Dein Zugang wird leichter und die Verbindung stärker werden, je öfter du es tust. Genieße es.

Aber schließlich musst du zurückkehren, denn für den Augenblick ist dieser Platz auf der Erde der Ort, an den du gehörst, auch wenn du ihn transzendieren kannst, so oft du möchtest. Bedanke dich jetzt und beginne deinen Abstieg. Nimm dir Zeit. Komme jetzt sanft zurück zu deinem Kronen-Chakra und tritt wieder ein. Fühle, wie du wieder geerdet bist. Vergewissere dich, dass du wieder vollständig in deinem Körper angekommen bist. Nimm dir Zeit. Wenn du vollständig da bist, stelle dir eine weiße Blume über der Spitze deines Kopfes vor, eine tausendblättrige Lotosblüte, und lasse ihre Blütenblätter sich jetzt mit einem Gedanken schließen. Lasse deine Aufmerksamkeit zu deinem Stirn-Chakra gehen und lasse die tiefblaue Blüte, die du hier findest, sich auch schließen. Gehe mit deiner Aufmerksamkeit zu deiner Kehle und lasse auch hier die blaue Blüte sich zu einer Knospe schließen. Gehe mit der Aufmerksamkeit zu deinem Herzen und lasse die grüne Blüte, die du hier findest, sich auch schließen. An deinem Solarplexus-Chakra wirst du eine leuchtend gelbe Blüte finden, lasse ihre Blütenblätter sich zu einer festen Knospe schließen und deine Aufmerksamkeit zu deinem Sakral-Chakra wandern, wo du mit einem Atemzug die orange Blüte sich schließen lässt, die du dort findest. Dein Wurzel-Chakra bleibt offen, um dich immer geerdet zu halten.

Neben dir wirst du einen dunkelblauen Umhang finden. Hülle dich in ihn ein und ziehe die Kapuze hoch. Wisse, dass das schützende Licht immer bei dir ist.

Sei dir deiner Atmung bewusst, fühle deine Finger und Zehen, und bewege sie sanft. Komme zurück an einen Platz hinter deinen geschlossenen Augen, und wenn du so weit bist, öffne sie sanft. Recke dich ein wenig und trinke ein Glas Wasser. Wenn du fertig bist, schreibe in dein Tagebuch, was du magst.

Wisse, dass du sehr geliebt bist. Wisse, dass jede Beziehung in deinem Leben durch die Liebe in deinem Herzen unwiderruflich verändert werden kann.

Höre die Worte eines alten irischen Segensspruches:

Möge der Weg sich erheben um dich zu treffen,
Möge der Wind immer in deinem Rücken sein,
Möge die Sonne warm in dein Gesicht scheinen,
Und der Regen sanft auf deine Felder fallen,
Und bis wir uns wieder treffen
Möge Gott dich in seiner Hand halten.

Anhang 1

Inzest

Leider ist Inzest viel verbreiteter, als man allgemein denken sollte, und viele Fälle kommen nie ans Licht der Öffentlichkeit. Viele der Leidenden erzählen es nie einem anderen Familienmitglied, obwohl der Missbrauch oft viele Jahre lang fortgesetzt wird.

Unabhängig davon, ob es sich um einen einzelnen Vorfall handelt oder ob der Missbrauch die ganze Kindheit hindurch und darüber hinaus fortgesetzt wird, Inzest ist in jedem Fall traumatisierend und für alle Beteiligten spirituell zerstörerisch. In einigen wenigen Fällen gibt es scheinbar einen liebevollen Aspekt in einer solchen Beziehung, aber in der großen Mehrzahl der Fälle geht es um Bedrohung, Manipulation und häufig um offene Gewalt. Inzest mag am Anfang als »Spiel« beginnen, aber er entwickelt sich zu einer erniedrigenden und ängstigenden Situation, aus der ein Entkommen unmöglich erscheint.

Am häufigsten findet Inzest zwischen Vater und Tochter oder zwischen Stiefvater und Stieftochter statt, aber es gibt ihn auch zwischen Mutter und Sohn, Vater und Sohn oder Mutter und Tochter. Wenn zwei Geschwister ähnlichen Alters sexuelle Spiele miteinander spielen, entwickelt sich manchmal Inzest, und manchmal benutzt ein Bruder seine sehr viel jüngere Schwester als erste Sexualpartnerin. Manchmal sind Mitglieder der weiteren Familie beteiligt, wie Onkel und Großväter, und gelegentlich wird es fast eine Familientradition, dass mehrere Mitglieder der Familie sexuelle Akte mit den Kindern ausüben. In manchen Familien sind mehrere Töchter, eine nach der anderen, betroffen, was zu erheblichen Schuldgefühlen bei den Mädchen führt. Die Älteren beschuldigen sich, dass sie die jüngeren nicht geschützt haben, indem sie es jemandem erzählt hätten, oder sie fühlen sich schuldig, weil sie erleichtert sind, wenn der Vater jetzt ein jüngeres Kind benutzt, vielleicht weil für sie selbst die Gefahr einer Schwangerschaft aufkommt. Die Beziehung zwischen den Geschwistern ist immer beschädigt, weil das Element des gegenseitigen Beschützens verloren und durch ein Gefühl des Betrugs ersetzt ist.

In Familien mit Inzest sind alle Beziehungen beschädigt. Kinder fühlen sich von dem Elternteil betrogen, der das Verbrechen begeht, aber auch vom dem Elternteil, der nichts tut, um sie zu beschützen – aus Ignoranz, aus Feigheit oder aus Erleichterung, dass der sexuelle Druck sie selbst nicht mehr trifft.

Wir haben in Kapitel 5 betrachtet, wie Kinder uns durch ausagierendes Verhalten zeigen, dass etwas nicht in Ordnung ist, auch wenn sie ihre Not nicht mit Worten ausdrücken können. Bei Inzest wird meistens so reagiert. Veränderungen im Verhalten eines Kindes, wenn es zum Beispiel nervös, eigensinnig, zurückgezogen, zerstörerisch oder wütend ist und Angst hat, allein zu bleiben, können anzeigen, dass etwas nicht in Ordnung ist. Verhaltensänderungen in der Schule, Bettnässen, aggressive Spiele oder sexuelle Spiele müssen einfühlsam untersucht werden.

Fast immer gibt es Langzeitfolgen. Kinder lernen, ihre Gefühle zu verleugnen, und manchmal werden sie unfähig, überhaupt etwas zu fühlen, sind eingeschlossen und eingefroren in einem Meer von Schuld, Scham und Erstarrung. Sie lernen, nicht über das zu sprechen, was sie verletzt, und beginnen zu heucheln. Oft wird ihnen auch gesagt, sie seien schuld an den Geschehnissen (Was sie niemals sind!). So wird die Entwicklung der Persönlichkeit verzerrt.

Im Erwachsenenalter sind bei Überlebenden von Inzest-Erfahrungen Persönlichkeitsstörungen häufig, und Trunksucht, Drogenmissbrauch und Gewalt sind Teil ihres Lebens.

Inzest-Opfer verhalten sich oft selbstzerstörerisch, verletzen sich selbst und begehen Selbstmordversuche. Sie begeben sich wiederholt in destruktive Beziehungen, in denen sie Opfer von Gewalt werden – physisch, emotional oder spirituell. Manchmal werden sie auch selbst der Aggressor in derartigen Beziehungen, und somit werden Opfer von Missbrauch oft selbst in verschiedener Form zu Tätern. Inzest-Opfer können Schwierigkeiten mit ihrer Impulskontrolle haben und vielleicht ihre Partner oder sogar ihre eigenen Kinder körperlich verletzen. Es gibt fast immer sexuelle Probleme, von verführerischem oder promiskuitivem Verhalten und manchmal Prostitution bis hin zur Unterdrückung sexuellen Begehrens mit Frigidität. Inzest-Opfer sind oft eifersüchtig und misstrauisch. Ungeplante und unerwünschte Schwangerschaften sind häufige Folgen einer nicht verbindlichen Beziehung. Viele Frauen, die sexuell missbraucht worden sind, entwickeln Essstörungen.

Es ist ein schmerzhafter Prozess, das Schweigen über Inzest zu brechen, und viele Frauen (und Männer) tun es nie. Manche über sechzigjährige oder sogar siebzigjährige Frauen haben mir schließlich erzählt, was bei ihnen zu Hause passiert ist und mir die Scham mitgeteilt, die sie jahrzehntelang mit sich herumgetragen haben. Manchmal findet eine Schwester den Mut, über ihr Problem zu sprechen, und findet dann heraus, dass ihre Schwestern ebenso gelitten haben. Jede glaubte aber, sie würde die anderen schützen und die Last allein tragen. Das Geheimnis mag vielleicht erst dann gelüftet werden, wenn eine Tochter sich weigert, ihr Kind mit dem Großvater allein zu lassen, weil sie befürchtet, dass der Missbrauch in der nächsten Generation fortgesetzt werden könnte.

Trauer und Verlassenheit sind ebenfalls ein Thema, wie auch Schmerz darüber, von den Eltern, deren Aufgabe es doch ist zu beschützen, nicht geschützt worden zu sein. Häufig verteidigt das missbrauchte Kind den nicht-missbrauchenden Elternteil heftig, um lieber nicht anzuerkennen, dass es vielleicht von beiden Eltern verraten worden ist.

Wenn es in deiner Familie Inzest gegeben hat, wäre es gut, du würdest professionelle Hilfe suchen, unabhängig davon, ob du selbst betroffen warst oder nicht. Manchmal wird die Erinnerung vollständig verdrängt (es ist, als ob es nie geschehen wäre), aber wenn die Verdrängung sich aufzulösen beginnt, zum Beispiel in einer Lebenskrise oder einem besonderes Ereignis, wie die Geburt eines Kindes, einem Todesfall oder wenn du in der Zeitung etwas über Missbrauch liest, dann kann es zu Flashbacks kommen. Blitzlichter der Erinnerung an das, was dir geschehen ist, tauchen auf. Dass du den Mißbrauch jahrzehntelang »vergessen« hast, heißt nicht, dass er nicht stattgefunden hat. Suche dir gute professionelle Hilfe. Fortlaufende Unterstützung ist möglich und für viele Betroffene wichtig, wenn sie versuchen, sich mit dieser furchtbaren Seite ihrer Vergangenheit auseinanderzusetzen – einer Seite, die ihnen immer noch im Weg zu einem guten Leben steht. Der Umstand, dass Inzest dein frühes Leben ruiniert hat, heißt nicht, dass es weiterhin den Rest deines Lebens verderben muss.

Anhang 2

Frühere Leben

Ich bin schon früher hier gewesen,
Aber wann und wie, kann ich nicht sagen:
Ich kenne das Gras hinter der Tür,
Den starken süßen Duft,
Den seufzenden Ton, die Lichter am Strand,
Ihr seid schon einmal mein gewesen –
Wie lang das her ist, weiß ich wohl nicht,
Aber als ich gerade diese Schwalbe sich aufschwingen sah,
Da drehte dein Hals sich so,
Ein Schleier fiel – ich wusste alles von ehedem.
Ist das schon einmal so gewesen?
Und soll nicht so der wirbelnde Flug der Zeit
Mit unseren Leben unsere Liebe wiederherstellen,
Dem Tod zum Trotz,
Und der Tag und die Nacht uns noch einmal Lust bringen?

Dante Gabriel Rosetti, «Sudden Light«

Shakespeare, Kipling, Wordsworth, Benjamin Franklin and General Patton sind nur einige von denen, die offen über ihr Wissen von Verbindungen zu früheren Leben und über die Kontinuität des Lebens gesprochen haben. Sogar Jesus sagte den Aposteln, dass Johannes der Täufer eine Reinkarnation früherer Propheten war.

Es gibt beachtliche Zeugnisse aus verschiedenen literarischen und wissenschaftlichen Quellen darüber, dass wir schon einmal gelebt haben. Seit 1967 hat das *Department of Psychiatric Medicine* der Universität von Virginia Forschungen über paranormale Phänomene durchgeführt, und es sind verschiedene Bücher über ihre Arbeit veröffentlicht worden. Einige Titel dieser und weiterer

Bücher zu diesem Thema sind am Ende dieses Anhangs zu finden. Die Universität von Edinburgh, die Universität von Hertfordshire, die Princeton Universität und die Universität von Amsterdam untersuchen ähnliche Phänomene.

Nachdem ich mit vielen Menschen gearbeitet habe, die Ereignisse in diesem Leben bewältigt haben, indem sie in der Vergangenheit suchten, habe ich überhaupt keinen Zweifel mehr daran, dass wir schon viele Lebenszeiten durchlebt haben und möglicherweise noch viele durchleben werden. Ich habe in meinem eigenen Leben für viele Orte Hinweise gefunden, dass ich schon einmal dort gelebt habe. Das Gleiche gilt auch für manche der Menschen, mit denen ich schon einmal gelebt habe. Viele von ihnen sind mir in diesem Leben erneut begegnet und werden es auch wieder tun.

Kinder aus verschiedenen Teilen der Welt berichteten seit Jahren über Erinnerungen aus früheren Leben und waren oft fähig, ganz klar zu beschreiben, wo sie früher gelebt haben, was in ihrem Leben geschah und wie sie gestorben sind. Oft versiegen solche Erinnerungen im Alter von fünf oder sechs Jahren, aber manchmal haben die Kinder Phobien, Fähigkeiten oder physische Merkmale, die nicht mit Ereignissen dieses Lebens erklärt werden können, wohl aber mit dem, was die Kinder berichtet haben. Viele dieser Kinder sind untersucht worden, und man fand heraus, dass sie über Wissen verfügen, das sie unmöglich in ihrem jetzigen Leben erworben haben konnten. Obwohl die meisten Erwachsenen sich eines solchen Gedächtnisses nicht bewusst sind, haben sie manchmal unerklärliche Symptome, die schwer zu behandeln und zu beseitigen sind, die aber in eine andere Zeit zurückverfolgt werden können.

Manchmal taucht mit zunehmendem Alter und bei einem Interesse an spirituellen Zusammenhängen eine Erinnerung daran auf, wer wir waren. Interessen, Neigungen und Begabungen können uns rufen. Vielleicht fühlen wir eine spezielle Affinität zu einem Ort oder einer Rasse, fühlen uns bei ihnen geborgen und empfinden eine tiefe Verbindung. Vielleicht sammeln wir Kunstwerke aus einem bestimmten Ort oder einer bestimmten Zeit und fühlen eine merkwürdige Sehnsucht im Herzen, wenn wir sie anfassen oder auch nur darüber lesen. Wir können einen fremden Ort besuchen und das Gefühl haben, dass wir dort schon einmal waren, nicht wie ein kurzes Déja-vu, sondern wie ein tiefes Wissen, das uns bewegt. Wenn wir neue Menschen treffen, gibt es manchmal, besonders bei Menschen, in die wir uns verlieben oder mit denen wir gute Freunde werden, das Gefühl, wir hätten sie schon früher gekannt. Vielleicht hat auch jemand in deiner Ursprungsfamilie, mit dem du entweder eine besonders enge Verbindung hast oder eine besonders schwierige, schon früher mit dir gelebt. Gelegentlich haben wir eine unerklärliche Abneigung gegen jemanden, der uns nichts getan hat, aber mit dem wir uns unsicher und unwohl fühlen, vor dem wir vielleicht sogar Angst haben. Es besteht die Möglichkeit, dass wir mit ihm in einem früheren Leben auf unangenehme Weise verbunden waren. Ähnlich können wir beim Besuch eines besonderen Platzes oder beim Betreten eines Gebäudes unerklärliche Missempfindungen haben, und es kann sein, dass wir dort schon früher gelebt und eine unglückliche Zeit verbracht haben.

Karma ist der Prozess, durch den wir unsere Konten ausgleichen – ein Kreis von Ursache und Wirkung, der uns schließlich in ein Gleichgewicht bringt. Karma setzt sich durch alle Leben hindurch fort, und so können wir unerledigte Angelegenheiten mit uns bringen, mit denen wir uns beschäftigen müssen. Wir haben in Zeiten gelebt, in denen Taten akzeptabel waren, die uns heute mit Horror erfüllen würden. Wenn du jetzt Karma zurückzahlen musst, dann könntest du, anstatt darüber traurig zu sein, dich freuen, dass du es jetzt gut machst und dann nie wieder damit zu tun haben wirst. Wir zahlen unsere Schulden zurück. Wir löschen unsere schlechten Taten, indem wir etwas Besseres machen, was der Mühe wert ist. Wir können alle in diesem Augenblick beginnen, ein liebevolleres und schöneres Leben zu führen, um das, was wir in der Vergangenheit getan haben mögen, auszulöschen.

Manchmal kann die Art, wie wir unser Karma ausleben, symbolisch sein. Zum Beispiel könnten wir wählen, in diesem Leben liebevoll mit verlassenen Kindern zu arbeiten, um wiedergutzumachen, dass wir in einem früheren Leben ein Kind verlassen oder einem Kind Schlimmes angetan haben. Manchmal gibt es einen direkten Übertrag aus einem vergangenen Leben, in dem wir vielleicht mit großer Wut oder Bitternis gestorben sind, und wir kommen mit einem ähnlichen Problem zurück, so dass wir lernen, es noch einmal zu versuchen und vielleicht den Schmerz loszulassen. Gelegentlich wählen wir Situationen, die schwer zu verstehen sind, um in kurzer Zeit viel Karma abzutragen und dann das nächste Mal in Frieden wiederzukommen. Wir treffen oft dieselben Seelen wieder und wieder in verschiedener Gestalt, so dass wir fortfahren können, die selbstgesetzten Lektionen zu lernen. Manchmal inkarnieren wir auch mit Seelen, mit denen wir noch nie gelebt haben.

Unsere Seele wählt bei der Geburt eine besondere Anordnung von unveränderlichen Gegebenheiten, die es uns ermöglichen, unsere Verpflichtungen in diese Inkarnation einzubringen und uns eine optimale Startposition geben, damit wir sie erfüllen können. Unsere Eltern geben uns Eigenschaften, die uns in diesem Prozess helfen. Das ist es, was die Wissenschaft Vererbung oder genetische Disposition nennt. Tatsächlich sind unsere Eltern von uns weise ausgewählt, um uns beim Gestalten der Bühne zu unterstützen und uns in das von uns gewählte Leben zu entlassen.

Unser Temperament unterscheidet sich beträchtlich, und während einige an der Oberfläche leben und sich nicht dafür interessieren, warum die Dinge so sind, wie sie sind, haben andere einen rastlosen, leidenschaftlichen, neugierigen Geist, der immer nach Antworten sucht. Wenn du zu jenen gehören würdest, hättest du dieses Buch nicht gelesen.

Seelenpartner

Wir haben schon in Kapitel 8 über Seelenpartner gesprochen. Es gibt verschiedene Arten von Seelenpartnern – darunter Dualseelen, kameradschaftliche Seelenpartner und karmische Seelenpartner. Seelenpartner müssen nicht unbedingt heterosexuell sein, noch überhaupt sexuelle Partner sein. Manchmal finden wir einen Seelenpartner in einem guten alten Freund. Einige Menschen stellen sich ein ewiges Leben mit einem einzigen ewigen Seelenpartner vor. Das ist nicht notwendigerweise so, aber für manche Seelen kann es so sein. Es gibt Hinweise, dass wir in parallelen Universen leben, indem verschiedene Teile von uns gleichzeitig an verschiedenen geographischen Orten leben und unterschiedliche Seelenpartner an jedem Ort haben. In einer einzigen Lebenszeit können wir mehr als einen Seelenpartner treffen oder auch überhaupt keinen, aber das heißt wiederum nicht, dass wir nicht tiefe, liebevolle und befriedigende Beziehungen haben könnten.

Weitere Literatur

Es gibt viele Texte, die deine Neugier erregen und dich begeistern können, und vielleicht möchtest du auch zu einem sogenannten Rückführungs-Workshop kommen oder einen guten Therapeuten finden, der Past-Life-Arbeit mit dir macht. Vielleicht findest du einige der folgenden Bücher interessant:

Vinmann, Ulrike: Reinkarnationstherapie zur Heilung der Seele, Grafing 2011
Vinmann, Ulrike: Das Zellgedächtnis, Grafing 2009
Germinara, Gina: Erregende Zeugnisse von Karma und Wiedergeburt, Freiburg 1986
Haich, Elisabeth: Einweihung, Grafing 2011
Klink, Joanne: Früher als ich groß war, Grafing 2011
Stevenson, Ian: Kinder erinnern sich an frühere Erdenleben, Grafing 1989
Stevenson, Ian: Reinkarnationsbeweise, Grafing 2011
Stevenson, Ian: Reinkarnation in Europa, Grafing 2005
Mohr, Till: Kehret zurück, ihr Menschenkinder, Grafing 2004

Chakras -Tore zur Seele
Brenda Davies
Paperback
ISBN 978-3-89427-181-7

Die Erkenntnis, dass körperliche Symptome nur noch der letzte Ausdruck einer eigentlich in einer höheren Dimension entstandenen Erkrankung sind, nutzte die Autorin, um einen völlig neuen heilerischen Ansatz zu finden. Sie konzentrierte sich auf die feinstofflichen Energiezentren des Körpers, vorrangig auf die sieben Haupt-Chakras, um von dort Aufschluss über das Krankheitsbild zu gewinnen und gleichzeitig über eine neue Aktivierung des betroffenen Chakras die Selbstheilungskräfte des Einzelnen zu stärken. Ihre Arbeit zeigt die einzelnen Analysewege auf sowie eine Fülle therapeutischer Möglichkeiten, um geistig-seelische Krankheitsursachen aufzulösen. Dabei reicht das Spektrum der Übungen von einfachen Vorstellungstechniken, über Tiefenimaginationen und Meditationsanweisungen bis hin zu mantrischen Versenkungspraktiken.

LIEBE – Schicksal oder Geschenk des Himmels
Gibt es Dualseelen wirklich?
Judy Hall
Hardcover
ISBN 978-3-89427-581-5

Judy Hall befasst sich seit fast dreißig Jahren mit dem Thema „Dualseelen“ oder „Seelenpartner“. Sie hat mehrere Bücher und Abhandlungen über diese zentrale Frage des menschlichen Beziehungslebens geschrieben und sich dem Thema von ganz unterschiedlichen Blickwinkeln genähert.
Mit diesem großen Werk hat sie die ultimative Abhandlung verfasst. Es dürfte keine Frage über „Dualseelen“ geben, die Judy Hall nicht erschöpfend behandelt. Sie beschreibt die wunderbaren Beziehungen von Seelenpartnern, aber auch die zerstörerischen Bindungen, die schicksalhafte Krisen auslösen und Leben prägen können. Sie schildert die inspirierende Nähe von wirklichen Dualseelen, die sich geistig auf einzigartige Weise inspirieren, aber sie weist auch auf die vielen Verblendungen und egoistischen Wunschvorstellungen hin, die Menschen und Bindungen zerbrechen lassen.
Judy Halls Buch zeichnet sich nicht nur durch ein beeindruckendes spirituelles Wissen aus, sondern vor allem durch eine bestechende Kenntnis der menschlichen Seele mit ihren Höhen und Tiefen.
Ein Meisterwerk über zwischenmenschliche Beziehungen, das jeder gelesen haben sollte, der verliebt war, verliebt ist oder vorhat, sich in der Zukunft neu zu verlieben!

Schütze Dich!
Das Praxisbuch zum Schutz vor Fremdbeeinflussung, negativen Energien und Manipulation
Richard Webster
Hardcover
ISBN 978-3-89427-563-1

Richard Webster gilt weltweit als einer der kenntnisreichsten Experten auf dem Gebiet des Aura-Schutzes und der Abwehr von negativen Energien. Er hat über dreißig Ratgeber geschrieben, in denen er sich mit den unterschiedlichen Einflüssen auf den feinstofflichen Ebenen auseinandersetzt. Mit diesem umfangreichen Werk fasst Webster sein großes Wissen zu einem hilfreichen Handbuch für die tägliche Praxis zusammen. Er zeigt zahlreiche Wege auf, um sich innerlich zu schützen und äußerlich negative Einflüsse oder auch Angriffe zurückzuweisen. Alle seine Techniken und Übungen zeichnen sich durch große Klarheit und einfache Anwendbarkeit aus. Wer dieses Wissen umsichtig nutzt und darauf achtet, sich täglich zu schützen, der wird ein Leben frei von Fremdbeeinflussung führen und mühelos alle negativen Kräfte des Alltags beherrschen lernen!

Reinkarnationsbeweise
Geburtsnarben und Muttermale belegen die wiederholten Erdenleben des Menschen
Ian Stevenson
Taschenbuch
ISBN 978-3-89427-569-3

Prof. Dr. Ian Stevenson ist weltweit der anerkannteste Forscher über die Frage der Reinkarnation des Menschen. Er dokumentiert in zweifelsfreier Weise, anhand zahlreicher Fälle von Geburtszeichen und Muttermalen, dass die menschliche Individualität mehr als einmal in eine physische Form eintritt. Auch für den skeptischsten Leser werden Prof. Stevensons Dokumentationen beweiskräftig sein. Zu genau, zu sorgfältig und zu überzeugend sind seine Forschungsergebnisse.

Das große Aura-Praxis-Buch
Die Aura wirksam schützen und nachhaltig stärken
Richard Webster
Hardcover
ISBN 978-3-89427-583-9

Richard Webster gilt weltweit als einer der kenntnisreichsten Experten auf dem Gebiet des Aura-Schutzes und der Abwehr von negativen Energien. Er hat über dreißig Ratgeber geschrieben, in denen er sich mit den unterschiedlichen Einflüssen auf den feinstofflichen Ebenen auseinandersetzt.
Mit diesem umfangreichen Werk zur menschlichen Aura fasst Webster sein großes Wissen zu einem hilfreichen Ratgeber für das tägliche Leben zusammen. Er zeigt zahlreiche Wege auf, um die eigene Aura zu stärken und sich vor negativen Einflüssen oder feindlichen Angriffen zu schützen. Alle seine Techniken und Übungen zeichnen sich durch große Klarheit und einfache Anwendbarkeit aus.
Wer dieses Wissen umsichtig nutzt und darauf achtet, seine Aura täglich zu stärken und sich geistig zu schützen, der wird ein Leben frei von Fremdbeeinflussung führen und mühelos alle negativen Kräfte des Alltags beherrschen lernen! Er wird sein geistiges Potenzial vollständig entfalten und seine inneren Energiezentren kreativ nutzen.
Ein leicht anwendbarer und effektiver Ratgeber für den Schutz der eigenen Aura!